图书在版编目（CIP）数据

十年飞跃：新时代广州科技创新之路 / 丁旭光编著. — 广州：广州出版社，2022.9

（中共广州市委党校红棉论丛）

ISBN 978-7-5462-3505-9

Ⅰ. ①十… Ⅱ. ①丁… Ⅲ. ①技术革新—研究—广州 Ⅳ. ①F124.3

中国版本图书馆CIP数据核字（2022）第175936号

书　　名　十年飞跃——新时代广州科技创新之路
Shi Nian Feiyue—Xin Shidai Guangzhou Keji Chuangxin Zhi Lu
出版发行　广州出版社
（地址：广州市天河区天润路87号9、10楼　邮政编码：510635
网址：www.gzcbs.com.cn）
出 品 人　柳宗慧
项目统筹　李良婷
项目策划　潘孟良
责任编辑　潘孟良
责任校对　韦　玮
装帧设计　肖晓文
印刷单位　佛山市迎高彩印有限公司
（地址：佛山市顺德区陈村镇广隆工业区兴业七路九号
邮政编码：528313）
规　　格　787 mm × 1092 mm　1/16
印　　张　18.75
字　　数　310千
版　　次　2022年9月第1版
印　　次　2022年9月第1次
书　　号　ISBN 978-7-5462-3505-9
定　　价　58.00元

《红棉论丛·非凡十年（2012—2022）专辑》

总 序

孟源北

党的十八大以来的十年，是党和国家事业发展中极不平凡的十年，在以习近平同志为核心的党中央坚强领导下，我国全面建成小康社会，开启了全面建设社会主义现代化国家新征程，新发展理念深入人心，经济社会发展和生态文明建设取得了具有里程碑意义的重大成就。进入了中国特色社会主义新时代这十年，必将永载史册。

习近平总书记对广东、广州工作高度重视、亲切关怀、寄予厚望。党的十八大以来3次赴广东考察调研、两次参加全国人大广东代表团审议、多次作出重要指示批示，亲自谋划、亲自部署、亲自推动粤港澳大湾区建设。2012年12月，党的十八大后首次离京考察，习近平总书记就来到广东。总书记表示，这次调研之所以到广东来，就是要到在我国改革开放中得风气之先的地方，现场回顾我国改革开放的历史进程，将改革开放继续推向前进。2018年10月，总书记再次到广东、广州考察调研，要求广州实现老城市新活力，在综合城市功能、城市文化综合实力、现代服务业、现代化国际化营商环境方面出新出彩。

党的十八大以来，广州以习近平新时代中国特色社会主义思想指导一切工作，不忘初心、牢记嘱托，奋力实现习近平总书记赋予广州的使命任务，立足于自身深厚的文化底蕴，秉持敢为人先的改革创新精神，在经在大算力和超级计算支撑下，数字经济蓬勃发展，一批智能城市、智能工厂、智能医疗和智能交通等正在形成规模。

我国首次组建了国家科技咨询委员会，建立了国家科技伦理委员会，重构了科技计划体系，解决了科技资源配置封闭分散的问题，使科技治理机制更加适应科技发展需要。建设了国家实验室，启动了全国重点实验室体系重组，扩大了高校、科研院所的自主权，企业创新的主体地位基本确立，国家战略科技力量得到进一步强化，形成了推动科技创新的强大合力。科技人员成果转化收入的奖励比例大幅度增加，全面下放了科技成果的使用权、处置权和收益权，还开展了赋予科研人员成果所有权和长期使用权的试点。我国建立起了比较完善的激励企业创新普惠性政策和制度安排，如实施了对研发费用加计扣除减免政策，减轻企业研发投入压力（见图0-2）。2020年企业研发费用加计扣除兑现减免税额超过3500亿元，同比增长约25%。2021年，全国有32万户企业提前享受研发费用加计扣除政策优

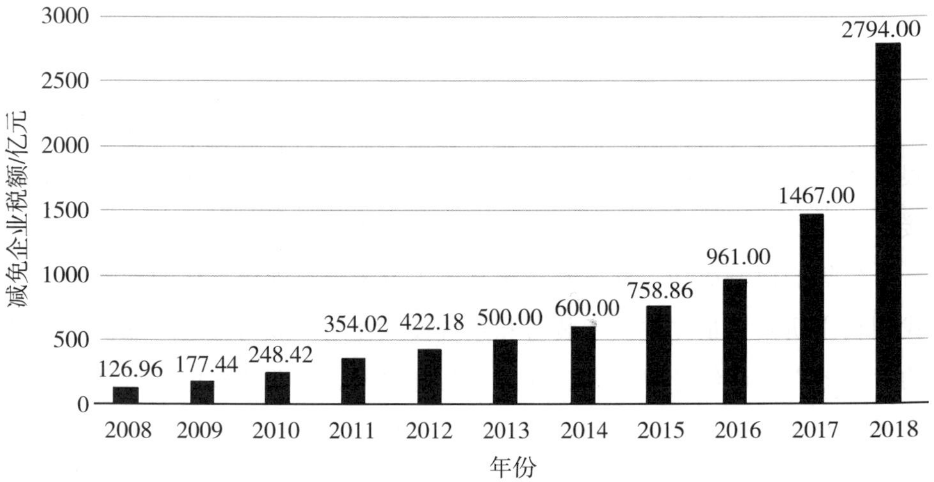

图0-2　2008—2018年全国研发费用加计扣除减免税额[①]

① 贺德方、周华东、陈涛：《我国科技创新政策体系建设主要进展及对政策方向的思考》，《科研管理》2020年第10期。

惠，减免税额3333亿元。我国全社会研发投入有四分之三以上是企业投入，79%的国家重点研发计划项目由企业牵头或者是企业参与。反映成果转化活跃度的技术交易市场不断壮大，全国技术合同成交额不断扩大、增速明显（见图0-3）。2020年共签订技术合同55万项，技术合同成交金额28252亿元，比上年增长26.1%。2021年，全国技术合同交易额达到了3.7万亿元，是2012年的6倍。在资本市场上，设立科创板、改革创业板、建立北交所，畅通科技企业直接上市融资的渠道，科技、产业、金融相互塑造、良性循环的格局正在形成。[①]

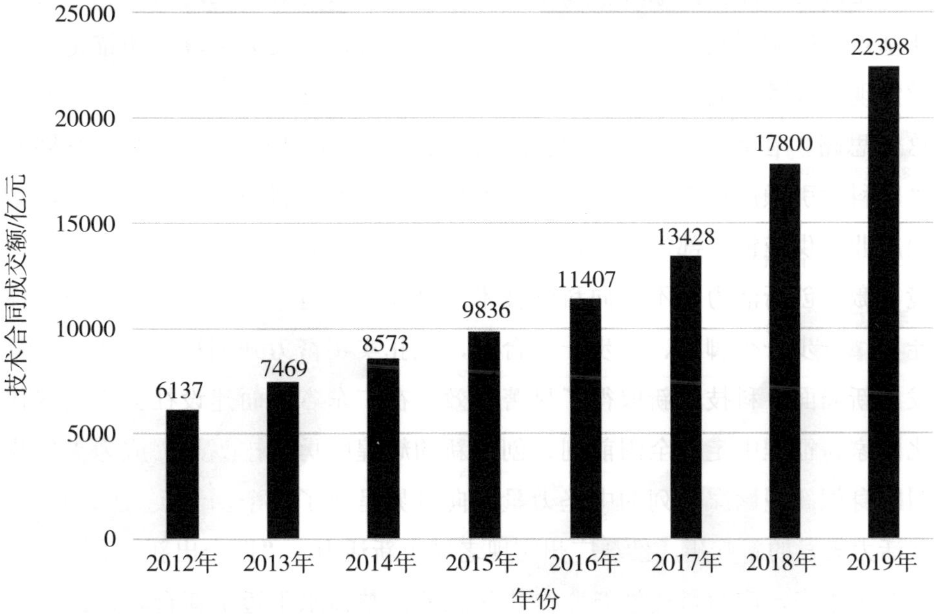

图0-3 2012—2019年全国技术合同成交额[②]

同样，十年来，广州以习近平新时代中国特色社会主义思想为指导，深入学习贯彻落实习近平总书记关于科技创新重要论述精神和对广东、广

① 《我国科技领域改革取得实质性进展》，央视网，2022年5月13日，http://news.cctv.com/2022/05/13/ARTI5iM3uBxTBRURWIp8lOyW220513.shtml.

② 贺德方、周华东、陈涛：《我国科技创新政策体系建设主要进展及对政策方向的思考》，《科研管理》2020年第10期。

参会。广州立足于科技自立自强，不断加大科技投入力度（见表0-1）。“十三五”期间，广州市主要科技指标都呈现良好增长态势，总体科技实力上了一个新台阶（见表0-2）。科技产出明显增加，成功创建首批国家知识产权强市（见表0-3）。

表0-1　2015—2020年广州市科技投入指标①

指标	2015年	2016年	2017年	2018年	2019年	2020年
地方财政科技拨款/亿元	88.67	112.95	171.26	163.67	243.95	224.13
地方财政科技拨款占地方财政总支出的比重/%	5.13	5.81	7.83	6.53	8.51	7.59
研究与试验发展经费/亿元	380.13	457.46	532.40	600.17	677.74	774.84
研究与试验发展经费占广州生产总值的比重/%	2.10	2.34	2.48	2.63	2.87	3.10
R&D（科学研究与试验发展）人员全时当量/万人年	11.99	11.02	11.80	13.42	15.06	16.04
每万名人口中从事R&D活动人员/（人年·万人$^{-1}$）	135.14	147.86	131.93	149.70	133.76	138.51

① 广州市科技局、广州市科技发展研究中心：《广州市2020科技创新发展数据汇编》（2021年12月）。

表0-2 2019—2020年广州市科技创新相关数据[①]

指标	2019年	2020年
R&D经费/亿元	677.74	774.84
R&D经费占地区生产总值的比重/%	2.87	3.10
财政科技支出占财政一般预算支出的比重/%	8.51	7.59
每万名从业人员中从事R&D研究人员数/（人年·万人$^{-1}$）	133.76	138.51
科研机构R&D人员占全市R&D人员比重/%	14.16	10.41
有研发机构的规上企业所占比重/%	45.14	43.25
企业R&D经费支出占主营收入比重/%	1.43	1.51
企业专利授权/件	78384	92134
企业拥有注册商标数/万个	125.00	151.41
万名从业人员专利申请量/件	157.41	214.54
万名从业人员专利申请量发展速度/%	100.23	136.29
万名从业人员专利授权量/件	93.09	134.57
万名从业人员专利授权量发展速度/%	114.23	144.56
PCT（《专利合作条约》）专利申请量/件	1622	1785
PCT专利申请发展速度/%	85.50	110.05
万元地区生产总值能耗下降率/%	3.86	4.23
人均地区生产总值增长率/%	3.90	2.70
高新技术产品产值/亿元	9518.69	10289.70
高新技术产品产值增长速度/%	5.92	8.10

① 广州市科技局、广州市科技发展研究中心：《广州市2020科技创新发展数据汇编》（2021年12月）。

基础的“1+2+4+4+N”战略创新平台体系（也称“2+2+N”科技创新平台体系[①]），战略科技力量不断壮大。

一是国家战略科技力量布局实现重大突破。2021年，广州实验室、粤港澳大湾区国家技术创新中心挂牌运作，人类细胞谱系大科学研究设施、冷泉生态系统研究装置列入国家专项规划，建设进展顺利。有力支撑南沙科学城成为大湾区综合性国家科学中心主要承载区。航空轮胎动力学大装置主体竣工，将建成全球第二个、国内首个航空轮胎研究试验中心。广州实验室及4家省实验室汇聚了钟南山、徐涛、张偲等顶尖院士团队。广州实验室参与研发的我国首个抗新冠病毒特效药获批上市，推出多种病毒消杀设备助力“平安冬奥”。粤港澳大湾区国家技术创新中心总部聚焦集成电路、关键软件等国家急迫需求，形成“五平台一基金”布局。领域类国家新型显示技术创新中心启动运行。

二是国家、省、市重点实验室数量分别达21家（占全省70%）、256家（占全省61%）、195家，建设10家粤港澳联合实验室（占全省50%）。省级新型研发机构数量达63家，连续5年居全省首位。高水平创新研究院总数增至14家，占全省70%。

三是对标世界一流科学高地，打造以广州人工智能与数字经济试验区、南沙科学城、中新广州知识城、广州科学城“一区三城”为核心的“科技创新轴”空间布局。推进重大发展平台提质增效，南沙新区经济总量突破2000亿元，中新广州知识城上升为国家级双边合作项目，广州开发区综合实力居国家级开发区第二位，广州高新区进入全国十大世界一流高科技园区，广州人工智能与数字经济试验区、临空经济示范区、民营科技

① “2+2+N”科技创新平台体系：第一个“2”指广州实验室和粤港澳大湾区国家技术创新中心；第二个“2”指人类细胞谱系大科学研究设施、冷泉生态系统研究装置2个重大科技基础设施；“N”指国家新型显示技术创新中心，生物岛、南方海洋科学与工程、人工智能与数字经济、岭南现代农业科学与技术等4家省实验室，广东粤港澳大湾区国家纳米科技创新研究院、广东空天科技研究院等多个高水平创新研究院等重大创新平台。“2+2+N”科技创新平台体系是《广州市国民经济和社会发展第十四个五年规划和2035年远景目标纲要》等文件中“1+2+4+4+N”战略创新平台体系的简化表述。

园、白鹅潭商务区等产业承载力不断增强。

2. 核心技术攻关能力跨越式提升

广州不断着力加强关键核心技术攻关，实施重点领域研发计划，创新活力持续迸发。围绕重点产业领域“卡脖子”问题，对标国际领先水平，布局新一代信息技术、人工智能等重大专项，高水平科技供给不断增强。主动参与国家重大创新任务，部省市联动实施“新型显示与战略性电子材料”重点专项，参与国家“科技创新2030——重点新材料研发及应用”重大项目。获2020年度国家科学技术奖22项，占全省61%。钟南山呼吸疾病防控创新团队荣获2020年度国家科技进步奖唯一创新团队奖。近几年累计获国家级、省级科技奖励104项、734项，居全省第一。广州每万人发明专利拥有量达46.6件，PCT国际专利受理量达1785件，较2015年均实现翻番。[①]2021年度获国家自然科学基金立项数（3267项）和支持经费（18.3亿元）再创新高，连续两年居全国第三。首创市校（院）联合资助项目，5年内引导撬动社会资本投入基础研究超8.5亿元。

移动通信、海洋科技、新材料、新能源等前沿领域实现重大突破，高水平科技成果持续涌现，可燃冰试采、“天河二号”超算应用入选中国十大科技进展。水下机器人亮相北京冬奥会火炬接力，“5G基带处理器CPU内核芯片”等多项成果在国家“十三五”科技创新成就展隆重展出。“特高压±800kV直流输电工程”实现世界首创，海域天然气水合物试采创造“产气总量、日均产气量”两项世界纪录，研发全球首台31英寸（1英寸=2.54厘米）喷墨打印柔性显示样机，建成全球首个智慧地铁示范站，L4级自动驾驶技术全国领先。海格通信助力广州港成为全球首个北斗高精度定位智慧港。高云半导体成功量产国内首款通过车规认证的国产FPGA（Field-Programmable Gate Array，即现场可编程门陈列）芯片，在国内外数十款车型中大批量出货，逐步实现国产芯片替代。连花清瘟胶囊、磷酸氯喹、

① 广州市人民政府办公厅：《广州市科技创新“十四五”规划》（2022年1月），《广州市人民政府公报》2022年第7期。

新冠肺炎AI辅助诊断系统、防控医用智能机器人等高质量成果和技术为新冠肺炎疫情防控提供强大科技支撑。

3. 科技创新支撑经济社会发展作用持续强化

广州积极培育创新主体，支撑产业创新发展。出台推动高新技术企业高质量发展扶持办法，增强战略性新兴产业创新发展支撑力，培育经济高质量发展新增长点，创新引领产业高质量发展更加显著。

一是企业创新主体地位显著提升。2015年以来高新技术企业数量从1919家增至2020年的1.2万家，居全国第四，比2016年增长1.6倍。营收百亿、十亿级高新技术企业数量达到20家和256家，独角兽企业达到16家。营收百亿、十亿、亿元以上高企分别增长113%、81%和177%。国家科技型中小企业备案入库三年累计数达3万家，居全国城市第一。规模以上工业企业建立研发机构比例达51%，实现5亿元以上大型工业企业研发机构全覆盖，高新技术产品产值占规模以上工业总产值的比重达50%（见图0-5）。

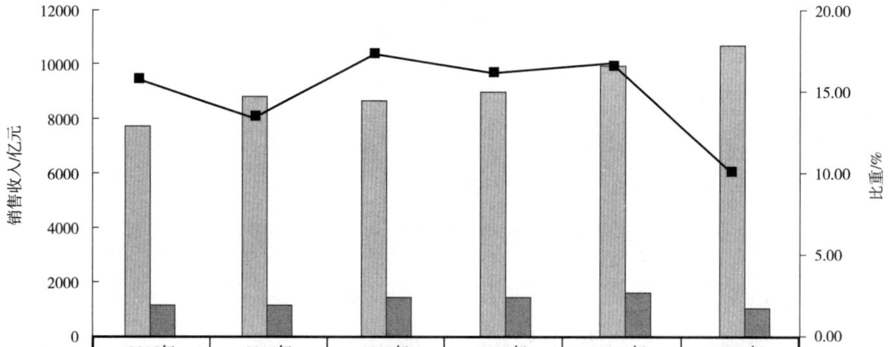

	2015年	2016年	2017年	2018年	2019年	2020年
高新技术产品销售收入/亿元	7761.51	8916.42	8697.3	8999.85	9919.95	10765.39
高新技术产品出口销售收入/亿元	1213	1198.23	1505	1449.69	1648.33	1106.09
高新技术产品出口销售收入占高新技术产品销售收入的比重/%	15.63	13.44	17.30	16.11	16.62	10.27

图0-5 2015—2020年高新技术产品销售收入及高新技术产品出口销售收入占比[①]

① 广州市科技局、广州市科技发展研究中心：《广州市2020科技创新发展数据汇编》（2021年12月）。

二是创新载体多样化。建设科技企业孵化器405家、众创空间294家，其中国家级各为41家、54家，总孵化面积超过1000万平方米。19家国家级孵化器被国家科技部评为优秀，居全国第二。建设国家新一代人工智能创新发展试验区，小鹏汽车成为造车新势力年度交付冠军，实现销售额200亿元。加快建设中国集成电路第三极核心承载区，粤芯半导体一期项目实现满产运营，二期项目正式启动。百济神州大分子生物制药规划产能超过20万升，单厂亚洲第一。

三是以科技惠民增进民生福祉。面对2020年初出现的新冠肺炎疫情，广州各级科技力量一盘棋联动，全力投入科研攻关，在疫苗研发、检验检测和药品治疗等方面做出了广州的贡献。磷酸氯喹等4项成果和技术被纳入国家诊疗方案。广东省科技厅向联合国重点推荐的新冠肺炎AI辅助诊断系统等4个项目均由广州地区单位承担。广州达安基因股份有限公司（以下简称达安基因）是全国首批核酸检测试剂盒6家获证企业之一，累计销售1.4亿人份，其研发的最新产品把检测时间缩短至28分钟，是国内唯一获批的30分钟内快速检测产品。广州万孚生物技术股份有限公司（以下简称万孚生物）是全国首批抗体检测试剂盒2家获证企业之一，累计生产7000多万人份。达安基因、万孚生物等企业新冠病毒抗原检测试剂盒累计销量超9亿人份，居全国第一。广州金域医学检验集团股份有限公司（以下简称金域医学）检测超过3000万例，单机构累计检测量为全球第一。在疫苗研发方面，腺病毒载体疫苗提交临床试验申请。积极承接新冠疫苗产业化项目，广州瑞贝斯药业有限公司获药品生产许可证，生产线建成后年产量达5000万支。聚焦乡村振兴战略，加强农业技术供给和推广，新增农村科技特派员近千名。

4. 全球创新要素资源多样化集聚

从增加财政科技经费和科普投入，进而带动全社会研发经费投入增加，到精心打造创新人才链，培养、引进、使用与服务相结合，切实用好人才第一资源，广州吸引了全球创新资源加速汇集（见图0-6、图0-7）。广州聚集全省80%的高校、97%的国家级重点学科，拥有中山大学、华南理工大学两所世界一流大学建设高校和18个“双一流”建设学科，华南理工

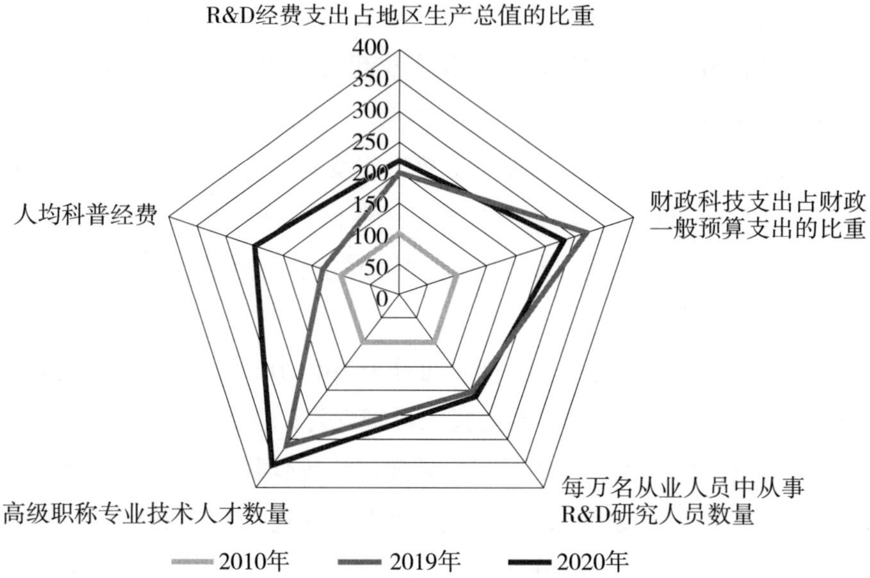

图0-6　2010—2020年广州创新资源变化情况①

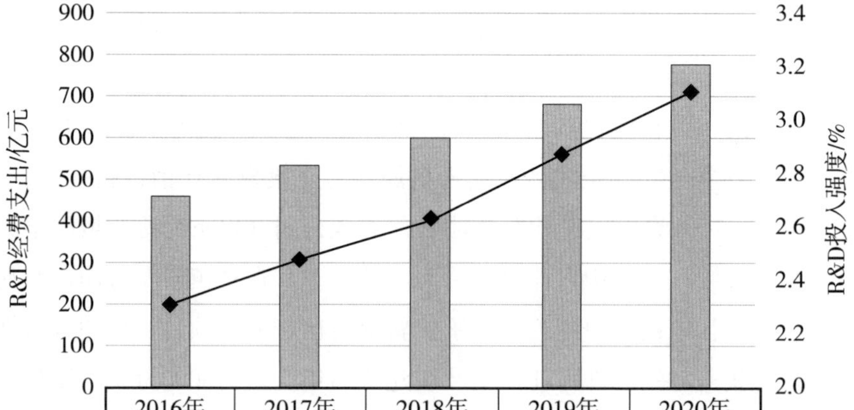

	2016年	2017年	2018年	2019年	2020年
R&D经费支出	457.46	532.41	600.17	677.74	774.84
R&D投入强度	2.31	2.48	2.63	2.87	3.10

图0-7　2016—2020年广州研发经费支出和研发投入强度②

① 方晴、龙锟：《〈广州城市创新指数报告2020〉显示 10年间广州创新能力不断“上扬”》，《广州日报》2021年1月8日。

② 广州市科技局、广州市科技发展研究中心：《广州市2020科技创新发展数据汇编》（2021年12月）。

大学广州国际校区、中国科学院大学广州学院、香港科技大学（广州）相继落户。与乌克兰、新加坡、英国等国家的科技合作不断深化，国家级、省级国际科技合作基地达67家。注重科技团队的引进，通过实施“广聚英才计划”，广州已经成功引进多位行业顶级科学家，在穗工作的两院院士从2015年的42名增长到2021年的122名。其中，生物岛、南方海洋科学与工程等4家省实验室汇聚了37位院士、270个高层次人才团队。钟南山院士荣获“共和国勋章”，徐涛院士、张偲院士、徐宗本院士、李家洋院士分别担任4家省实验室负责人。形成了一支由高层次科研人才（战略科学家、科学家）、工程师、高技能人才、科技企业家及管理骨干、青年科技人才构成的超百万人科技人才大军。

一是坚持用环境吸引人才。建设全国首个国际化人才特区和中新广州知识城国际人才自由港，吸引赵宇亮院士、张伯礼院士等顶尖科学家团队来穗创新。全市有效申报国家引才计划人数大幅增加，国家和省人才工程入选者达2223人。累计认定外籍高端人才3234人，发放人才绿卡7600余张。

二是坚持用事业培育人才。充分发挥重大创新平台引才聚才作用，新建院士专家工作站11个，获批2个国家海外人才离岸创新创业基地。2021年举办的中国海外人才交流大会暨中国留学人员广州科技交流会（以下简称海交会）线上线下同步开展人才、项目对接，发布优质岗位超6800个。以创新基础研究项目形式，支持1349名青年博士人才在穗发展。累计在广州创新创业的海外留学归国人员超过10万人。

三是坚持用服务留住人才。落实大湾区境外高端人才个税补贴政策，支持外籍人才创办科技型企业享受国民待遇，在“2021中国幸福城市论坛”上，广州市获评“企业家获得感典范城市”，在“魅力中国——外籍人才眼中最具吸引力的中国城市”的评选中，广州排名第四。

5. 创新生态更加优化

广州作为国家级历史文化名城，历史人文积淀深厚，城市包容性强。在“双区”建设和南沙、横琴、前海合作区等重大平台建设背景下，广州与其他大湾区中心城市激荡出更加丰富的多元文化，更加积极地汇聚一流创新资源、创新体制机制、深化交流合作，创新创业氛围浓厚。

一是加大财政科技投入。2019年，广州市财政科技投入经费达243.95亿元，为推动创新发展提供重要的资金保障。其中，市本级财政对科技投入经费为91.56亿元，占一般公共预算支出比例为9.63%。2020年，归口市科技局管理的科学技术投入经费总额为54.22亿元，其中基础研究为14.8亿元，技术研究为19.8亿元。广州企业、高校和科研机构R&D经费支出占全社会R&D经费支出比重从2015年的61.6%、12.5%和23.6%变化为2020年的61.4%、18%和17.9%。其中，高校R&D经费支出增速最高，年均增长24.0%。“十三五”期间，加强基础研究和应用研究的部署得到有力实施，广州基础研究经费和应用研究经费双双突破百亿大关，试验发展占主体地位，三者占全市R&D经费的比重分别为14.2%、14.4%和71.4%。[①]

二是完善科技成果转移转化体系。实施促进科技成果转移转化行动，打通科技成果转化“中梗阻”，推动科技成果与产业需求紧密对接，全市技术合同成交额达2413亿元，是2015年的8倍多，居全国第三。主攻科技成果转化的华南技术转移中心上线“华转网”，与港澳线上平台实现互联互通。华南技术转移中心汇集服务机构770多家，对接解决820项企业技术攻关难题。依托广州（国际）科技成果转化天河基地举办第六届中国创新挑战赛，环大学城科技成果转化基地正式挂牌，环中大、南沙区科技成果转化基地建设加快推进。

三是促进科技金融融合发展。坚持“投早”“投小”，财政投入50亿元规模的广州科技创新母基金已落地运营16只子基金。设立总规模千亿元的大湾区科技创新产业投资基金，落地运营200亿元规模的大湾区科技成果转化基金。市科技型中小企业信贷风险损失补偿资金池推动合作银行累计为6000家企业放款超500亿元，179名科技金融特派员通过“精准匹配”为企业提供融资超160亿元。承办中国创新创业大赛全国总决赛，探索实施

---

① 涂端玉、穗统宣：《广州研发强度首破3%！一文读懂广州科技创新》，《广州日报》2021年11月9日。

“以赛代评”“以投代评”机制。广州市科技成果产业化引导基金投入运营。成功举办《财富》全球科技论坛、小蛮腰科技大会、世界5G大会、海交会、全国科普讲解大赛等高水平会议活动。“创、投、贷、融、服”科技金融生态圈日趋形成。[①]

6. 科技体制改革率先步入快车道

推动科技管理向创新服务转变，出台实施新修订的《广州市科技创新条例》（2021年）和《广州市科学技术普及条例》，完善科技创新“1+9”政策体系，制定科技创新强市建设三年行动计划、“广州科创12条”等一系列具全局性、前瞻性的政策文件，制定颁发《广州市科技创新“十三五”规划》和《广州市科技创新“十四五”规划》，构建“1+5+*N*”[②]科技创新法规政策体系。实施合作共建新型研发机构经费使用“负面清单”、科研项目经费使用“包干制”管理等“放管服”改革试点，在项目评审、经费管理、人才评价、机构评估等方面出台创新举措。“揭榜挂帅”“负面清单”“包干制”等新机制成效初显，基本实现为科技人员放权松绑。

广州大力推进开放式创新，全面加快粤港澳大湾区规则对接和要素跨境流动，市级科技计划面向港澳开放，率先实现财政科研资金跨境拨付香港，在全省率先落实粤港澳大湾区个人所得税优惠政策。着力建设粤港澳大湾区国际科技创新中心广州创新合作区，共建广深港澳科技创新走廊。全省20家粤港澳联合实验室半数落户广州，科技部批准广东省建设的4家“一带一路”联合实验室均落户广州，数量居全国第二。[③]

十年来，广州深入学习贯彻落实习近平总书记关于科技创新重要论述

---

① 广州市人民政府办公厅：《广州市科技创新“十四五”规划》（2022年1月），《广州市人民政府公报》2022年第7期。

② “1+5+*N*”：“1”指地方性法规《广州市科技创新条例》；“5”指围绕“科学发现、技术发明、产业发展、人才支撑、生态优化”全链条创新发展路径5个方面配置的政策包，对《广州市科技创新条例》的相关规定予以落实；“*N*”指围绕主要政策配置的其他细化落实措施或管理办法。

③ 刘肖勇：《汇聚国家战略科技力量，共建粤港澳大湾区国际科技创新中心》，《广东科技报》2021年9月24日。

精神，充分发挥广州科创资源集聚优势，聚焦“科学发现、技术发明、产业发展、人才支撑、生态优化”的创新全链条，打通科学技术化、技术产品化、产品产业化、产业资本化的发展路径，以高水平科技自立自强提升产业基础高级化、产业链现代化水平，实现科技创新强市、先进制造业强市建设互促双强，推动科技创新强市建设从形成基本框架体系向强化核心能力跃升，逐步走出一条从科技强到企业强、产业强、经济强的高质量发展道路。广州科技创新成效显著，为国家科技自立自强做出了重要贡献。科技创新的广州模式、广州路径弥足珍贵。

广州科技创新取得了丰富的宝贵经验，主要体现在以下几个方面。

一是坚持突出高水平科技自立自强，抓住科技创新全链条并紧扣各个环节发力。广州全市上下深刻认识到科技创新的极端重要性，大力推进实施创新驱动发展战略。立足于科技自立自强，服务于国家战略，也善加利用关键核心技术攻关新型举国体制、充分发挥社会主义制度能够集中力量办大事的显著优势，积极想方设法争取国家重大科技基础设施专项落户广州，争取设立广州国家实验室，合作共建研究机构，建设科学城，布局国家级科学研究基础设施。充分发挥广州核心引擎功能，引领建设广深港、广珠澳科技创新走廊，发挥好广州实验室、粤港澳大湾区国家技术创新中心等“国之重器”作用，建强建实“2+2+N”科技创新平台体系。探索重大创新平台科研成果“沿途下蛋、就地转化”机制，推动产出更多战略性、前瞻性原创成果。同时，利用市场对技术攻关方向和创新资源配置的导向作用，创造有利于新技术快速大规模应用和迭代升级的优势，科学统筹、协同攻关，努力提升广州科技自主创新能力，一批新型研发机构纷纷在广州创设，涌现出众多的中小科技型企业。

二是坚持高度重视原始创新，更加着力于推动科技创新的“原创”和“独有”。广州已经从引进消化吸收再创新的“反向复刻”模式升级到以科学引领产业发展的“正向推动”新阶段的转变，将增强自主创新能力作为科技发展的战略基点，以科技创新引领高质量发展。近几年来，着力于提升原始创新能力，围绕基础材料、核心零部件、重大装备等“卡脖子”

环节，建立“产业界出题、科技界答题”机制，组织实施关键核心技术攻关，积极参与国家重大科技任务和“广东强芯”等重点工程，努力从根本上解决受制于人的“卡脖子”问题。加大对研发机构的支持力度，同时积极开展全方位、多层次、高水平的国际科技合作，在更高层次上推动自主创新。共同应对全球关注的疫情挑战，努力维护供应链和产业链完整正常，支撑国内国际双循环的新发展格局。在国家和广东省的统筹下，广州以实现区域内创新要素无障碍流动为目标，大力深化粤港澳大湾区科技创新全面合作，推动大湾区国际科技创新中心建设取得实效。

三是坚持推动科技创新与产业发展深度融合，打通“科学技术化、技术产品化、产品产业化、产业资本化”的发展路径。推动科学、技术和产业全面发展，以更高水平打造一流产业创新集群，推动产品产业化。广州充分释放人才、技术、资本、信息等创新要素活力，推动技术创新与产业变革，将创新与创业紧密结合起来，引导创新多元化、特色化、专业化发展，通过科技创新创造新产品、提供新供给、释放新需求、创造新业态，推动产业迈向中高端，取得了显著成效。强化企业创新主体地位，实施“科技型中小企业十条”和“高企六条”，打造一批科技领军企业、“专精特新”企业和“隐形冠军”企业。突出优势互补，实施广深风投创投融合发展行动，建立覆盖企业全生命周期的风投创投基金体系，推动设立广州产业投资母基金和创业投资母基金。

四是坚持强化高层次科技创新人才引领作用，逐步形成“战略科技力量引领”和“战略科技人才引领”。广州牢牢抓住打造粤港澳大湾区高水平人才高地契机，高标准建设中新广州知识城国际人才自由港和南沙国际化人才特区，面向全球引进一批战略科学家、产业创新领军人才和团队，同时从培养、引进、使用、服务等方面入手，打造梯次衔接的高层次人才队伍，做好青年科技人才的储备。

五是坚持科技创新和制度创新双轮驱动，着力破除制约创新创业发展的体制机制障碍。广州遵循社会主义市场经济规律和科技创新规律，努力构建系统完整的科技创新政策体系，力争形成充满活力的科技管理和运行机制。通过深入推进“放管服”改革，盘活创新资源、激活创新潜力，在科技成果转化、科技项目和经费管理、人才引进、使用服务等方面都有创新完善举措。相关政策措施得到科技人员普遍认可。

十年来，广州在习近平总书记关于科技创新重要论述精神的引领下，科技界砥砺奋进，创新卓有成效，也得出了若干深刻的体会：

——必须促进创新链和产业链的深度融合，实现全链条的均衡发展，推动科技和产业创新优势在新的高度立起来强起来。以更大力度强化国家战略科技力量，推动科学技术化。

——必须聚焦关键核心技术“卡脖子”难题，锻造一批“撒手锏”技术，塑造更多操之在我的优势，努力抢占科技和产业制高点，以更强决心推进关键核心技术攻关，推动技术产品化。

——必须强化科技引领能力，提升科技赋能能力，加大应用场景开放力度，推动创新产品加速产业化；以更实举措促进科技产业金融融合，推动产业资本化。

——必须以更加开放的生态汇聚全球高端人才，厚植第一资源优势，进一步发挥国家战略科技力量、战略支撑能力，在人才强国雁阵中发挥“头雁效应”，在粤港澳大湾区国际科技创新中心、大湾区综合性国家科学中心、粤港澳大湾区高水平人才高地建设中勇担使命、奋勇前进。

——必须坚持全球视野推动和谋划创新，大力推进在自主创新基础上的开放式创新，深度融入全球创新网络，吸收全球高水平科技创新成果，推动在更深层次、更广领域开放合作。

第一章

认真学习贯彻习近平总书记关于科技创新重要论述

党的十八大以来，习近平总书记准确把握世界经济深度调整带来的机遇与挑战，把创新摆在国家发展全局的核心位置，高度重视科技创新，围绕实施创新驱动发展战略、加快推进以科技创新为核心的全面创新，创造性地对我国科技创新做出了一系列新思想、新论断、新要求，立意高远，内涵深刻，形成了习近平总书记关于新时代科技创新的重要论述，为加快科技创新、推进科技强国建设提供了科学理论指导和行动指南。认真学习习近平总书记关于科技创新的系列重要论述，贯彻实施创新驱动发展战略这一重大战略部署，具有重要意义。

一、必须把科技创新摆在国家发展全局的核心位置

科技是国家强盛之基，创新是民族进步之魂，是推动一个国家和民族向前发展的重要力量，也是推动整个人类社会向前发展的重要力量。党的十八大报告指出，“科技创新是提升社会生产力和综合国力的战略支撑，必须摆在国家发展全局的核心位置”。2013年7月17日，习近平在中国科学院考察工作时从经济发展方式转变的角度讲了科技创新的引领作用，把创新和发展的关系认识提到了一个新高度。科技创新活动不断突破地域、组织、技术的界限，演化为创新体系的竞争，创新战略竞争在综合国力竞争中的地位日益重要。科技创新，就像撬动地球的杠杆，总能创造令人意想不到的奇迹。[①]2016年5月30日，习近平在全国科技创新大会、两院院士大会、中国科协第九次全国代表大会上提出，到中华人民共和国成立100年时使我国成为世界科技强国。2017年10月18日，习近平在党的十九大报告中重申，“创新是引领发展的第一动力，是建设现代化经济体

① 习近平：《在中国科学院第十七次院士大会、中国工程院第十二次院士大会上的讲话（2014年6月9日）》，人民出版社2014年版。

系的战略支撑”，加快建设创新型国家成为贯彻新发展理念、建设现代化经济体系的重要内容。2019年2月20日，习近平在会见探月工程嫦娥四号任务参研参试人员代表时指出，“实践告诉我们，伟大事业都基于创新。创新决定未来。建设世界科技强国，不是一片坦途，唯有创新才能抢占先机”。

马克思主义经典作家认为，科学技术有助于人类更好地认知客观规律、提升劳动生产力水平、创造更多物质财富；能够促使社会生产关系、经济基础和上层建筑变革，推动人类社会历史性进步；能够使人类逐渐从繁重的体力劳动中解放出来，最终实现自由而全面的发展。习近平把脉当今世界科技发展新趋势、审度新时代中国具体国情和实际，进一步指出，“科技是国之利器，国家赖之以强，企业赖之以赢，人民生活赖之以好”，“科技实力决定着世界政治经济力量对比的变化，也决定着各国各民族的前途命运”。①这些重要论述有着坚实的理论基础，体现出继承性与创新性的统一，是对马克思主义科技观在当代中国和当今时代条件下的丰富和发展。新时期、新形势、新任务，要求我们在科技创新方面有新理念、新设计、新战略。②习近平强调，“科技创新作为提高社会生产力、提升国际竞争力、增强综合国力、保障国家安全的战略支撑，必须摆在国家发展全局的核心位置”③，“科技创新是核心，抓住了科技创新就抓住了牵动我国发展全局的‘牛鼻子’”④。这一重要论断和实践要求，从科技创新在经济社会发展中的重要作用出发，强调了把科技创新置于国家发展全局的核心位置的重要性和必然性，蕴含着深刻的理论逻辑、历史逻辑和实践

---

① 习近平：《在中国科学院第十七次院士大会、中国工程院第十二次院士大会上的讲话（2014年6月9日）》，人民出版社2014年版。

②④ 习近平：《为建设世界科技强国而奋斗——在全国科技创新大会、两院院士大会、中国科协第九次全国代表大会上的讲话（2016年5月30日）》，人民出版社2016年版。

③ 中共中央文献研究室：《习近平关于科技创新论述摘编》，中央文献出版社2016年版。

逻辑，是对马克思主义科技观的丰富和发展。[①]

习近平指出，“我们正面对着推进科技创新的重要历史机遇，机不可失，时不再来，必须紧紧抓住”[②]。新一轮科技革命和产业变革与我国加快转变经济发展方式形成历史性交汇，这为我国顺势而为、乘势而上，大力推进科技创新带来有利环境和条件。

一方面，新时代我国经济社会发展对科技创新的需要比以往更加迫切，这是推进科技创新的强劲动力。改革开放40多年来，我国经济实力持续上升，创造了举世瞩目的“中国速度”，经济总量居于世界第二位。基于经济发展客观规律要求和国内外经济发展趋势新变化，我国经济进入由“速度增长型”向“质量发展型”转变的新阶段。我国经济正处于转换动力、调整结构的关键节点。由于经济发展旧动能逐渐趋于弱化，传统发展方式优势不再，我国经济发展驱动力必须由以往主要依靠投资、资源、廉价劳动力等要素转换到主要依靠科技创新上来。科技创新成为中国转变经济发展方式的关键环节。正如恩格斯所指出的，“社会一旦有技术上的需要，则这种需要就会比十所大学更能把科学推向前进”。

另一方面，当今世界新一轮科技革命和产业革命正在孕育成长，全球科技创新进入空前密集活跃的时期，新一轮科技革命和产业变革正在重构全球创新版图、重塑全球经济结构。实现中华民族伟大复兴，建设社会主义现代化强国，更需抓住新一轮科技革命的历史机遇。习近平强调，“中国要强盛、要复兴，就一定要大力发展科学技术，努力成为世界主要科学中心和创新高地。我们比历史上任何时期都更接近中华民族伟大复兴的目标，我们比历史上任何时期都更需要建设世界科技强国”[③]。古今中外科

---

⑤ 郭鼎臣、何立强：《习近平关于科技创新重要论述的五大维度》，《理论研究》2021年第1期。

② 习近平：《为建设世界科技强国而奋斗——在全国科技创新大会、两院院士大会、中国科协第九次全国代表大会上的讲话（2016年5月30日）》，人民出版社2016年版。

③ 习近平：《在中国科学院第十九次院士大会、中国工程院第十四次院士大会上的讲话（2018年5月28日）》，人民出版社2018年版。

技创新之于民族盛衰、大国沉浮的历史，充分诠释了“科技兴则民族兴，科技强则国家强”这一科学论断。正如习近平总书记所指出的，“一些国家抓住科技革命的难得机遇，实现了经济实力、科技实力、国防实力迅速增强，综合国力快速提升”。当今世界新一轮科技革命浪潮涌动，对于历史上曾与世界科技革命失之交臂的中国来说更显弥足珍贵。机遇往往稍纵即逝，我们必须以史为鉴，增强机遇意识和紧迫感，“不能等待、不能观望、不能懈怠”，而应主动参与、提前谋划、抢占先机。①

二、走中国特色自主创新道路

从人类历史文明的长河来看，每一次人类的文明进步都与科技创新的发展密不可分，正是科技创新的不断进步推动了生产力的巨大发展，推动了人类社会向更高级的方向前进。坚持创新发展动力，最重要的是坚持创新驱动战略。习近平总书记指出，“实施创新驱动发展战略，最根本的是要增强自主创新能力”②。这一战略事关国家发展全局，只有坚持创新驱动发展战略，让战略明确发展路径，才能实现可持续发展、高质量发展，才能让我国站在新的历史高度上，早日进入创新型国家前列，实现社会主义现代化强国的目标。

习近平总书记指出，实施创新驱动发展战略，是立足全局、面向未来的重大战略，是加快转变经济发展方式、破解经济发展深层次矛盾和问题、增强经济发展内生动力和活力的根本措施。③这一重要论述是在面对全

① 李磊：《习近平关于新时代科技创新的几个重要论断》，《党的文献》2020年第2期。

② 习近平：《在中国科学院第十七次院士大会、中国工程院第十二次院士大会上的讲话（2014年6月9日）》，人民出版社2014年版。

③ 中共中央文献研究室：《习近平关于科技创新论述摘编》，中央文献出版社2016年版。

球新一轮科技革命与产业变革的重大机遇和挑战，面对经济发展新常态下的趋势变化和特点，面对实现“两个一百年”奋斗目标的历史任务和要求的大背景下提出来的，具有极强的理论和现实意义。

实施创新驱动发展战略最根本的目的，就是要增强自主创新能力，转变经济发展方式，提高综合国力和国际竞争力。

第一，依靠科技创新来驱动我国整个国民经济的调整和发展。习近平指出，“实施创新驱动发展战略，是应对发展环境变化、把握发展自主权、提高核心竞争力的必然选择，是加快转变经济发展方式、破解经济发展深层次矛盾和问题的必然选择，是更好引领我国经济发展新常态，保持我国经济持续健康发展的必然选择”①。要进行动力转化和结构优化，逐步消除科技和经济“两张皮”的现象，从经济发展动力的实际出发，坚持以市场为导向，合理配置科技资源，使科技创新成果转化成现实生产力，或者通过科技的渗透转变经济生产要素的结构，全面有效地提升经济发展质量，从而实现经济从“要素驱动为主”向“创新驱动发展”的转变。

第二，要推进科技创新发展进程，必须进行顶层设计和超前计划。习近平指出，“实施创新驱动发展战略，不能‘脚踩西瓜皮，滑到哪儿算哪儿’，要抓好顶层设计和任务落实”②。抓好顶层设计，要充分发挥政府的职能，在自主创新发展道路上独辟蹊径，勇于打破常规，抓住科技革命的机遇，实施“弯道超车”，全面提升创新技术和创新能力。

第三，科技创新也关乎我国国家安全和国际地位的提升。“墨子号”量子科学实验卫星发射升空；“中国天眼”（FAST）落成；暗物质探测卫星“悟空”已最先观测到黑洞的新一轮活跃期，这些都为世界的科技进步做出了突出的贡献。

同时，习近平也深刻指出，“我国科技领域仍然存在一些亟待解决

---

① 习近平：《为建设世界科技强国而奋斗——在全国科技创新大会、两院院士大会、中国科协第九次全国代表大会上的讲话（2016年5月30日）》，人民出版社2016年版。

② 习近平：《在中共中央政治局第九次集体学习时的讲话（2013年9月30日）》，载《习近平关于科技创新论述摘编》，中央文献出版社2016年版。

的突出问题，特别是同党的十九大提出的新任务新要求相比，我国科技在视野格局、创新能力、资源配置、体制政策等方面存在诸多不适应的地方”[①]。这些问题表现为：

一是基础科学和关键核心技术的短板较为突出。关于基础科学和核心技术之间的关系，习近平深刻指出，“核心技术的根源问题是基础研究问题，基础研究搞不好，应用技术就会成为无源之水、无本之木”[②]。由于基础薄弱、研发投入受限等原因，我国在基础科学方面仍与世界先进科技强国有较大差距，基础科学研究短板依然突出。关键核心技术是一国科技实力的标志，是国际科技竞争力的关键所在，关乎国家安全和经济社会发展全局。在新时代，必须以“咬定青山不放松”的韧劲，“在关键领域、卡脖子的地方下大功夫”，稳步推进基础科学的研究和关键核心技术的突破，努力补齐短板。

二是科技与经济的“两张皮”状况是我国科技创新中存在的突出问题。其直接表现是科技成果向现实生产力转化不力、不顺、不畅。不少科技科研成果封闭自我循环较严重，形成科技创新中的“孤岛现象”，而在科技创新成果转化途中存在着“最后一公里”的体制机制上的“篱笆墙”。科技成果向生产力转化不力，导致科技对于经济社会发展的功能发挥不充分，不能起到应有的战略支撑作用。同时也造成进一步促进科技创新的物质保障力和社会需求度降低，以致科技创新的动力不足。习近平反复强调，科技创新“要面向经济社会发展主战场，转化为经济社会发展第一推动力”。

三是创新型科技人才结构性不足的矛盾仍然存在。我国是科技人才大国，科技人才队伍的规模可观，但还存在一定的结构性不足，主要是高水平创新人才缺乏。我国在重大科研项目、重大工程、重点学科等领域的首席科学家、战略科学家、世界级科技大师等领军人才不够多，创新团队有限，尖子人才不足。我国高水平科技人才现状与我国建设创新型国家进而

① 习近平：《在中国科学院第十九次院士大会、中国工程院第十四次院士大会上的讲话（2018年5月28日）》，人民出版社2018年版。

② 习近平：《在网络安全和信息化工作座谈会上的讲话》，人民出版社2016年版。

建成世界科技强国的客观要求尚有较大差距，科技人才队伍建设面临着严峻挑战。习近平强调，要全面聚集人才，一方面要聚天下英才而用之，另一方面要大力培养造就高水平科技人才队伍。

四是科技资源配置有待进一步优化。当今时代，科技创新活动不断突破地域、组织、技术的界限，演化为创新体系的竞争。只有合理配置创新资源，才能建立起优质、高效的创新体系。然而，科技资源配置分散、封闭、重复建设问题在我国科技领域依然存在。我国在科技计划、经费投入、项目管理等多方面存在着分散的状况，如科技计划碎片化、科研项目聚焦不够、科研经费分割浪费等，从而导致我国创新体系整体效能不强。应继续深化科技体制改革，着力加强一线调研、顶层设计和总体协调，使创新资源配置更加科学合理。

五是企业的技术创新主体地位须进一步突出。2013年3月4日，习近平在参加全国政协十二届一次会议科协、科技界委员联组讨论时强调，“要进一步突出企业的技术创新主体地位，使企业真正成为技术创新决策、研发投入、科研组织、成果转化的主体”[①]。企业熟悉市场对科技成果的需求趋势，具备配置科技创新资源的平台优势，能够直接促使科技创新成果产业化。然而，我国企业在科技创新方面的主体作用尚未得到充分发挥。从主观上讲，不少企业热衷于短期快速获利，创新意识较弱、自信心不足，习惯于引进、购买国外技术，潜心自主创新的积极性不高。从客观上讲，企业创新环境亟待优化，时常受限于体制机制、市场调节等诸多方面的影响。社会需要是科技进步的动力，而企业是联结科技发展与社会需求的纽带，企业能否成为创新主体对于全社会科技创新水平提升具有重要意义。[②]

实现“两个一百年”奋斗目标，实现中华民族伟大复兴的中国梦，必须坚持走中国特色自主创新道路，面向世界科技前沿、面向经济主战场、面向国家重大需求，加快各领域科技创新，掌握全球科技竞争先机。这是

① 中共中央文献研究室：《习近平关于科技创新论述摘编》，中央文献出版社2016年版。

② 李磊：《习近平关于新时代科技创新的几个重要论断》，《党的文献》2020年第2期。

我们提出建设世界科技强国的出发点。[1]2020年9月11日，习近平总书记主持召开科学家座谈会，把脉我国发展面临的内外环境，着眼“十四五”时期加快科技创新的迫切要求，提出以“坚持面向世界科技前沿、面向经济主战场、面向国家重大需求、面向人民生命健康，不断向科学技术广度和深度进军”的“四个面向”，指明了我国科技创新方向，希望广大科学家和科技工作者肩负起历史责任。党的十九届六中全会把推进科技自立自强作为实现第二个百年奋斗目标的重大任务进行部署，为全国科技界和广大科技人员奋进新时代、走好新征程提供了根本遵循。立足新发展阶段、贯彻新发展理念、构建新发展格局、推动高质量发展，必须进一步强化科技创新对统筹发展和安全的战略支撑，以科技的主动赢得国家发展的主动，以高水平的自立自强塑造发展新优势。

坚持科技创新，必须走一条符合本国国情的科技创新之路。新一轮科技革命方兴未艾，科技竞争在国际竞争中的比重逐渐增加，只有牢牢抓住科技创新，才能站稳脚跟，避免被其他国家“卡脖子”。无数的经验告诉我们，科技才是竞争和发展的关键因素。习近平指出，“面向未来，增强自主创新能力，最重要的就是要坚定不移走中国特色自主创新道路”[2]。我们不能指望依靠其他国家的技术，也不能一直做别国的技术附庸，要走出一条属于我们独有的发展道路。“这条道路是有优势的，最大的优势就是我国社会主义制度能够集中力量办大事，这是我们成就事业的重要法宝，过去我们搞‘两弹一星’等靠的是这一法宝，今后我们推进创新跨越也要靠这一法宝”[3]。习近平强调，“我们是一个大国，在科技创新上要有自己的东西，一定要坚定不移走中国特色自主创新道路”[4]。坚持走中

---

① 习近平：《为建设世界科技强国而奋斗——在全国科技创新大会、两院院士大会、中国科协第九次全国代表大会上的讲话（2016年5月30日）》，人民出版社2016年版。

② 习近平：《在中国科学院第十七次院士大会、中国工程院第十二次院士大会上的讲话（2014年6月9日）》，人民出版社2014年版。

③ 中共中央文献研究室：《习近平关于科技创新论述摘编》，中央文献出版社2016年版。

④ 习近平：《坚定不移全面深化改革开放 脚踏实地推动经济社会发展》，《人民日报》2013年7月24日。

国特色自主创新道路，是提高我国科技发展的必由之路，是全面贯彻新时代科技创新发展的方针政策。在新时代，推进科技创新具备诸多“中国特色”的优势，这是我们建设世界科技强国的自信之源。最大优势就是我国的社会主义制度能够集中力量办大事。习近平强调，“这条道路是有优势的”，要“最大限度发挥各方面优势，形成推进科技创新整体合力”。走中国特色道路，就是在我国科技基础上，整合优化科技资源，集中力量办大事，重点突破创新方向，自主选择创新领域和方式，只有这样才能实现跨越式发展。“面对科技创新发展新趋势，世界主要国家都在寻找科技创新的突破口，抢占未来经济科技发展的先机。我们不能在这场科技创新的大赛场上落伍，必须迎头赶上、奋起直追、力争超越”①。

习近平亲自谋划并部署了一系列重要举措，超前谋划、做好顶层设计，牵住科技创新的“牛鼻子”，集中力量攻克薄弱环节，如国防科技、武器装备建设、信息化核心技术和信息基础设施，实施“非对称”赶超战略，在关键领域、卡脖子的地方下大功夫。

三、让科技为人类造福

习近平指出，着力推动工程科技创新，实施可持续发展战略，通过建设一个和平发展、蓬勃发展的中国，造福中国人民，造福世界人民，造福子孙后代。②要牢固树立科技创新为全人类造福、为人民服务的价值观念。科技创新是为全人类造福的伟大事业。2014年3月27日，习近平在联合国教

① 习近平：《在中国科学院第十七次院士大会、中国工程院第十二次院士大会上的讲话（2014年6月9日）》，人民出版社2014年版。

② 习近平：《让工程科技造福人类、创造未来——在2014年国际工程科技大会上的主旨演讲》，新华网，2014年6月3日，http://www.xinhuanet.com/politics/2014-06/03/c_1110968875.htm.

科文组织总部的演讲中提出，“我们要大力发展科技事业，通过科技进步和创新，认识自我，认识世界，改造社会，使人们在持续的天工开物中更好掌握科技知识和技能，让科技为人类造福”。

科技创新的主体是人民，科技创新归根结底是人民的事业，因此必须以人民为中心，坚持科技创新群众路线。

第一，科技创新依靠人民。科技创新是一项广泛的实践活动，作为实践活动必须要解决实践主体的问题，科技创新的实践活动离不开人民。要倡导人民群众积极创新创业，满足大众的创新需求和供给，激发整个创新领域的活力，从而推动科技创新领域的发展。要充分肯定大众的首创精神，引导和鼓励群众探索实践、勇于创新，调动群众的积极性和创造性，充分发挥人民群众在科技创新中的主人翁地位。

第二，科技创新为了人民。“人民的需要和呼唤，是科技进步和创新的时代声音。”[①]科技创新要满足人民的需要、迎合人民的需求，为人民的幸福美好生活服务。从创新发展的目的来看，创新发展的最终目标就是为了造福中国人民，造福子孙后代。确立以人民为中心的创新价值导向，把满足人民物质文化需要、增进民生福祉、促进人的全面发展、实现人民共同富裕与普遍幸福作为创新的出发点和落脚点，实现科技创新意愿与民生改善需求直接对接，让科技创新成为人们“获得感”的重要源泉。真正打通科技成果的“落地”通道，让科技成果“活”起来，最终让人民群众在创新发展中得到实实在在的好处。

第三，科技创新成果与人民共享。科技创新的成果是由人民创造的，归根结底要服务人民、造福人民，实现科技创新成果与人民共享。在科技创新活动中要始终坚持以人民为中心的工作导向，积极回应人民群众的期盼和关切，“要把满足人民对美好生活的向往作为科技创新的落脚点，把惠民、利民、富民、改善民生作为科技创新的重要方向”，通过科技创新

① 习近平：《为建设世界科技强国而奋斗——在全国科技创新大会、两院院士大会、中国科协第九次全国代表大会上的讲话（2016年5月30日）》，人民出版社2016年版。

不断满足人民日益增长的美好生活需要，使科技成果更充分地惠及广大人民群众。创新发展成果作为人民群众共享的具体抓手，这一发展目标与我国的科技可持续发展战略密切吻合，也推动了我国的科技惠民计划不断发展。

四、人才是科技创新最关键的因素

当今世界，国家之间的竞争在一定程度上表现为科技创新的竞争，科技创新竞争实质是人才的竞争。党的十八大以来，习近平总书记多次主持召开中央政治局会议、中央深改组（委）会议等重要会议，研究人才议题；深入科研院所、高等院校、企业一线，实地调研人才培养使用；出席“两院院士大会”“科技三会”并发表重要讲话；多次就深化人才体制机制改革、推动职业教育发展等方面作出重要指示批示，始终把抓好人才工作摆在治国理政的重要位置，为新时代人才工作和人才事业发展指明方向。习近平总书记连续多年出席国家科学技术奖励大会，亲自为国家最高科技奖获得者颁奖；多次主持召开会议，就重大方针政策制定当面听取党内外各方面专家人才的意见建议；多次会见劳动模范和先进工作者，大力倡导劳模精神和工匠精神。习近平总书记以强烈的人才意识，带动全社会厚植尊重劳动、尊重知识、尊重人才、尊重创造的良好氛围。

习近平指出，“人才是创新的根基，创新驱动实质上是人才驱动”[①]。拥有一流的创新人才，就拥有了科技创新的优势和主导权。人才是科技创新的基础，是科技创新中最关键的资源，是主导科技竞争的指挥棒。科技创新需要大量人才。创新型科技人才已经成为衡量国家实力、生产力发展

---

① 《习近平：当好改革开放排头兵创新发展先行者 为构建开放型经济新体制探索新路》，中央政府门户网站，2015年3月5日，http://www.gov.cn/xinwen/2015-03/05/content_2828385.htm.

水平的重要指标。从这一意义上说，创新驱动在本质上就是人才驱动。建设科技强国，提高国家创新实力，需要大量的创新型人才，需要建设一支能了解当今世界科技前沿动态、能把握和引领世界科技发展方向，规模宏大、结构合理、素质优良的科技创新人才队伍。

首先，在科技创新中发现人才。习近平指出，“要树立强烈的人才意识，寻觅人才求贤若渴，发现人才如获至宝，举荐人才不拘一格，使用人才各尽其能”①。只有这样，我们才能为加强自主创新、建设创新型国家提供坚实的人才保证和智力保障。

其次，要积极培养和引进创新型科技人才，不断优化和完善我国科技人才结构。当前中国科技创新人才相对欠缺，杰出领军人才不多，复合型人才更为短缺。习近平强调，“在创新实践中发现人才、在创新活动中培育人才、在创新事业中凝聚人才，聚天下英才而用之，让更多千里马竞相奔腾”②。这样才能发挥人才的力量。

再次，在科技创新中凝聚人才。习近平多次强调集聚创新人才的问题，要求在世界范围内延揽人才，凝聚人才，要不拘一格地选拔人才。我国的引才计划及各地推出的人才工程，这种全国上下尊重人才、爱惜人才的整体氛围都跟党中央和习近平对人才工作的高度重视不无关系。要让人才在科技创新中发挥更大的潜力，在科技创新中凝聚人才，坚持科技创新改革，努力建成一支有规模的、能与国际水平接轨的人才队伍。要运用自己的优势平台大力引进海内外优秀人才，为我国的科教文卫事业贡献力量，让我国成为科技创新高地。2020年3月，当新冠肺炎疫情防控工作进入关键时期时，习近平强调，“希望广大科技工作者勇担责任、尽锐出战，尽快攻克疫情防控的重点难点问题，为打赢疫情防控人民战争、总体战、

---

① 《习近平出席全国组织工作会议并发表重要讲话》，中央政府门户网站，2013年6月29日，http://www.gov.cn/ldhd/2013-06/29/content_2437094.htm.

② 习近平：《为建设世界科技强国而奋斗——在全国科技创新大会、两院院士大会、中国科协第九次全国代表大会上的讲话（2016年5月30日）》，人民出版社2016年版。

阻击战提供强大科技支撑”[1]。以人才为支撑，坚持科技创新改革，让科技创新人才为国家和人类发展做出更加卓越的贡献。

最后，健全科技体制机制，构建开放的科技实践平台，营造良好的育人环境。要使科技体制进一步完善，就要不断健全完善人才评价、激励和服务保障体系，突出质量和能力，坚持绩效和贡献的正确导向，开展多元化主体评价和专业化分类评价，确保评价结果科学有效。在不同领域和不同学科之间的人才交流和合作中，迸发创新火花，突破创新成果，并在全社会创业的价值导向作用下，充分调动各领域创业人员的主动性和积极性。要树立以人为本为基础的“能本管理”的科技创新人才管理理念，培养出能够把知识、技能有效转化为生产力的“能人”，最大限度地发挥每个人的潜能，为社会的发展和科技的进步提供动力支撑。在培养创新型人才上，我国不仅要倡导每个人要充分发挥其正确的创新能力，而且要引导每个人的发展目标与各部门、组织结合起来，使组织和各成员形成一个权、责、利相统一的命运共同体，把挖掘科技人才资源的潜能作为实施创新驱动战略和建设世界强国的重要性工作。[2]

五、改革科技体制激发创新活力

习近平指出，“多年来，我国一直存在着科技成果向现实生产力转化不力、不顺、不畅的痼疾，其中一个重要症结就在于科技创新链条上存在着诸多体制机制关卡，创新和转化各个环节衔接不够紧密”[3]。在深入实施创新驱动发展战略的过程中，打破束缚创新能力的体制机制藩篱，需要解

① 习近平：《为打赢疫情防控阻击战提供强大科技支撑》，《求是》2020年第6期。

② 王志刚：《矢志科技自立自强 加快建设科技强国》，《求是》2021年第6期。

③ 习近平：《在中国科学院第十七次院士大会、中国工程院第十二次院士大会上的讲话（2014年6月9日）》，人民出版社2014年版。

决的问题很多，以往体制机制的约束是最大的障碍。而要打破这一障碍，需要进一步解放思想，调动一切有利于科技创新发展的动力。体制机制的障碍使得当前我国的科技创新成果向现实生产力转化不力、不顺、不畅，科研和经济是“两张皮”，这是制约我国科技进一步发展的痼疾。因此，“推进自主创新，最紧迫的是要破除体制机制障碍，最大限度解放和激发科技作为第一生产力所蕴藏的巨大潜能”①。只有齐心协力破除建设国家创新体系的体制机制障碍，革除创新链条存在的诸多症结，攻克科技成果转化不力不畅的痼疾，充分激发创新的活力，才能使创新发展的新引擎全速调动起来。

实现科技创新的目标，必须打破制约科技体制改革的体制机制障碍，深化科技体制机制改革。

第一，确立科技体制改革的主要目标。进一步打通科技和经济社会发展之间的通道，实现产学研的有效衔接和深度融合，加大科学技术供给质量，提升力度，积极优化创新治理方式。要化解原始创新的“卡脖子”问题，就要增加科技投入并转变发展方式，消除科技创新中的“孤岛现象”。习近平指出，“要着力加强科技创新统筹协调，努力克服各领域、各部门、各方面科技创新活动中存在的分散封闭、交叉重复等碎片化现象，避免创新中的‘孤岛’现象”。

第二，处理好政府和市场的关系。明确科技体制改革的关键环节就是解决好政府和市场的关系，要充分肯定企业在技术创新中的主体地位，使有技术创新的企业在市场中获益。要实施政府科技管理体制改革，升级治理服务，跟上技术创新发展的趋势。政府要加强科技计划管理和科研“放管服”改革，强调科技管理中的科学自主性，通过治理体系的设计，促使政府职能回归宏观决策的本位，同时强化企业、科研院所及科学共同体等在政策过程中的广泛参与、协同治理。建立以企业为主体、市场为导向、

① 习近平：《在中国科学院第十九次院士大会、中国工程院第十四次院士大会上的讲话（2018年5月28日）》，人民出版社2018年版。

产学研深度融合的技术创新体系。

第三，营造良好政策环境。适应经济发展新常态下的趋势变化和特点，提高科技进步对经济发展的贡献率，营造大众创业、万众创新的制度环境。加快改善创新环境，努力建立鼓励企业创新的激励机制。创新环境的不佳是制约企业活力的重要因素，要解决好这个问题，就是要保证创新者公平竞争，保护其合法权利，引领健康可持续的创新发展正道。

第四，推进科研和教育改革，充分激发社会各类人才的创新潜能。要加快深化教育改革，扩大高校的自主选择权并建立有效的科研机构制度，积极培养高质量的具有创新能力的人才。2015年3月，《中共中央国务院关于深化体制机制改革加快实施创新驱动发展战略的若干意见》公布，强调要强化科技同经济对接、创新成果同产业对接、创新项目同现实生产力对接、研发人员创新劳动同其利益收入对接。

六、坚持科技创新国际合作

习近平多次在国际场合提出，“各国应该加强创新合作，推动科技同经济深度融合，加强创新成果共享，努力打破制约知识、技术、人才等创新要素流动的壁垒，支持企业自主开展技术交流合作，让创新源泉充分涌流”①。要有世界眼光和历史思维，要以敏锐的眼光洞察科技创新的历史大势和未来前景。“我们要站在历史正确的一边，坚持深化改革、扩大开放，加强科技领域开放合作，推动建设开放型世界经济，推动构建人类命运共同体”②。科技创新是顺应历史潮流、时代潮流的正确选择，不是被动融入，不是被迫参与，更不是将自己封闭起来，在自己的小圈子里搞科

① 《习近平在第二届中国国际进口博览会开幕式上的主旨演讲（2019年11月5日）》，《人民日报》2019年11月6日。

② 习近平：《在企业家座谈会上的讲话（2020年7月21日）》，人民出版社2020年版。

技创新，而是面向全世界的主动融入、主动参与。“我们要更加主动地融入全球创新网络，在开放合作中提升自身科技创新能力。越是面临封锁打压，越不能搞自我封闭、自我隔绝，而是要实施更加开放包容、互惠共享的国际科技合作战略”①。在科技创新上要有国际视野，更要有宽阔的胸怀，在加强国际合作中，提升自己的科技创新实力，让世界人民共同参与科技创新，让科技创新的成果惠及世界人民，从而推动人类文明的进程，促进人类社会的发展。

一是把握好自主创新与开放创新的关系。在推进科技创新过程中，必须树立全球视野，坚持开放创新。2014年6月，习近平在国际工程科技大会上指出，“在和平、发展、合作、共赢的时代潮流中，提高工程科技发展国际化水平已成为各国推动工程科技创新的普遍共识和重要手段，共享工程科技成果是推动共同发展、促进共同繁荣的重要途径”。2019年10月，习近平又在向第二届世界顶尖科学家论坛所致贺信中强调，“中国愿同世界各国一道加强科学研究，密切科研协作，推动科技进步”。这充分体现了中国在推进科技创新方面顺应时代潮流，主动融入全球创新网络，努力实现互利共赢的积极态度。

二是把握科技发展规律及新趋势的客观要求。习近平敏锐地指出：“在全球化、信息化、网络化深入发展的条件下，创新要素更具有开放性、流动性，不能关起门来搞创新。”这是把脉当今世界科技创新的新条件、新特点和新趋势得出的重要结论。只有在准确把握世界科技发展趋势、了解科技发展前沿信息、认识我国科技发展不足和短板的基础上进行顶层设计和战略部署，才能更有效地推动我国科技事业发展。

三是应对全球共同挑战的必然选择。在重大传染性疾病、环境污染、全球气候变暖、防灾救灾、网络安全等全球共同挑战面前，世界各国可谓风雨同舟，需要在科技领域联合攻关、共同应对。习近平指出，“我们将全方位加强国际科技创新合作，积极参与全球创新网络，同世界各国人民

① 习近平：《在科学家座谈会上的讲话（2020年9月11日）》，人民出版社2020年版。

携手应对人类面临的共同挑战，实现各国共同发展”。因新冠肺炎疫情在全球范围内还没有得到控制，习近平倡议有效开展国际联防联控。习近平指出，中方已经建立新冠肺炎疫情防控网上知识中心，向所有国家开放。要集各国之力，共同合作，加快药物、疫苗、检测方面的科研攻关。

中国将实施更加开放包容、互惠共享的国际科技合作战略，愿同全球顶尖科学家、国际科技组织一道，加强重大科学问题研究，加大共性科学技术破解，加深重点战略科学项目协作。①要继续发挥新型举国体制优势，加大自主创新工作力度，统筹谋划，再接再厉，推动中国航天空间科学、空间技术、空间应用创新发展，积极开展国际合作，为增进人类福祉做出新的更大贡献。2021年2月22日，习近平在会见探月工程嫦娥五号任务参研参试人员代表并参观月球样品和探月工程成果展览时强调，“中国高度重视科技创新，致力于推动全球科技创新协作，将以更加开放的态度加强国际科技交流，积极参与全球创新网络，共同推进基础研究，推动科技成果转化，培育经济发展新动能，加强知识产权保护，营造一流创新生态，塑造科技向善理念，完善全球科技治理，更好增进人类福祉”。

习近平总书记关于科技创新的重要论述，为新时代中国特色社会主义科技创新指明了前进方向、提出了具体要求，为我们在新时代明确科技创新地位、抓住科技创新机遇、补齐科技创新短板、发挥科技创新优势、树立开放创新观念、加强科技伦理建设等方面提供了科学指南和根本遵循。要深入学习这些重要论述和论断，努力建设世界科技强国，为夺取新时代中国特色社会主义伟大胜利、实现中华民族伟大复兴提供强大战略支撑。

党的十八大以来，以习近平同志为核心的党中央准确把握世界发展大势，坚持中国特色自主创新道路，对科技创新重视程度之高、政策密度之大、推动力度之强前所未有，形成从指导思想到战略部署再到重大行动的完整体系，我国科技实力跃上新的大台阶，正在从量的积累迈向质的飞

① 《习近平向第三届世界顶尖科学家论坛（2020）作视频致辞》，中共中央党校（国家行政学院）网，2020年10月30日，https://www.ccps.gov.cn/xtt/202010/t20201030_144368.shtml.

跃，从点的突破迈向系统能力提升，创新型国家建设取得决定性成就，科技强国建设迈出坚实步伐。世界知识产权组织发布的全球创新指数报告显示，中国创新能力综合排名从2012年的第34位提升到2021年的第12位。我国科技事业取得的长足发展和历史性成就检验并证明了走自主创新道路的必然性和正确性。①

一是基础前沿和战略高技术领域取得一批重大成果。坚持目标导向和自由探索并重，强化“从0到1”的原创导向，量子信息、铁基超导、干细胞、类脑芯片、合成生物学等基础前沿研究取得重大原创性突破。北斗导航卫星全球组网，嫦娥五号探测器实现地外天体采样，天问一号着陆火星，神舟十三号载人飞船与中国空间站组合体完成自主对接，“奋斗者号”完成载人万米深潜，成功研制量子计算原型机“九章”。建成500米口径球面射电望远镜、磁约束核聚变大科学装置等一批重大科技基础设施，为我国开展世界级科学研究提供重要物质技术基础。

二是科技创新有力激发经济和产业发展内生动力。移动通信、油气开发、核电等科技重大专项成果支撑新兴产业迅猛发展，5G、人工智能、区块链等新技术推动新业态新模式蓬勃兴起。大飞机自主创新体系和工业体系基本建成，时速600千米高速磁浮列车成功试跑，新能源汽车产销量世界居首，超高清超高分辨率大尺寸LED显示器带动全产业链发展。科技创新将有力支撑实现碳达峰碳中和目标，特高压直流输电超级工程世界最强，动力电池、储能电池技术国际领先。企业创新主体地位进一步提升，科技创新与金融资本的对接渠道更加畅通，科创板上市企业达到360家，总市值超过5.5万亿元。

三是科技支撑民生改善能力明显增强。成体系布局推进新冠肺炎疫情防控科研攻关，7天内分离出新冠病毒毒株，14天完成核酸检测试剂研发上市。疫苗研发5条技术路线并行推进，13款疫苗进入Ⅲ期临床试验，7款疫苗获批使用，2款疫苗进入世界卫生组织紧急使用清单。癌症、白血病、耐

① 王志刚：《矢志科技自立自强　加快建设科技强国》，《求是》2021年第6期。

药菌防治等领域打破国外专利药垄断，医用重离子加速器等多种高端医疗装备实现自主产业化。科技攻关助力打赢污染防治攻坚战，煤炭清洁高效燃烧、钢铁多污染物超低排放控制等多项关键技术推广应用，加快美丽中国建设。运用科技手段构建精准扶贫新模式，90余万科技特派员深入农村一线。科技在打赢脱贫攻坚战、全面建成小康社会、助力乡村振兴中发挥了重要作用。

四是科技体制改革“四梁八柱”基本建立。中央全面深化改革委员会通过的《深化科技体制改革实施方案》所部署的143项任务全面完成，重点领域和关键环节改革取得实质性突破。科研项目和经费管理方式不断优化，探索实施“揭榜挂帅”“赛马”等新机制。实行以增加知识价值为导向的分配政策，扩大科研自主权，深化科技奖励和评价改革，减轻科研人员负担，激发创新创造活力。完善科技法律制度和政策环境，构建科技大监督格局，加强科研诚信和伦理治理，推动科技界学风作风实质性转变。

五是区域创新布局不断优化。北京、上海、粤港澳大湾区国际科技创新中心加快建设，辐射京津冀、长三角、珠三角等区域创新发展。东中西部科技资源和创新要素加快对接合作，为解决区域发展不平衡不充分问题提供关键支撑。创新型省、市、县加快建设，21个国家自主创新示范区和169个国家高新区发展速度和质量双提升。

六是科技开放合作深度和广度不断拓展。加强政府间创新合作对话，与160多个国家建立科技合作关系，参与200多个国际组织和多边机制。积极参与并牵头组织国际大科学计划和工程，加强气候变化、健康、能源等领域国际科技合作。“一带一路”科技创新行动计划取得丰硕成果，内地与港澳间的科技创新合作深入推进，科技开放合作为构建人类命运共同体增添了重要动力。

近几年来，我国科技创新成果“井喷”。全长55千米的港珠澳大桥，是世界上最长的跨海大桥，这是一个堪称世界桥梁建设史上的巅峰之作。还有蓝鲸一号、天眼、大飞机、国产航母等大国重器的相继亮相，无一不体现着中国集中力量办大事的独有优势。互联网、物联网、云计算、人工智能作为新一轮科技革命和产业变革的驱动力，更是被广泛运用到许多智能控制、无人驾驶、语言图像处理的领域中，这些都是我国迈向科技制高点的重要标志。我国科技创新能力和水平都已进入了快速跃升期，以国家利益为最高目标，充分发挥社会主义制度优越性，坚持自主创新、自信创新这条主线，攻克世界尖端技术，不断提升我国的科技创新水平，保证我国在新时代的科技发展实现跨越式的发展。①

党的十八大以来，广州按照党中央给予广州的发展定位、赋予广州沉甸甸的时代重任，多次召开全市科技创新大会，深入学习贯彻习近平总书记关于科技创新的重要论述和对广东、广州的重要讲话、重要指示批示精神，贯彻落实广东省委全会和全省科技创新大会精神，部署推进广州科技创新工作。广州市委、广州市人民政府出台了一系列科技创新政策，采取强有力的举措，推动科技创新发展。

2015年6月召开的广州市科技创新大会提出，广州要勇于承担起全省实施创新驱动发展战略“领头羊”的责任。随之，广州市委、广州市人民政府出台了《关于加快实施创新驱动发展战略的决定》以及5份配套文件，最终形成“1+9”政策体系②。文件除与省政策相衔接配套的相关规定外，还根据广州实际提出企业研发机构建设、成果产业化投资新机制、科技成果交易补贴、鼓励个人和在校学生创业等具体措施。广州创新科技管理体制机制，包括科技领域“放管服”改革，健全符合科技创新规律的科研项目遴选、过程管理、验收结题、绩效评价和审计等制度体系，科技创新和产业发展取得了显著成绩。

2019年9月召开的广州市科技创新大会提出，要牢牢把握建设粤港澳大

① 王志刚：《矢志科技自立自强 加快建设科技强国》，《求是》2021年第6期。

② “1+9”政策体系：“十三五”时期，广州市委、市政府制定出台科技创新“1+9”政策文件，形成以《中共广州市委 广州市人民政府关于加快实施创新驱动发展战略的决定》为实施创新驱动发展战略的纲领性文件、若干份配套政策文件对纲领性文件进一步进行细化落实的科技创新政策框架，主要内容包括增强企业创新能力、推进科技成果转化、完善科技创新平台、吸引科技创新人才、加强科技金融等。

湾区和支持深圳建设中国特色社会主义先行示范区重大机遇，围绕建设粤港澳大湾区国际科技创新中心，加快建设科技创新强市。一要推动湾区协同创新，在支持深圳建设先行示范区中提升广州科技创新水平，完善穗港澳科技合作机制，支持港澳台青年来穗创新创业，共建广深港澳科技创新走廊。二要聚焦科学发现，加强基础研究与应用基础研究，优化完善“三城一区十三节点”科技创新发展格局，积极共建综合性国家科学中心，加快推进大科学装置和重点实验室等重大科技基础创新平台建设，推动“双一流”大学和学科建设，努力突破源头核心技术。三要抓好技术发明，集中力量开展新一代信息技术、人工智能、生物医药、脑科学与类脑研究、智能网联和新能源汽车等重点领域产业技术创新，保护和运用好知识产权，促进科技成果转化为现实生产力。四要坚决打好产业基础高级化、产业链现代化的攻坚战，加快发展壮大战略性新兴产业，为着力推动传统优势产业提质增效，打造国家级军民融合示范区，全面提升企业创新能力，提升经济发展科技含量和竞争力。五要建设国际化人才高地，以高层次双向开放式创新引才聚才，不断提升人才服务水平。六要优化创新生态，推进科技与金融深度融合，深化“放管服”改革，营造大众创业万众创新良好氛围。

2021年9月召开的广州市科技创新大会提出，广州要深入学习贯彻习近平总书记重要论述精神，进一步增强责任感、使命感、紧迫感，抢抓“双区”和横琴、前海两个合作区建设重大机遇，坚持创新在现代化建设全局中的核心地位，推动科技创新从跟跑并跑向领跑跨越，全力建设具有全球影响力的科技创新强市，为实现老城市新活力、“四个出新出彩”提供支撑，为加快建设科技强国、科技创新强省，实现高水平科技自立自强贡献力量。①

---

① 吴城华：《广州：加快建设具有全球影响力的科技创新强市》，《广州日报》2021年9月18日。

2022年1月，广州市《政府工作报告》提出，广州要加快建设具有全球影响力的科技创新中心，坚持“四个面向”，充分发挥科技创新资源集聚优势，加强原创性引领性科技攻关，促进创新链产业链深度融合。要强化数字经济发展，强化科技创新策源能力，强化企业创新主体地位，打造创新开放合作平台，激发人才创新创业活力。①

① 郭永航：《广州市人民政府工作报告（2022年）》，《广州日报》2022年1月30日。

第二章

新时代科技创新大趋势

当今世界正经历百年未有之大变局。大国之间的竞争本质上是生产力之争，核心是科技创新能力之争。世界正处于新一轮科技革命和产业变革孕育兴起时期，基础科学的交叉融合不断加速，重大颠覆性技术不断创造新产业、新业态，以大数据、互联网、云计算、物联网、人工智能等为代表的新一轮信息技术不断突破，人工智能、量子科技、生物技术等领域竞争日趋白热化，科学技术正以前所未有之势深刻影响着人类的生产生活及思维方式的变革，新产业、新动能、新技术、新业态等将成为影响经济增长的关键因素。同时，新冠肺炎疫情全球大流行使世界大变局加速演进，经济全球化遭遇逆流，国际贸易摩擦加剧。大国博弈“科技制高点”呈愈演愈烈之势，成为制约我国发展面临的最大外部变量，也将使我国科技创新面对越来越艰巨的挑战。广州作为建设粤港澳大湾区国际科技创新中心的重要城市，科技创新发展的重任和压力日渐显而易见。

一、国际科技创新竞争激烈

从全球范围看，国际经济竞争甚至是综合国力竞争，说到底就是创新能力的竞争。科技创新是推动经济社会发展、应对人类共同挑战的决定性因素，大国之间围绕科技制高点的竞争空前激烈。谁能在创新上下先手棋，谁就能掌握主动。当前，全球新一轮科技创新和产业变革深入推进，国际产业分工格局势在重塑，一批重大颠覆性技术创新将形成新的生产方式、产业形态、商业模式和经济增长点，科学技术面临的发展机遇和复杂形势前所未有。全球技术创新空前活跃，科技创新正在进入大科学时代，科技发展呈现出多源爆发、交汇叠加的现象，一些重要科学问题和关键核心技术已经呈现出革命性突破的先兆，带动了关键技术交叉融合、群体跃进，变革突破的能量正在不断积累。量子信息、人工智能、生命科学等前沿领域加速突破，科学研究范式发生深刻变革，科研活动的复杂程度大幅提升，不少国家成为重大科技创新的组织者。科技与产业加速融合，科研、生产、市场转化过程一体化现象明显，数字经济蓬勃发展。新冠肺炎疫情影响广泛深远，加剧全球形势不确定性，更加突显抢抓新科技革命先机和实现高水平科技自立自强的重要性。科技进一步塑造世界地缘政治格局。世界主要经济体纷纷加快调整科技创新领域布局，展开前所未有的激烈竞争。

国际科技创新呈现的新特征、新趋势和新方向，即将出现的新一轮科技创新和产业变革，与我国加快转变经济发展方式，确立创新驱动发展战略、进入创新型国家行列的目标形成历史性交汇，为我国科技创新提供了难得的重大机遇。习近平总书记指出，从全球范围看，科学技术越来越成为推动经济社会发展的主要力量，创新驱动是大势所趋。我们必须增强忧患意识，紧紧抓住和用好新一轮科技革命和产业变革的机遇，加快推进实施创新驱动发展战略。

（一）前沿技术创新颠覆性变革

发达国家加大对前沿科技的投入力度，力图重振制造业，在新一代信息技术、人工智能、新能源、新材料、生命科学等前沿科技领域加紧布局，积极引领新技术突破，在硬件和软件两个层面取得实效。这些重大科技创新成果显现出颠覆性力量，催生出一批新兴产业，引领新的产业革命，并带动全球实体经济开启新一轮数字化、智能化、绿色化的转型发展。

一是基础研究获重大突破。例如，μ子新测量实验分析结果预示宇宙中可能存在新粒子或力，加强了新物理学证据。对火星进行直接地震观测，首次绘制远离地球行星的内部结构。基于人工智能预测蛋白质结构，改变了未来结构生物学的规则，有望加速生物学领域重大突破。

二是技术创新取得多个里程碑式成果。英伟达（NVIDIA）公司推出GauGAN2人工智能系统，可根据文本合成不存在的逼真风景图像。IBM（国际商业机器公司）设计出一款127比特的量子芯片，计划2022年生产433个量子位的Osprey芯片和1121个量子位的Condor芯片。Neuralink（一家美国神经科技和脑机接口公司，由埃隆·马斯克和8名其他联合创办者创办，负责研发植入式脑机介面技术）展示最新脑机接口产品，可让猴子用大脑意念玩电子游戏，或将帮助瘫痪病人恢复活动能力。美国和西班牙开发出“人工视觉脑”，帮助盲人获得基本视觉。美国研究人员利用胚胎中的干细胞创造出能自我复制的活体机器人。SpaceX公司（太空探索技术公司）“星链”卫星互联网服务在美国市场平均下载速度达97.23 Mbps，有望走向商业化运营。中国科学家利用二氧化碳人工合成淀粉，取得技术造物的标志性成果。

三是产业变革方兴未艾。元宇宙作为虚拟现实、数字孪生、物联网、云计算等技术融合的载体，或将成为未来互联网崭新模式并推动相关产业进入爆发式增长期。以人工智能为引领的数字技术加速经济社会向数字化、智能化转型。区块链应用趋于合规化，数字货币呈爆发式发展。卫星互联网热度高涨，各国在太空领域展开新一轮技术竞逐。疫情持续发酵，mRNA等疫苗技术取得重要成果，推动生物安全产业快速发展。合成生物学技术实现一氧化碳到蛋白质一步合成，并形成万吨级工业产能。生命科学与生物医药技术创新持续加速，推动大健康产业蓬勃发展。双碳目标倒逼能源革命，加速第四代高温气冷堆核电项目实现并网发电，氢能产业启动。

（二）主要经济体聚焦关键领域抢占制高点

各主要经济体围绕前沿关键技术展开前所未有的激烈竞争，并进一步强化顶层设计和资金投入。美国参议院通过《2021年美国创新与竞争法案》，将科技投入上升为国家战略，拟投资1900亿美元于芯片、锂电池、人工智能、量子信息科学与技术等关键技术。《2022财年美国国防授权法案》批准科技研发费用147亿美元，重点投资微电子、高超声速、人工智能和5G

等“先进能力赋能器”技术。欧盟2022财年研发和创新投入约131亿欧元，设立欧洲创新理事会，并计划在未来7年额外投资逾100亿欧元于自我感知人工智能、细胞和基因治疗、绿氢和活性材料等绿色、数字和健康技术。日本拟定2022财年科研预算107亿美元，重点投资人工智能、大数据、物联网量子技术、太空技术等领域。此外，法国发布《未来投资计划》，英国发布《英国创新战略》，澳大利亚发布《澳大利亚关键技术蓝图》，分别为自身战略技术发展指明方向和路径。

（三）美国抓紧构建科技新霸权体系

自20世纪80年代以来，科技研发的全球分工变得非常活跃，往往一项成熟技术是多个国家多个研发团队共同做的。在20世纪后20年，全球研发网络主要是3个国家：美国、日本和欧洲。21世纪开始，韩国和中国两个经济体深度介入了国际科技创新体系，贡献明显。21世纪以来中国在全球创新网络中的地位显著提升，贡献了全球创新网络专利的15%。而当下美国却以零和思维推进对华科技战，《2021年美国创新与竞争法案》明确将中国定义为“美国在地缘政治和地缘经济领域最大的挑战”，以此为基调建构其内政外交政策。一是继续强力推动前沿科技领域对华脱钩。不断以人权、涉疆、涉港、涉藏、涉军、南海等敏感议题为由对中国实体进行制裁。2021年，美国商务部工业和安全局将157个中国公司、机构及个人（截至2021年12月18日，共计611人）列入管制清单。美国国家反谍报与安全中心对美高技术企业发出警告，要求其拒绝在半导体、人工智能、量子计算、生物技术和自主系统等五个对美经济和国家安全最利害攸关的重要领域与中国合作。同时，拜登政府还禁止美国机构和学者同中国合作，限制中国科技人才赴美学习交流，限制中国留学生赴美国学习的专业范围。二是积极调整情报体系适应对华科技斗争。美国政府成立了“中国工作组”，中央情报局新设中国任务中心、新跨国和技术任务中心、首席技术官，聚焦新兴技术、经济安全、气候变化和全球健康等议题，收集中国情报。三是紧盯与中国的国际标准制定之争，强调对国际标准制定机构的影响力。美国国家标准与技术研究院发布信息请求书，要求美国各机构提供中国参与国际标准制定的政策及其如何影响新兴技术国际标准制定的信息。此外，美国还抨击中国“数字威权主义”，以意识形态划分科技信任标准。四是将盟友作为其遏制打压中国科技发展的“力量倍增器”。美国与欧盟成立美国—欧盟贸易和技术委员会（TTC），计划在关键技术标准制定和应用方面建立深层次战略合作，协调标准规则制定、监管政策以及对华技术替代等，意图在数字互联互通、国际技术标准和供应链等领域联合其他国家共同遏制中国。美国、日本、澳大利亚、印度四方联盟举行线上峰会，着重讨论技术层面的多边协作，谋求引领技术领域的世界规范准则。此外，美国还将科技治理同民主价值观结合，构建助其与中国开展科技竞争的“技术联盟”，如民主伙伴联盟（D10）、技术民主多边联盟（T12）、美欧联合技术竞争政策对话（TCPD）等。[①]

（四）大国争抢新型战略资源控制权

出于种种因素考虑，一些大国争夺新型战略资源控制权。

一是钴、锂、稀土等战略矿产资源成为控制重点。关键矿产是清洁能源大国赢得地缘政治主导权的重要因素。美国和西方国家通过供应链风险评估、区域合作开发勘探、开采和循环利用技术等措施强化对关键矿物资源把控能力。例如，美国发布《2021年关键矿物清单》《关键矿物供应链风险评估报告》，力图摆脱在稀土等领域对中国的依赖。欧盟发布《对外战略依存关系》，评估原材料供应链风险，加大补贴扶持稀土永磁行业，支持欧洲企业与中国竞争。美国、澳大利亚、加拿大合作制成“全球矿产3D地图”，为建立能源资源供应链联盟提供基础。

① 侯晓轩、贾舒喆、杨金洁：《2021年世界前沿科技发展态势及2022年趋势展望——综述篇》，腾讯网，2022年1月31日，https://view.inews.qq.com/a/20220131A07FS800.

二是极地和太空资源成为美西方当前抢占重点。极地资源方面，美国、俄罗斯进一步强化北极军事力量。太空资源方面，发达经济体正开启新一轮太空竞赛，争相开展深空探测活动、部署卫星星座、牵头国际规则制定，加紧跑马圈地。美国主导下，12个国家参与《阿尔忒弥斯协定》，共同开展月球、火星等深空探测活动，制定太空探测规则。日本、美国、卢森堡和阿联酋等国相继出台国内法案，为太空资源开采利用铺路。美国SpaceX公司和英国OneWeb公司加速部署低轨星座，加快抢占轨道和频谱资源。

三是数据资源成为各主要经济体保护重点。美国和西方国家强化对数据管控，明确数据权属和标准，严格限制数据跨境流动，围绕企业数据展开拉锯。欧盟宣布“隐私盾”失效后，接连发布《控制者和处理者数据使用标准合同条款》《国际数据转移标准合同条款》，继续强化本土数据保护和监管，商业数据流动持续受限，跨国企业经营成本上升。美国修正《外国公司问责法案》，收紧审计规定，企图以“保护投资者利益”为借口让中概股企业交出敏感数据。中国出台《中华人民共和国数据安全法》，加强本土数据保护。

四是高端芯片产能成为美国和西方国家抢夺重点。先进制程[①]竞争向精细化方向发展，美国力推高端半导体制造回流美国。美国参议院通过总额520亿美元的芯片法案，用于补贴英特尔、台积电、三星等企业在美建厂。占全球高端芯片产能达58%的台积电，在美国的施压下将生产线搬迁至美国。

近几年来，不少机构和专家对未来前沿技术发展进行了预测，提出了重点研究和产业政策着力方向。我国出台了一系列产业发展规划，提出发展重点。

据专家对前沿科技发展趋势的展望，2022年，新冠肺炎疫情不会快速退场，但技术革命浪潮会更加汹涌，各国围绕前沿技术的竞争势必更加紧

① 制程：指事物动作程序的处理过程；常指计算机芯片框架的运算速度量。

张激烈，并将表现为以下几个方面。一是数字技术引领新一轮科技革命，加快推动产业链与创新链深度融合。新一轮科技革命和产业变革以新一代信息技术、生物技术、新能源技术、新材料技术、智能制造技术等科技创新与产业化应用为引领，数据作为高端要素和最终产品的地位将更加突出，有望从根本上改变现有生产函数、拓展生产可能性边界，形成以基础研究、原始创新、颠覆性变革为基础的新产业链。各项突破性技术成果将陆续投入实际应用，更多新的重大技术突破会进一步涌现。二是美国对华遏制打压将进一步强化，我国科技安全风险持续存在。为强化前沿技术领先优势、掌握技术垄断权，美国仍将强化遏华部署。尤其是强化与盟友间的政策协调，阻拦中国突破“卡脖子”技术，进一步对中国断供芯片、工业软件、科研仪器等关键技术产品。设法阻断西方发达经济体与中国科研合作，阻止中国接触世界最前沿的知识、成果和原创思想。三是科技全球化生态改变，特定领域将出现两套科技体系。拜登政府推出的《国家安全战略临时指南》正式将中国定义为“体系性竞争者”，以意识形态划分阵营，联合盟友构建一个与中国对立的竞争体系。美国正在重点围绕新一轮科技革命的战略领域，包括5G、6G、人工智能、量子、半导体等信息领域，卫星互联网、月球、深空等航天领域，气候治理、清洁能源、环境保护等生态领域，与盟友组建细分“技术联盟”，协调标准规则制定、监管政策以及对中国的技术替代，打造一个数字互联互通、具有另一套技术标准和供应链自给自足的排华科技生态体系。四是科技治理挑战和问题层出不穷，多边主义仍将发挥效能。颠覆性技术仍存在技术自身和社会潜在影响的双重不确定性。坚持多边主义，坚守全人类共同价值仍将是解决全球科技治理难题的首要原则。五是地缘政治战场将延伸至网络空间，科技巨头成为影响竞争格局的新势力。网络空间正在成为新一轮地缘政治博弈的大舞台。拜登政府正将其作为美国实施霸权战略的重要疆域，以地缘政治思维构建网络空间政策。同时，科技巨头正在成为世界政治强大的、自主的参与者，地缘政治影响力日益增强，或将成为地缘政治格局中不可忽视的一极。例如，亚马逊、微软、谷歌、SpaceX等科技巨头掌握前沿技术，具有很强的网络攻防能力和舆论引导能力，在社会、经济、政治和国家安全等重要领域拥有巨大的影响力。主要经济体对科技巨头的规范限制也将相应增加。①

2021年6月，美国国会参议院通过了《2021年美国创新和竞争法案》，该法案旨在向美国技术、科学和研究领域投资逾2000亿美元，以“对抗”中国日益增长的影响力。该法案的主体是《无尽前沿法案》，其主要内容是激活美国科技创新体系、确保关键技术领先、推动区域创新协调发展等，并针对中国设定了多项限制措施。该法案标志着美国开始构建新一轮科技与产业的“举国体制”。某些西方人士企图在先进技术与战略性新兴产业砌起一道墙与中国“脱钩”，维护霸权地位，阻挡中国前进的步伐。

二、国内创新驱动生机勃勃

从国内看，创新驱动是形势所迫。经过40多年的高速发展，中国经济走到了从数量扩张的外延式增长转向主要依靠科技进步的内涵式发展的关键节点上。我国经济发展中不平衡、不协调、不可持续的问题依然突出，人口、资源、环境压力逐渐增大，面临着发达国家高端技术封锁和新兴经济体追赶比拼的双重挑战，必须及早转入创新驱动发展的轨道。创新驱动发展战略是我国的核心战略。加快实施创新驱动发展战略，破除一切制约创新的思想障碍和制度藩篱，激发全社会创新活力和创造潜能，必然是大势所趋。

我国科技实力正处于从量的积累向质的飞跃、点的突破向系统能力提升的重要时期。经济社会发展和民生改善更加需要科学技术解决方案，需要把

① 侯晓轩、贾舒喆、杨金洁：《2021年世界前沿科技发展态势及2022年趋势展望——综述篇》，腾讯网，2022年1月31日，https://view.inews.qq.com/a/20220131A07FS800.

科技自立自强作为高质量发展的战略支撑。党的十九届五中全会提出，坚持创新在我国现代化建设全局中的核心地位，把科技自立自强作为国家发展的战略支撑。畅通国内国际双循环，保障创新链、产业链、供应链安全稳定，实现碳达峰、碳中和目标，比以往任何时候都更加需要科学技术解决方案，更加需要强化创新第一动力和人才第一资源。在美国和西方国家某些势力叫嚣与中国科技脱钩的严峻形势下，我国企业在国际竞争中面临高精尖技术受发达国家闭锁和打压、创新要素资源被发展中国家抢占和分流的“双向挤压”。广州更应从科技自立自强的战略高度勇担使命，主动作为。

有广州地区的专家围绕新一代信息技术、智能制造、新材料、新能源、生物医药等5大领域，利用专利检索以及相关产业次级资料收集，深入分析了5G、区块链、量子信息、物联网、大数据、云计算、人工智能、机器人、3D打印、第三代半导体、芯片等24项具体技术，并认为在这24个技术领域中，广东省基本具备较为完整的产业链。其中，5G技术处于世界先进水平，4K/8K、区块链、物联网、大数据、云计算、人工智能机器人、3D打印、无人驾驶、精准医学、干细胞、高端医疗器械、疫苗和抗体等在全国具有较强竞争优势。例如，在5G技术方面，广东省技术实力雄厚、技术布局走在前列，发明专利申请量位列全国第一，龙头企业众多、实力强劲，广泛分布于产业链上中下游的各个环节，在通信设备、移动终端等部分产业链关键位置掌握重要话语权。[①]

三、城市间科技创新你追我赶

国内主要创新城市凭借各自优势在创新全链条上快速前进。在广东，粤港澳大湾区、中国特色社会主义先行示范区“双区”建设与全面创新改

① 张振刚、余传鹏：《国际前沿技术发展研究》，华南理工大学出版社2021年版。

革试验区、自由贸易试验区、国家自主创新示范区“三区”联动叠加，有利于集聚大体量、综合性、全链条的重大创新平台，打造特色鲜明、竞争力强、高端集聚的现代产业体系，形成创新要素自由流动、体制机制充满活力、国际国内深度融合的开放创新格局。但因粤港澳大湾区建设涉及“一国两制”、三个关税区、三种法律体系，港澳与内地在社会制度、法律制度、发展理念等方面差异较大，城市间协同创新还存在不少体制机制障碍，这也为广州共建粤港澳大湾区国际科技创新中心带来严峻考验。

当前，北京、上海都已经进入了全球技术研发前十城市的行列。在科学发现的全球网络中，即全球的科学家共同来做一项科学研究工作，它以科学出版物作为指标，在前30个国际生物技术集群中，北京、南京、杭州、武汉、上海纷纷上榜。北京已经遥遥领先于其他城市，在全球科学论文发表中，北京最多。不过在技术研发的全球网络中，上海的技术研发密度比北京大。

广东省通过重大科技专项资金支持、相关产业政策出台、创新平台建设等方式，大力支持前沿科技研究，在布局相关领域产业链，推动前沿科技创新方面取得了良好实效。如2020年，广东省区域创新综合能力保持全国第一，有效发明专利量、PCT（《专利合作条约》）国际专利申请量稳居全国首位，且基本在24项前沿技术领域具备较为完整的产业链，拥有一批创新力强的企业。当前，数字经济已成为广东省发展新引擎，应加快推进数字产业化和产业数字化持续发展壮大。一方面，大力发展数字产业化前沿技术和相关产业。加快推进以“5ABCD”为代表的新兴数字产业发展，即5G、人工智能（Artificial Intelligence）、区块链（Blockchain）、云计算（Cloud）、大数据（Big Data）。如在5G方面，大力推进5G网络建设，全面建设5G中的SA（独立组网），加速形成高速、泛在、融合、安全的基础网络设施。在人工智能产业方面，支持广州、深圳推进国家新一代人工智能创新发展试验区和国家人工智能创新应用先导区建设，推进人工智能开放创新平台建设。另一方面，大力发展产业数字化前沿技术和相关产业。加快推进在工业软件、工业互联网、集成电路等领域的技术攻关和产业化发展。如在工业互联网方面，打造工业互联网平台，支持产业链企业上云上平台，利用数字技术助力传统制造业进行转型升级。工业软件方面，努力实现基础软件、工业软件等部分关键核心技术基本自主可控。集成电路方面，应努力攻克“卡脖子”的技术，开展“广东强芯”行动，大力发展第三代半导体芯片，优先发展特色工艺制程、芯片制造。①

进入新时代，广州经济社会高质量发展对科技创新需求更加迫切。在“十三五”期间，广州深入实施创新驱动发展战略，经济社会发展取得新进步，科技创新跃上新台阶。“十四五”时期，广州科技创新发展面临新形势、新任务、新挑战、新需求。科技创新将成为“十四五”广州迈上发展新台阶、进入发展新阶段的关键所在。广州要在前沿技术、关键核心技术有所突破，努力增加产出“领跑”的科研成果。

① 刘艳辉：《面向世界科技前沿，布局产业链强化创新链——对话华南理工大学原党委副书记、工商管理学院教授张振刚》，《南方》2021年第9、10期。

第三章

国内外科技创新先进城市（地区）的做法经验

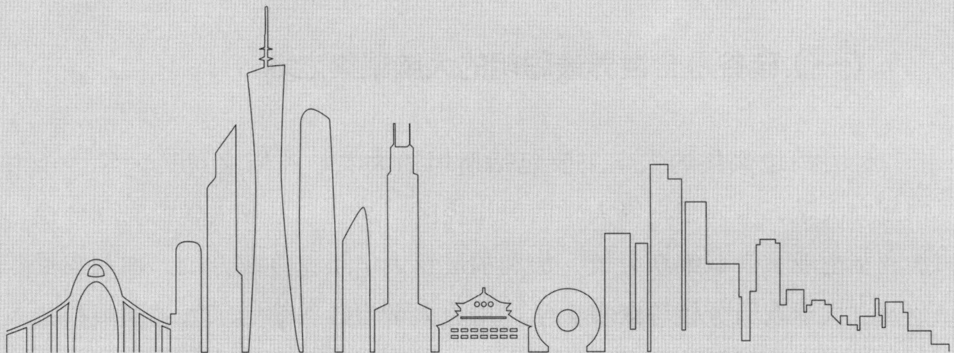

十年来，广州科技创新立足于自主创新、自立自强，同时对标美国旧金山（硅谷）、纽约，以色列特拉维夫，以及北京、上海、深圳等国内科技创新先进城市（地区），积极学习借鉴先进城市（地区）做法经验。通过与自身科技创新发展水平进行比较研究，评估优势与短板，分析存在的问题，提出改进方向。硅谷的创新生态环境建设，纽约的城市科技企业孵化器，特拉维夫对中小科技企业的支持，国内城市中北京高校对原始创新的重视、上海科技园区建设及深圳发展高新技术产业等做法经验，都为广州所汲取运用。

一、硅谷：全球高科技产业创新中心

硅谷所处地理位置优越，环境优美，气候宜人，交通便利，是全世界的人才高地。硅谷聚集了谷歌、苹果、英特尔、脸谱、惠普、思科、英伟达、甲骨文、特斯拉等世界级大牌科技创新公司，有多元文化的交融，有包容的创新氛围，吸引了全世界各国大批的优秀人才。他们为了追求梦想，为了发财致富，或在硅谷创业，或者加盟科创公司。因此，硅谷不仅是创新、创业之地，也是创富、造富的淘金之地。

（一）硅谷是全世界最聪明的大脑聚集之地

硅谷周边聚集的大学主要包括斯坦福大学、圣塔克拉拉大学、圣何塞州立大学、卡内基梅隆大学西海岸校区、加利福尼亚大学伯克利分校、加利福尼亚大学戴维斯分校、加利福尼亚大学圣克鲁兹分校、加利福尼亚州州立大学东湾分校等众多大学。周边大学为硅谷输送了大量高端科技人才，提供了无限创新的动力源泉。硅谷是科技人才密集度、聚集度最高的地方。乔布斯、佩奇和布林、扎克伯格、马斯克等这些世界级科技企业家，创造了苹果、谷歌、脸谱、特斯拉等国际性高科技公司。有数据显示，硅谷以美国0.5%的人口，创造了超过美国5%的GDP。在硅谷工作的美国科学院院士有近千人，诺贝尔奖得主有30多人，世界各国聚集在此的高端科技人才达100万以上。[①]硅谷不少公司实行科学研究、技术开发、生产经营三位一体的机制模式，高学历科技人员占公司80%以上，大都是来自世界各地的佼佼者。

（二）斯坦福工业园

斯坦福大学的弗雷德·特曼教授发现，硅谷当时还没有民用高科技企业，虽然有很多著名大学，但学生们毕业之后，大都选择从西海岸到达东海岸的城市，去寻求更好的工作机会。特曼在学校选择了一块很大的空地，用于不动产的发展，并设立了一些方案来鼓励学生们在当地发展他们的“创业投资”事业。1951年，特曼设立了斯坦福研究园区。这是第一个位于大学附近的高科技工业园区，将一些较小的工业建筑，以低租金租给一些小的科技公司。今天，这些公司是重要的技术诞生地，可是在当时却鲜为人知。最开始的几年里，只有几家公司安家于此，后来公司越来越多。这些公司不但应用大学最新科技，同时又租用该校更多的土地，地租成为斯坦福大学的经济来源。在20世纪50年代，特曼决定建设新的基础设施，正式打造“科创硅谷”。斯坦福大学采纳了特曼的建议，以斯坦福的名义，开辟了工业园，允许高技术公司租用场地，作为办公用地。最早入驻的公司是斯坦福毕业生创办的瓦里安公司。[②]特曼同时为民用技术的初创企业提供风险资本。惠普公司是利用风险资本发迹的最成功案例之一。在20世纪90年代中期，柯达公司和通用电气公司也先后进驻斯坦福工业园，

① 黄增宏：《美国硅谷创新造富启示录》，网易，2021年9月6日，https://www.163.com/dy/article/GJ7A4RPF0511DV4H.html.

② 阿伦·拉奥、皮埃罗·斯加鲁菲：《硅谷百年史：伟大的科技创新与创业历程（1900—2013）》（第二版），闫景立、侯爱华译，人民邮电出版社2014年版。

并由此拉开大批外来高科技公司派驻大量研究机构进入斯坦福工业园的序幕。斯坦福工业园逐渐成为美国科创技术中心。

（三）仙童续写芯片传奇故事

1957年，诺宜斯、戈登·摩尔、斯波克、雷蒙德等八位优秀的年轻人集体从肖克利半导体实验室跳槽，在工业家谢尔曼·费尔柴尔德的资助下成立了仙童半导体公司。仙童公司总部位于纽约市，主要经营照相机。由于诺宜斯发明了集成电路技术，可以将多个晶体管安放于一片单晶硅片上，使得仙童公司平步青云。而1965年，戈登·摩尔总结了集成电路上面的晶体管数量每18个月翻一番的规律，也就是人们熟知的“摩尔定律”。这一定律虽然只是由20世纪60年代的数据总结而成，但是直到21世纪最初的那几年，却依然有效。1967年初，斯波克、雷蒙德等人决定离开仙童公司，自创国民半导体公司，总部位于圣克拉拉。1968年仙童公司行销经理桑德斯出走，又使世界上出现了超微科技，即AMD公司。同年7月，诺宜斯、戈登·摩尔、安迪·葛洛夫离开仙童公司，成立了英特尔公司。今天的英特尔公司是世界上最大的半导体集成电路厂商，占有全球80%的市场份额。

1981年，对仙童公司来说是噩梦的开始。这一年，设在圣何塞的芯片厂发生有毒溶液的泄漏，于是公司不得不花费1200万美元更换土壤和监测水质。公司从此走下坡路，最终销声匿迹。但是人们不会忘记，在硅谷历史上，仙童公司所做出的贡献，以及对于开发单晶硅片的丰功伟绩。之后，仙童雇员大量出走，创建了众多公司，在硅谷乃至全美已超过百家。①

---

① 阿伦·拉奥、皮埃罗·斯加鲁菲：《硅谷百年史：伟大的科技创新与创业历程（1900—2013）》（第二版），闫景立、侯爱华译，人民邮电出版社2014年版。

（四）硅谷软件产业拔地而起与高科技产业集聚

硅谷，除半导体工业产业之外，更是软件产业、互联网产业的世界顶尖高地。施乐公司帕洛阿托研究中心在面向对象程序设计（OOP），图形用户界面（GUI），以及局域网和互联网、激光打印机等领域，做出了开创性的巨大贡献。当今许多著名企业均得益于施乐公司的研究，如苹果和微软先后将GUI用于操作系统；思科公司创立源自将众多网络通信协议在斯坦福校园网内自由交换传送的创意。

硅谷是创业者的摇篮，高科技创业一片繁荣。硅谷的产业特点包括：从业人员具有高水平的知识和技能，其中科学家和工程师占较大比例；增长速度比传统工业快得多，并且处在不断的变化之中，产品更新换代的周期较短；研究开发费用，在销售额中占的比例较高；产品面向世界市场等。硅谷拥有大大小小电子工业公司超10000家，半导体集成电路和电子计算机约占全美三分之一和六分之一。20世纪80年代后，随着生物、空间、海洋、通信、能源材料等新兴技术的研究机构在该地区纷纷出现，硅谷成为美国高新技术的摇篮，成为高科技产业聚集区。

（五）风险资本催生硅谷创富造富的淘金梦

1972年，第一家风险资本在紧挨斯坦福的沙山路落户，风险资本由此开始进军硅谷。在硅谷的历史上，风险资本极大地促进了硅谷的快速成长。1980年，苹果公司上市，吸引了更多风险资本扎堆硅谷。“沙山”成为硅谷风险资本的代名词。硅谷创富模式在全世界产生传奇效应。硅谷创新创业创投生态系统的最终动力引擎，就是创富。硅谷涌现的一大批财富精英的爆炸性示范效应，不断激励世界各国顶尖人才，奔赴硅谷创新创业，或者不畏失败越挫越勇，前仆后继参与和支持创新投资项目。在科创资本大力推动下，硅谷开创了创富和造富的循环新模式，即遵循“科技创新→团队创业→资本创投→市场创富→资本造富”的定律。

在硅谷，斯坦福大学、加利福尼亚大学伯克利分校等大学和科研机构持续输送最新研发成果和顶尖创新人才。同时硅谷创新创业的发动机中更多地融入了一些非技术因素，包括成熟的风险投资机制、不断涌入的天使投资者、高水平的法律服务等。正是有了这些机构的参与，降低了硅谷创新的成本和整体风险，大大提高了创新创业成功率，促使硅谷逐步由创新集群升级为具有内生性的激励模式、可持续性的优选机制以及自我修复能力的创新创业生态系统。

不少硅谷从业者和研究者认为，硅谷之所以能够始终站在世界科技的最前沿，并且成为最新科技成果的孵化器和全球高科技公司的栖息地，综合起来有多个因素，根本原因就在于硅谷的创新创业文化。

一是硅谷企业开放式生产结构。在硅谷公司中，无论多高级别的领导，只要员工有思考成熟的想法和建议，都可以直接推开他办公室的门，表达自己的想法。特斯拉的创始人埃隆·马斯克，就是在公共区域里划出一个工位，和员工打成一片，反映出硅谷浓厚的创新文化与强烈的创新精神。与硅谷相比较，其他地区的科技公司，如波士顿128号公路地区的公司大而全，自成体系，是一种封闭式的生产方式。而在硅谷，公司不是大而全，而是专业化，这种开放型的生产方式有利于快速的革新。而这一点，符合当今科技发展快速迭代更新的特点，因此显得尤为重要。

二是自由的创业体制。硅谷不是计划造出来的，硅谷也不可能产生于僵化的体制。“硅谷文化”造就了自由的创业体制，分散的决策才能创造出硅谷这样的奇迹。硅谷公司通常不用详尽、细致的规则来约束员工，而采取使命教育和数据系统来统一员工的认知。他们很少会说“不要这样做、不要那样做”。相反，为了发挥每个人的最大才能，他们经常对员工说的是“要创造、要打破”。因为这意味着思维不受传统规则的束缚，思维更加开放，能够去不断尝试新东西。硅谷人才流动频繁，跳槽的情况经常发生。加州法律宽松，使得跳槽变得容易。美国各州都有商业秘密保护法律，雇员受雇时，要签一个保证书，防止将来跳槽时商业秘密被泄露。在其他州这一法律执行得过于严格，使得跳槽人很容易成为原公司的被告。但是加州在这一点上法律较为宽松，有利于雇员跳槽。

三是硅谷的创新文化。硅谷精神就是崇高竞争、平等开放、宽容失败。有关研究硅谷发展的论著都讲到其创新文化。“世界上几乎没有像硅谷这样宽容失败的商业文化”。①在硅谷，失败了并不丢脸。人们往往会在一家公司失败了，就再去干另一家。硅谷人常说的一句话是：“It's OK to fail”，即“失败是可以的”。硅谷对于失败的宽容氛围，使得人人都跃跃欲试，创办新企业。这也对不想创业的人造成压力。而在其他地方，创业者失败会被人看不起。“硅谷最宝贵的是一种心态”，在这里“你不必因为失败而背负污名”。②“硅谷文化”的一个特点就是试错文化，硅谷企业能够立足并迅速崛起，很大程度上靠的就是它的试错文化。这种文化的精髓就是：不管结果怎么样，先去做了再说。因为他们已经认识到：任何一项探索开展的过程中，没有人能够预料它能否成功，如果不去试，就连失败的机会也没有。这也是硅谷公司与其他传统公司的最大区别。还有硅谷企业的工程师文化。工程师文化，指的是一切以解决问题为导向的工作文化。在硅谷的企业中，一个人的地位、声誉、威望很大程度上都归结于一点，那就是他在多大程度上能够解决问题。在此导向下，硅谷很多人即便不是工程师，他们也仍然具有工程师精神，动手能力非常强。谷歌创始人拉里·佩奇曾多次指出，在谷歌，工程师是处在金字塔顶上的人，在公司地位最高，不仅过去如此，将来永远如此。在一些纯技术型的企业，如半导体和芯片公司，基本上工程师就拥有最终决策权。在硅谷企业中，收入最高的就是工程师。

四是硅谷作为全球创新中心对全世界人才的虹吸效应。硅谷作为高科技创新中心使其成为世界高端人才的聚集地，成为怀着创业梦想人们趋之若鹜之地，也是世界各地高科技顶尖人才的聚集之地。硅谷的高素质人才密度在全球最高，这些人才包括工程师、科学家、咨询专家、设计师、企

---

①② 阿伦·拉奥、皮埃罗·斯加鲁菲：《硅谷百年史：伟大的科技创新与创业历程（1900—2013）》（第二版），闫景立、侯爱华译，人民邮电出版社2014年版。

业家、投资家，而且有大量的专业化猎头公司和招聘团队，有会计师和律师为创新者提供创新支持。[①]在硅谷的创新群体中有相当一部分是来自外国的技术移民。硅谷有两个国家的新移民数量最多，一是印度人，二是中国人。新一代移民工作十分努力，因为他们没有本土资源可以利用，因此只能背水一战。

五是硅谷发达的风险投资。美国的纳斯达克股票市场为硅谷公司上市创造了有利条件。绝大多数硅谷公司上市时并未盈利，不符合纽约证券交易所（纽交所）上市条件，但是它们可以在纳斯达克股票市场上市。由此可以满足硅谷公司通过资本市场筹措资金的需求，使得这些小的科技创业公司能够借助股票市场获得做大做强的机会。

六是硅谷的良好环境。这当中包括严格的知识产权保护体系和良好的工作生活居住环境。硅谷对于知识产权的保护是全方位的，采取了系统完善的保护措施，有效地保护了企业的知识产权。“好气候胜过政府的努力”。[②]硅谷生活质量高，气候好，学校办学质量高，郊区生活和工作环境佳。这些均有利于公司总裁选择硅谷作为其公司及家庭落脚点，也有利于吸引人才落户硅谷。

硅谷是多种因素相互作用的结果。硅谷模式不易被复制，更难以超越，但硅谷的做法经验值得学习借鉴。

二、纽约：国际大都市创新中心

2001年的“911”事件与2008年爆发的金融危机，使纽约政府正视过度依赖金融产业存在的巨大发展风险，并开始重视科技创新和高科技制造业的崛起。近些年来纽约市政府致力于发展创新经济，主要从人才、基础设

---

①② 阿伦·拉奥、皮埃罗·斯加鲁菲：《硅谷百年史：伟大的科技创新与创业历程（1900—2013）》（第二版），闫景立、侯爱华译，人民邮电出版社2014年版。

施和信息平台等方面扶持高科技产业发展，打造迭代升级版创新产业生态系统，让纽约焕发出更多创新发展活力，逐步成长为真正的科技创新中心（非技术中心）。2018年有7500家科技公司总部位于纽约，这些公司的主要业务是科技及其应用，过去五年共融资384亿美元，并得到了加速器、孵化器、交流会和大学的支持。根据纽约州审计长公布的数据显示，这些公司雇用了12万人，比10年前增加了60%。①2020年初，纽约地区是美国最大的科技人才市场，以33.3万名科技工作者数量超越了旧金山湾区的31万名科技人才数量。最关键的是，纽约拥有每年最多的计算机科学专业毕业生（约7631名），并拥有近100个学术机构，远超旧金山的25个和伦敦的40个。②

近几年来，纽约科创产业发展迅速。至2014年底，纽约接受风投资金的笔数、风投金额总数及科技公司IPO（首次公开募股）数量快速增长，在硅谷之后居全美第二，而且呈现加速增长态势。而同期加州硅谷的风投资金签约数量下滑10%。科技产业成为纽约发展最快也是收入最高的一个行业，每年提供了29.1万个工作岗位和300亿美元的工资收入，仅次于金融业。纽约集聚了全美10%的博士学位获得者、10%的美国国家科学院院士及近40万名科学家和工程师。并成功地吸引包括谷歌、IBM、雅虎等旗舰企业。位于曼哈顿的“硅巷”呈现出适合互联网和移动通信技术初创企业成长的业态系统。纽约汇聚了更多优质创新经济要素，科技创新经济迭代升级，要素集聚得以快速推进。

与传统的经济发展要素不同，创新经济中人才、资本、信息更为重要，纽约市政府围绕三大创新要素分别推进不同的政策和行动。

一是以多种措施吸引人才集聚。尽管纽约是全美高校和科研机构最为集中的城市之一，但“文”“理”专业配置的不均衡，导致纽约在信息、通信、生物等理工方面的人才较为稀缺，尤其相较波士顿、硅谷等工科人

① 莎伦·佐金：《创新之所：城市、科技和新经济》，钟晓华、周蜀秦译，格致出版社2021年版。

② 严含：《全球顶级科技城市的头把交椅：纽约是怎么坐上的？》，网易，2020年10月7日，https://www.163.com/dy/article/FOCA9NPG0534I0NW.html.

才较为集聚的区域而言更是薄弱。纽约市政府先后推进几项重大人才政策，以促进科技人才的集聚。首先是“NYC Talent Draft”（《纽约人才引进草案》），主要是资助纽约的创业企业高管赴全国各大院校吸引电脑和工程学生，同时定期组织各大院校学生来纽约访问企业。他们的人才吸引活动遍及美国各地尤其是硅谷的院校。其次，纽约还以媒体、医疗和环保为三大核心领域，实施人才培养计划。纽约市长发起一项名为“科技天才管道”的倡议，结合政府及民间基金为用人单位建立人才梯队，旨在为纽约发展最为迅速的科技产业提供优秀的人力资源。再次，纽约政府还着手培养自己的高科技人才，如围绕“Applied technology”（应用科学计划）在罗斯福岛建设了康奈尔科技园区和研究生院，每年培养2000名科技类的研究生。应用科学计划将持续推进，由政府提供土地，吸引世界顶级高校和研究机构来加盟纽约科技发展计划，从而为纽约培养创新人才，带动纽约的创新发展。

纽约着力打造新的人才培养模式，数字新创企业尝试让教育和创新培养两者同时进行，向学校委派住校企业家和客座讲师，从而在校园建立起长期的影响力。导师项目也将为每名学生指定一位产业导师，创新人才培育计划使整个企业创新计划与校园实现接轨。①

二是积极参与科技投资计划。作为全球资本最为丰富的城市，过去纽约科技创业公司发展多为市场经济发展的成果，政府资助较少。随着对创新经济的重视，纽约市政府开始致力于在基础设施、科技公司成长等领域进行较大规模投资，以更好地支持创新经济发展。在基础设施方面，政府加大投资以建设适应创新经济发展的城市基础设施，特别是信息基础设施的建设。以康奈尔科技园区为代表，纽约市政府投入基础设施改造的1亿美元资助，以更好地支持这一应用科学项目的建设。而在一期工程完成后，纽约市政府与大学将持续合作和投资20亿美元，把罗斯福岛打造成

---

① 盛垒、洪娜、黄亮、张虹：《从资本驱动到创新驱动——纽约全球科创中心的崛起及对上海的启示》，《城市发展研究》2015年第10期。

一个培养科技创新人才的活力科技园区。目的就是为纽约市创造更多就业岗位、带来600家初创企业和价值230亿美元的经济活动。在对科技企业成长的资金支持方面，纽约政府设有两个资金。一个是纽约种子期基金（NYC Seed Fund），这个基金提供种子期投资，要求创业者中至少一个具有技术背景，公司业务为软件或网络技术领域。另外一个是纽约合作基金（Partnership for NYC），投资在金融技术、医疗健康IT、生命科学方面处于种子期或扩张期的纽约公司。纽约市政府作为积极沟通者，积极参与高校、科技园区项目与大企业的联系。特别是新成立的纽约经济发展局，作为纽约市政府设立的经济发展机构，在康奈尔科技园区建设和成长进程中，引导包括微软、IBM、谷歌等在内的大公司成为康奈尔科技园区创新合作伙伴。这些公司不仅提供大学园区建设所需要的资金，还提供人才和技术的支持，包括对一些入园小企业的支持。①

三是构建创新网络联系平台。20世纪90年代末，纽约市网络科技公司曾经兴盛一时，但很快遭遇网络股破灭浪潮而落入低潮。经过十多年的再建设，纽约如今具备了移动通信和运算的基础设施，给使用新技术开发新服务带来了新机遇，并为科技行业在纽约的再次兴盛奠定了基础。纽约市政府主要推进了两个方面的重要工作：一方面，纽约市政府建立了世界上最大的免费公共Wi-Fi网络，其中将老式公共电话转换成现代的信息中心与免费Wi-Fi点是创新举措。通过信息基础设施的大力建设和改造，让每个纽约人和纽约的商业都拥有价格实惠且高速的网络。在2014年下半年，纽约正式启动网址“.nyc”，使得纽约市成为美国第一个拥有顶级域名的城市。另一方面，纽约市政府推出“数字纽约”平台，该平台由纽约市政府和IBM等著名科技巨头联手，将纽约五个行政区中的公司、创业、投资以及媒体等元素集合起来，实现纽约创新创业和投资孵化信息共享。作为一个开拓性的搜索门户网站和数据库，网站收集了6454家创业公司的信息（其

① 盛垒、洪娜、黄亮、张虹：《从资本驱动到创新驱动——纽约全球科创中心的崛起及对上海的启示》，《城市发展研究》2015年第10期。

中979家通过Made in NY资质认证，75%或以上的产品或服务在纽约当地开发），以及活跃于纽约地区的166个投资机构的信息。网站还提供高科技企业职位空缺和全市创业活动的实时更新信息，并为初创企业提供孵化器、办公场地和培训信息。“数字纽约”将投资者、创业公司和求职者联系在一起，让“纽约客”们的交流更加容易。纽约的科技和金融生态系统有利于风险资本的跨区域交叉融合。总部设在硅谷的风投公司在纽约开设了办事处来考察初创企业，而纽约的风投公司则定期前往硅谷为自己的基金募集资金。①

四是营造优质城市创新生态环境。在纽约市创新经济发展的进程中，良好的城市创新生态环境保障了城市创新活动的集聚和发展。主要包括良好的创新创业氛围、便捷的市场临近优势、综合的创新服务环境三个方面。培育良好的创新创业氛围——随着纽约市政府对科技创新发展的重视，纽约城市创新氛围日益浓厚。为形成浓厚的创新创业氛围，纽约市政府在平台空间方面提供了大力支持。纽约大概有74个政府资助的创业孵化中心和220个低租金的共享办公地点供创业者使用，这些场所为创业者提供分享、交流与合作的环境，并协助创业者吸引投资。孵化器大多配有导师，让成功的创业者为正在创业的年轻人提供指导。而孵化园给创业者提供法律和会计等方面咨询、多种培训讲座并协助创业者吸引投资。利用便捷的市场临近优势——与硅谷相比较，纽约的科技创新发展并非强调技术能力的突破，而是以技术和产业的紧密结合、实现产业升级为根本目标，以此构建科技创新中心。相较而言，硅谷科技创新的特点是纯粹的技术创新，包括硬件、软件、网络等，而纽约的科技创新是借助硅谷的技术与本地发达产业结合，围绕金融、广告媒体、零售、医疗等产业进行技术或模式创新，建立细分市场。纽约拥有多个支柱产业，包括金融、文化、时尚和地产等，而科技创新可以在不同产业里运用。事实上围绕科技创新和纽

① 莎伦·佐金：《创新之所：城市、科技和新经济》，钟晓华、周蜀秦译，格致出版社2021年版。

约支柱产业已经形成相对稳定的科技创新生态发展系统。纽约拥有近300个科技产业组织，涵盖金融、时尚、媒体、出版、广告等各类产业，能够建立起产业互助系统，形成良性的科技生态环境。以互联网经济为例，纽约良好的金融产业可以提供更好的融资支持，这也是互联网经济在纽约得以快速崛起的重要基础。此外，互联网经济和软件产业都以消费者为直接服务对象，媒体更是成为核心媒介，而消费者服务业和媒体产业都是纽约最主要的产业，为新兴科技创新经济提供市场对象。以康奈尔科技园区为例，研究重点放在帮助各大公司解决实际问题上，这种以企业运行实际问题为导向的研究与此前由学术界确定研究重点的传统做法有明显区别，促使科研成果迅速转化为生产力。提升综合的创新服务环境——对于创业者和投资者的调查显示，纽约科技行业复兴的优势在于拥有科技行业创业公司所需要的雄厚投资资金和诸多与科技关系密切的行业。纽约正在逐渐成为美国科技行业的新的创业中心。根据统计结果，在科技行业风投交易总数以及投资金额方面，纽约仍然落后于硅谷和波士顿，但纽约一直呈现加速增长的态势，其他地区则保持低速甚至负增长。此外，纽约以互联网经济为代表的创新经济具有良好的市场基础，尤其在消费类、电商、广告、媒体和时装等领域，纽约提供广泛的市场空间和客户群，尤其是愿意付费的客户。

纽约多元化的创新生态系统、迅速崛起的创业社区、充裕的资金和人才、发达的媒体、时尚和金融环境等，都对创新经济和创业者具有强大的吸引力。

同为全球综合性大都市，纽约推进科技中心建设迭代升级的经验对于当前广州建设科技创新中心城市具有重要的启示。

第一，特大城市要建设成为有影响力的国际科技中心。当前在中国从北到南已经形成了三大科技创新中心城市：北京、上海和深圳。广州在人才和科研方面落后于北京、上海，在市场运作方面则落后于深圳。走出一条体现特大城市特色的创新道路是广州在科技创新中取得领先地位的保证。

第二，要创新举措集聚创新要素。在纽约创新经济发展经验中，人才、基础设施和信息平台建设是三大重点，分别对应人才、资本和信息三大要素。借鉴纽约经验，在吸引和培养人才过程中需要不断解放思想，扩大选材范围，真正推进“天下英才为我所用”的基本思路。特别是要利用国内外高校资源和办学力量吸引工科人才的集聚。要强化合作办学，特别是强化研究生及以上高层次人才的培育，吸引更多高层次人才以及培育本地高层次人才。在资本要素集聚中，强化政府投资的杠杆力量，吸引更多社会资本参与创新经济的发展，特别是吸引更多的国际风险资本参与到广州科技创新中心的建设。在信息要素集聚过程中，搭建数字平台，作为创新经济发展的信息服务平台，将城市的科技企业、创业企业、风险投资及媒体等元素实现在线联系和信息发布，强化信息服务与创新要素的汇聚和沟通能力，搭建多元创新活动者的联系和交流平台。

第三，优化提升城市创新生态环境系统。集聚高水平的要素并配套以良好的创新生态环境是纽约创新经济成功的基本组织框架，更重要的是创新要素在一定环境中的良性互动和协作构成的创新生态系统。从纽约的成功经验看，包括创新孵化平台、城市创新氛围、城市产业体系、科技产业组织、科技行业风投、活跃创业社区等综合要素与创新环境互动产生的高创新效率、高汇聚效应、低机会成本、综合创新创业配套服务能力等，都是创新生态系统产生的综合效应。因此，建设国际科技创新中心必须重视城市创新生态系统的打造。要突出创新平台建设和创新氛围的营造，特别是突出创新创业及其他在法律、会计等方面的配套服务。要突出支柱产业体系、科技产业组织等与创新活动和服务对接，特别是金融、贸易、航运、制造业等产业与科技创新的对接，通过“科技+”实现产业体系的转型与升级，引领制造业的转型升级和国际化、绿色化、智能化发展。要突出城市综合创新服务环境的建设，特别是重视科技风险投资、多元的文化环境、活跃的创新创业社区、优良的商业和娱乐生活环境等方面建设，推进多元创新要素汇聚力和沟通力，进而实现创新发展的高效率和高汇聚效应。[①]

---

① 盛垒、洪娜、黄亮、张虹：《从资本驱动到创新驱动——纽约全球科创中心的崛起及对上海的启示》，《城市发展研究》2015年第10期。

三、特拉维夫：欧洲创新领导者

以色列是世界上最负盛名的创新国家，而处于以色列西海岸的特拉维夫，人口大约为40万，不到以色列总人口的二十分之一，却是以色列的经济和科技中心，被誉为“欧洲创新领导者”和“仅次于硅谷的创业圣地”。

特拉维夫市的创新生态系统极富活力，吸引了数以百计的跨国公司、中等规模公司以及一些小型初创公司。这些公司或已和特拉维夫市的企业建立了伙伴关系，或已在该市建立了组织机构。特拉维夫市政府大力支持科技发展，将科技发展作为根本大计。政府主导科技创新，以鼓励创业推动自主科技创新，并瞄准全球科技创新的市场需求，专注于创新产品的设计。

一是避免盲目模仿，准确定位城市发展方向。特拉维夫在2010年确立全球城市的发展目标后，专门成立了全球城市行动计划办公室。通过一番考察，特拉维夫决定学习巴塞罗那，走“艺术之都”的路线。在投资大量资源建立美术馆、博物馆和各种文化展览设施之后，特拉维夫的愿景并没有获得实现，政府不得不重新思考特拉维夫到底有何优势。他们认为，要构建全球城市，首先必须是一个商业中心，而要成为一个商业中心，则需要有足够的企业予以支撑。但现有的基础并不能吸引外来企业，只能依靠自己的力量建立企业。

二是营建全球媒体沟通平台。特拉维夫将构建全球创新中心作为整个城市工作讨论的主题，并在世界各重点城市进行游说和招商。2014年9月14日，特拉维夫举行了“DLD特拉维夫创新节”，历时8天，包含了大约100项国际创新活动，吸引了来自全球的数百家创新公司、风投基金、天使投资人、大型跨国企业。同时，该市还邀请了来自全球各国的商界、政界精英人物，参与创新机制与城市创新发展的讨论。特拉维夫还与以色列外交部长期合作，邀请世界各国影视媒体前往特拉维夫报道城市的文化设施、饮食、戏剧、海滩生活等。

三是自下而上的创业创新。在特拉维夫，18～35岁的人口占总人口33%以上。这些年轻人大多为大学毕业生和外来寻求创业机会的年轻人。特拉维夫市政府提供近乎免费的基础创业咨询服务。只要有一点创业创新想法，都可以通过预约获得政府相关信息的咨询、培训。本地的风险投资和孵化器在评估新的创意项目策划过程中，也会对失败经历进行评估，帮助企业更快成长。在年轻人中，创业成为一种时尚。据估计，在特拉维夫仅2013年就有45个创新企业被欧洲、美国等国家大公司收购（以色列的发展模式是大多企业将精力集中于创新研发，卖创新技术，而不做生产和分销链条），收购总金额超过64亿美元。①

四是服务型政府提供灵活服务。特拉维夫市政府将自己定位为服务型政府，并且与其构建全球创新中心的城市领导意志相匹配。特拉维夫打破了耶路撒冷的文化传统与相对保守的文化氛围，以一种更加开放的姿态迎接世界各地的人口。特拉维夫市政府于2011年在城市最为繁荣的中心商业区接管了香农塔办公大楼七楼的旧公共图书馆，并整修形成了一个集知识交流、图书共享、创业办公为一体的中心枢纽。160多家加速器和孵化器在这座城市运营，吸引着有创新想法的年轻人，并能得到创业初期的支持和平台。②

五是企业数据库与融资政策。特拉维夫市政府建立了非常详细的各类企业发展数据库，包括企业的规模、人数、区位、产品市场、发展阶段、生产规模、主要融资形式、当前的主要问题等。通过参考这一不断更新的数据库，并通过专业的金融分析工具，分析各类企业的最优融资模式和规模，减轻政府的财政负担，也使得资本配置更加有效与合理。虽然大部分融资交由市场，但特拉维夫市政府仍举办各种创业竞赛，选出最优的团队，并给予支持。政府一旦将资本注入之后，就将其所有权和使用权彻底

① 《国外科技创新经验——以色列特拉维夫篇》，搜狐，2016年10月18日，https://www.sohu.com/a/116516852_466951.

② 陈文仙：《特拉维夫：大胆试错的创新中心》，《环球》2021年第3期。

交给企业和团队。企业失败，无须返回资本；如果成功，则须逐年返回资本。特拉维夫政府将工作重点置于中小企业特别是本地的企业。这就是特拉维夫能够拥有以色列67%的创新种子企业的原因，也是特拉维夫每年卖给外国大型公司的创新产品在以色列稳居第一的原因。①

四、北京：全国科技创新中心

2014年以来，北京坚持和强化“四个中心”功能建设，全面实施创新驱动发展战略，科技创新中心建设取得显著成效。在《国际科技创新中心指数2021》中位列第四，展现出蓄势待发、奋楫争先之势。②

一是科技创新综合实力显著增强。北京全市研发经费支出占地区生产总值比重保持在6%左右，在国际创新城市中名列前位。支持开展数学、物理、生命科学等领域自主探索。基础研究投入占比从2014年的12.6%提升至2019年的15.9%。累计获得国家科技奖项占全国30%左右。每万人发明专利拥有量是全国平均水平的10倍。科研产出连续三年蝉联全球科研城市首位。涌现出马约拉纳任意子、新型基因编辑技术、“天机芯”、量子直接通信样机等一批世界级重大原创成果。

二是科技创新对北京高质量发展支撑作用显著增强。发布高精尖产业“10+3”政策，打造新一代信息技术和医药健康“双发动机”。出台促进北京经济高质量发展的若干意见及“五新”行动方案。发布三批60项重大应用场景，加速前沿技术迭代升级。“十三五”时期技术合同成交额超2.5万亿元，同比增长超80%。中关村国家自主创新示范区企业总收入较“十二五”末期增长80%，对全市经济增长贡献率近40%。围绕人民生命健

① 徐剑波、鲁佳铭：《以色列国家创新竞争力发展的特点、成因及其启示》，《世界科技研究与发展》2019年第4期。

② 张艺：《北京如何走出高质量发展之路》，《中国青年报》2022年1月11日。

康，强化科研攻关，在分子靶向药物、免疫治疗药物等领域达到国际先进水平，贡献全国数量最多的源头创新品种。新冠疫苗研发始终居于国际第一梯队，为科技抗疫贡献“北京力量”。

三是在创新型国家建设中的地位显著增强。发挥新型举国体制优势，举全市之力筹建国家实验室。北京怀柔综合性国家科学中心建设进入快车道，规划建设5个大科学装置和13个交叉研究平台。出台《北京市支持建设世界一流新型研发机构实施办法（试行）》，设立量子信息、人工智能等一批前沿领域新型研发机构，持续探索新体制新机制，形成一批引领原始创新的战略科技力量。“十三五”期间在京单位牵头承担的国家重大科技项目立项数量和经费投入均居全国首位，为天问一号、嫦娥五号、“怀柔一号”、“奋斗者号”等重大成果提供有力支撑。

四是科技创新战略布局显著增强。系统推进“三城一区”主平台、中关村国家自主创新示范区主阵地建设。紧紧围绕聚焦、突破、搞活、升级，高标准编制实施“三城一区”规划。中关村科学城在全国乃至世界新经济发展中形成引领态势，怀柔科学城初步形成重大科技基础设施集群，未来科学城开放搞活明显提升，北京经济技术开发区产业主阵地地位更加稳固。持续推进中关村国家自主创新示范区统筹发展，为国际科技创新中心建设注入强大动力。加快建设京津冀协同创新共同体，实施“一带一路”科技创新北京行动计划，中关村论坛、联合国教科文组织创意城市北京峰会等国际品牌效应已经形成。

五是创新生态环境优化显著增强。中关村国家自主创新示范区改革创新“试验田”作用持续发挥，推动实施科技成果“三权”改革等政策先行先试。深化科技奖励制度改革，出台促进科技成果转化条例、“科创30条”、“科研项目和经费管理28条”等系列法规政策。出台实施“人才五年行动计划”，落实和实施中关村国际人才20条出入境政策和外籍人才绿卡直通车、积分评估等政策，集聚培养一批战略科技领军人才。国家服务业扩大开放综合示范区、中国（北京）自由贸易试验区落地。北京在2021年全球创业生态系统指数报告中位列世界城市第三，连续两年位居中国营商环境评价第一。[①]

北京市的“报备即批准”新政给技术创新带来了极大便利，在集成电路、人工智能、生物医药和前沿材料4个领域，企业符合要求、按材料申报后，市科技创新委员会马上组织认定，向科技部报备后就视同批准，可以在税收减免、人才等方面享受高科技企业政策。这是“两区”（指北京要建设“国家服务业扩大开放综合示范区”“北京自由贸易试验区”）政策和科技创新政策叠加的一项新政策，也是多个部门为北京量身定制的政策。2021年，北京市高精尖产业发展驶入快车道，涌现出长寿命超导量子比特芯片、细胞焦亡抗肿瘤免疫功能重大发现等一批具有世界影响力的原创成果，突破了一批关键核心技术，产生了“长安链”等一批具有重要产业带动作用的底层技术。北京成为全国半导体领域最重要的科技创新和产业集聚区，并成立了中关村、怀柔、昌平国家实验室。2021年，北京发挥新一代信息技术、医药健康“双引擎”带动作用，两种新冠疫苗上市，研制成功国内首个特效抗体药，累计生产新冠疫苗50亿支。[②]

北京市一头抓能给行业下定义、定标准的头部企业，另一头抓大量崭露头角、走在行业前头的中小微科技型企业，增强国家战略科技力量，营造一流创新生态。

服务创新型中小企业的一个重大金融支持是北京证券交易所。金融创新和科技创新结合在一起，威力是无穷的。2021年，在营商环境4.0版改革中，北京市属企业公司制改革基本完成，营业收入和利润均创历史最好水平。2022年开展的5.0版改革，将建成全市统一的数字服务、数字监管、数字营商平台，完善重点企业和中小微企业帮扶，逐步推广惠企政策免申即享、快速兑现。同时，数字经济已成为撬动首都经济增长的重要支点。2021年1—3季度，北京市数字经济增加值占地区生产总值的比重为41.7%，

① 中共北京市委、北京市人民政府：《北京市“十四五”时期国际科技创新中心建设规划》（2021年11月3日发布），《北京日报》2021年11月24日。

② 张艺：《北京如何走出高质量发展之路》，《中国青年报》2022年1月11日。

现价增速达17.6%，大幅高于全市地区生产总值现价增速。[①]

北京正加快建设全球数字经济标杆城市，明确2022年要增强共性基础技术供给能力，培育数据驱动的未来产业，积极构筑竞争新优势。北京市人大常委会将数字经济促进条例纳入2022年的立法审议项目中。数字经济涉及多项新技术、新领域、新场景，加强数字经济立法十分重要。例如，人工智能所涉及的伦理问题、资产数字化所带来的知识产权问题，都需要从立法层面加以完善。同时，面对国内外复杂形势，国际科技创新中心建设也面临困难与不足：原始创新能力有待增强，顶尖人才和团队仍然缺乏，产业发展支撑反哺科技创新能力不足；全球视野谋划开放创新仍需进一步加强，市场化、法治化、国际化的创新环境需进一步优化；有利于全面创新的基础制度有待完善，科技治理能力和治理水平仍需进一步提升。

2021年11月24日，《北京市“十四五”时期国际科技创新中心建设规划》正式发布。该规划明确，到2025年，北京国际科技创新中心基本形成，建设成为世界主要科学中心和创新高地。北京全面实施创新驱动发展战略以来，科技创新中心建设取得显著成效，北京国际科技创新中心率先建成的重要窗口期已开启。

五、上海：全国科技创新排头兵

上海市是我国科技创新的排头兵，也是“3+4”区域创新格局的重要组成部分。上海市委、市政府高度重视、强力推动、高位推进，统筹调配精干力量和创新资源，把建设具有全球影响力的科技创新中心作为全市的一项重要工作紧抓不放。国家发展和改革委员会和上海市会同科技部、中科

① 刘美君：《2021年前三季度北京数字经济增加值占GDP比重41.7%》，千龙网，2022年1月7日，http://finance.qianlong.com/2022/0107/6739817.shtml.

院等部门成立了推进科技创新中心建设办公室，坚持按季度调度，大力推动优势创新资源加速向上海集聚。具有全球影响力的科技创新中心基本框架体系已经形成，上海科技创新中心建设取得了一系列成果。

第一，张江综合性国家科学中心建设取得重大进展。张江综合性国家科学中心是上海国际科技创新中心的内核支撑，是促进重大原始创新成果产出的战略高地。2016年，国家发改委和科技部批复建设张江综合性国家科学中心。通过一手抓重大科技基础设施，一手抓重大创新平台，张江综合性国家科学中心的全球影响力、竞争力和显示度持续提升，原始创新能级也在进一步强化。一是重大科技基础设施建设实现新飞跃。以重大任务实施、重大平台建设为牵引，布局了上海光源、硬X射线自由电子激光装置等重大科技基础设施，在张江形成了全球规模最大、种类最全、综合能力最强的光子重大科技基础设施集群，产出了一批国际领先的原创成果。二是重大创新平台建设取得新突破。在张江建设的李政道研究所、上海脑科学与类脑研究中心、上海清华国际创新中心等一批高水平的研究机构，为原始创新策源提供了重要支撑。

第二，产业创新高地建设取得重大成效。建设集成电路、人工智能、生物医药三大产业创新高地，是习近平总书记赋予上海的战略任务和重要使命。国家发改委研究编制了三大产业创新高地建设方案，上海正在全面推进落实。关键核心技术加快突破，产业创新成果不断涌现，集成电路先进工艺实现量产，自主研发的装备材料取得突破，先进分子成像等高端医疗影像设备上市。三大产业创新高地不但成为上海科技创新中心建设的重要支撑，也为保障全国产业链、供应链安全稳定发挥了非常重要的作用。

第三，体制机制改革取得重大突破。坚持科技创新和制度创新双轮驱动，支持上海围绕政府创新管理、科技成果转移转化、收益分配、创新投入、人才发展、开放合作等6个方面开展全面创新改革试验，各项试验任务顺利完成。在全国复制推广的56条改革经验举措中，上海市贡献了12条，位居全国前列。在全面创新改革的同时，按照中央的指示要求，聚焦去掉束缚科研人员的“细绳子”，坚持“小切口、大突破”，开展了上海交通大学科技成果转化试点，在技术转移、机构改革、技术转移人才评价等方面大胆探索，7项改革试点任务已经顺利完成了5项，其余2项也在积极推进中。[①]

“十三五”以来，上海市委、市政府贯彻落实习近平总书记重要指示精神，在国家发改委、科技部、中科院等国家相关部委的支持下，上海科创中心的创新资源集聚力、科技成果影响力、新兴产业引领力、创新环境吸引力、区域辐射带动力全面增强。2020年上海全社会研发经费支出占全市生产总值比重达到4.1%左右，每万人口发明专利拥有量达到60.2件，PCT国际专利申请量3558件，新设企业41.79万户，向国内外输出技术合同成交额为1268.7亿元，新动能正孕育形成。[②]尤其是张江综合性国家科学中心的集中度、显示度不断提升，国家实验室、国家重大科技基础设施等加快建设；重大原创科技成果竞相涌现。如2020年，上海科学家在国际顶尖学术期刊《自然》《科学》《细胞》上发表论文的数量占全国的32%，这是其中一项标志。国家重大科技任务也在加快落实，参与完成“蛟龙”“雪龙”“天宫”“北斗”“天眼”“墨子”、大飞机等重大项目。集成电路、生物医药、人工智能“三大高地”建设加快推进，比如刻蚀机等一些重要科技产品和先进工艺，都取得重大突破，治疗阿尔茨海默病的原创新药“九期一”、先进分子成像设备全景PET/CT等生物医药领域的重大原创产品也获批上市。在创新链、产业链、供应链的稳链固链强链等方面加快建设，跨国公司研发中心进一步在上海集聚。高层次人才吸引力持续提升。据有关部门评估，在引进外国人才的数量和质量上，上海都是全国第一，也连续8年蝉联“外籍人才眼中最具吸引力的中国城市”。到“十三五”末，上海科创中心的基本框架体系已经形成，为“十四五”科

---

① 于明山：《国家发改委：上海科创中心建设取得“三个重大”成果 正处于向实现功能全面升级新阶段》，《新民晚报》2021年9月29日。

② 《上海市建设具有全球影响力的科技创新中心“十四五”规划》（2021年9月29日发布），上海市人民政府网站，2021年9月28日，https://www.shanghai.gov.cn/nw12344/20210928/5020e5fdf5ac4c6fb4b219da6bb4b889.html.

技创新中心建设迈上新的台阶奠定了坚实的基础。[①]

《上海市建设具有全球影响力的科技创新中心“十四五”规划》（以下简称《上海规划》）明确了未来五年的方向和任务。总体目标上，到2025年，上海将努力成为科学新发现、技术新发明、产业新方向、发展新理念的重要策源地。《上海规划》包含了8项核心指标，比如：全社会研发经费支出占全市GDP的比例将达到4.5%左右，基础研究经费支出占全社会研发经费支出的比例达到12%左右，每万人口高价值发明专利拥有量达到30件左右等。在“十四五”期间，按照“四个面向”的要求，上海科创中心将以“强化科技创新策源功能、提升城市核心竞争力”作为主线，坚持科技自立自强的使命导向，面向国家重大战略，力争在基础研究领域取得更多的原创性突破，在若干战略必争领域和优势领域，掌握一批关键核心技术。坚持赋能具有世界影响力的社会主义现代化国际大都市建设，全面打造数字智慧城市、安全韧性城市、绿色低碳城市、健康活力城市，彰显城市创新文化。坚持以更加开放的胸怀和视野打造国内外创新网络，充分发挥核心城市引领作用，加快形成长三角科技创新共同体，建设全球科技创新重要枢纽。提出“8项战略任务”，并通过“五个强化”来塑造“五大优势”。[②]

一是强化基础研究，打造战略科技力量，加强能力建设、条件保障和前瞻布局，构建原始创新先发优势。

二是强化科技攻关，聚焦三大先导产业、八大重点产业和优势领域以及战略前沿技术，构建关键核心技术优势。

三是强化人才服务，把握人才发展规律，特别是习近平总书记在中央人才工作会议上所提到的八条人才规律，进一步落实好中央人才工作会议精神，加快建设世界重要人才中心和创新高地。按照中央的要求，在上海建设高水平人才高地，将实行更加开放便利的人才政策，完善激发人才活力的体制机制和开放包容的环境，以张江、临港等区域为重点，构建创新

①② 《上海市建设具有全球影响力的科技创新中心“十四五”规划》（2021年9月29日发布），上海市人民政府网站，2021年9月28日，https://www.shanghai.gov.cn/nw12344/20210928/5020e5fdf5ac4c6fb4b219da6bb4b889.html.

人才的集聚优势。

四是强化集成改革，推进科技金融结合，促进成果转化，加强科技应急体系、科研诚信等方面的建设，构建创新治理制度的优势。

五是强化开放协同，积极融入全球创新网络，更好代表国家参与国际科技合作与竞争，构建全球创新枢纽优势。[①]

六、深圳：高新技术产业发展的一面旗帜

创新是深圳的基因，也是新时代城市发展的生命线和灵魂。2018年，福布斯中国发布的“创新力最强的30个城市”榜单上，深圳位列榜首。2020年，深圳科技创新取得重大进展，创新体系日益健全，创新环境持续优化，创新成果不断涌现，创新能级快速提升，科技对经济社会发展的支撑引领作用显著增强。全社会研发经费支出从2015年的732亿元增长到2019年的1328亿元，研发投入强度达到4.93%。高新技术产业发展成为全国的一面旗帜，高新技术产业增加值从2015年的5848亿元增加到2020年的9747亿元，增长66.7%。国家高新技术企业18650家，较5年前增长2.4倍。深圳国家高新区综合实力连续三年位居全国第二。“深圳推进产学研资深度融合激发创新创业活力”典型经验做法获国务院大督查通报表扬。[②]

（一）科技创新型企业“矩阵”领跑行业

2020年，深圳科技创新型企业超过3万家，国家级高新技术企业由2010

① 李扬：《上海科创中心建设将努力实现“四个新”》，《文汇报》2021年9月29日。

② 深圳市科技创新委员会：《深圳市科技创新委2020年度工作情况暨2021年工作安排》，深圳市科技创新委员会网，2021年5月27日，http://stic.sz.gov.cn/gkmlpt/content/8/8808/post_8808790.html#4154.

年的1353家增加到2019年底的1.7万余家，仅2019年就新增2700多家，形成强大的梯次型创新企业群。深圳高新技术企业创新能力不断提升，人工智能、集成电路、生物与生命健康、新材料、石墨烯等领域部分核心技术水平跻身世界前列。海思的“麒麟”应用处理器芯片性能与高通“骁龙”相当，处于国际并跑地位。汇顶科技指纹识别芯片在全球处于领跑地位，自主研发的活体指纹识别芯片为移动支付提供安全保障。微芯生物历时10多年自主研发的一类新药西达本胺，作为一种抗肿瘤口服药物填补了我国T细胞淋巴瘤治疗药物的空白。迈瑞医疗以高质量、高可靠性的医疗器械攻下严苛的欧美市场，提升中国制造美誉度。

创新最深沉的动力来自企业。科技创新重镇南山区总结出了“六个90%”的经验做法：90%的创新型企业为本地企业、90%的研发人员在企业、90%的研发投入源自企业、90%的专利产生于企业、90%的研发机构建在企业、90%的重大科技项目由龙头企业承担。华为公司研发的3GPP（第三代移动通信合作伙伴计划）5G预商用系统获得“世界互联网领先科技成果奖”。大亚湾中微子“第三种振荡”科研成果入选《科学》杂志年度全球十大科学突破，青年科学家王俊入选《自然》杂志年度全球科学界十大人物。①

在浓厚的科技创新氛围中，一批具有国际竞争力的龙头企业应运而生：华为成为全球最大通信设备制造商；腾讯成为全球最大互联网公司之一；比亚迪数次成为全球新能源汽车的销量冠军。其中，最具代表性的是华为，它不仅是深圳高科技的见证者，同时也是参与者。华为2019年年报显示，公司全年收入8588亿元，同比增长19.1%，净利润627亿元，同比增长5.6%。虽然处于“实体清单”之下，但2020年华为仍持续投入技术创新与研究，研发费用达1317亿元，占全年销售收入15.3%。而过去十年中，华为投入的研发费用总计超过6000亿元。在产业和企业端，华为在全球5G标

① 杨阳腾：《从跟随模仿式创新向源头创新、引领式创新跃升——深圳迈向全球科技创新高地》，《经济日报》2018年1月30日。

准制定、技术和商用筹备等方面都走在全球最前列。华为创始人任正非曾指出："高科技领域最大的问题，是大家要沉得下心，没有理论基础的创新是不可能做成大产业的，'板凳要坐十年冷'，理论基础的板凳可能要坐更长时间"。2006年，汪滔出于兴趣创办大疆，研发生产的"精灵"系列消费级无人机行销世界。根据IDC（互联网数据中心）的数据统计，大疆创新占据着全球消费级无人机市场七成以上的份额，在全球民用无人机企业中排名第一。2012年，29岁的刘自鸿创立了柔宇科技，仅两年后，便创造了打破世界纪录的新型超薄彩色柔性显示屏，其厚度仅有0.01毫米。

深圳高新技术企业的创新能力仍在不断提升。2021年深圳科技创新领域取得显著发展，全年新增国家高新技术企业超过2000家，累计超过2万家，稳居全国城市前列。技术合同成交额1627亿元，同比增长57%，创历史新高。①

（二）原始创新能力大幅提升

科技创新要取得突破，需要基础设施、创新载体等"硬件"支撑。反过来，创新载体也是考量创新实力的重要标准。深圳强基础补短板，采取量身定制的方式，创新机制，培育发展了多家集基础研究、应用研究和产业化于一体的新型研发机构，如深圳清华大学研究院、中科院深圳先进技术研究院等兼顾大学、研究机构、企业、事业有利条件的"四不像"新型创新载体。深圳市每年不低于30%的财政科技专项资金投向基础研究和应用基础研究，面向全市11所高校建立基础研究经费稳定支持计划，支持高等院校聚焦基础和应用基础研究，自主布局、自由选题。②

国家级创新平台载体集聚顶级创新资源。集聚具有国际先进水平的实

---

① 程昆：《深圳国家高新技术企业累计已超2万家，全国第二》，《南方都市报》2022年1月21日。

② 闻坤、何龙：《科技创新引领高质量发展——深圳经济特区科技创新发展扫描》，《深圳特区报》2020年6月17日。

验室、研发机构、科研院所、研究型大学以及顶尖科学家和高层次人才，重点开展基础研究和应用基础研究，打造重大原始创新的重要策源地，强化原始创新能力，是深圳科技创新升级的核心引擎。深圳加大基础研究投入力度，超常规布局创新载体。创新载体数量呈现裂变式增长，国家级重大基础设施建设实现了零的突破：国家超级计算深圳中心、大亚湾中微子实验室、国家基因库、鹏城实验室等陆续建成。2020年4月，深圳首家国家制造业创新中心——国家高性能医疗器械创新中心落地深圳。该中心将打造创新、创业、产业融合的全球开放创新平台，推动高端医疗装备自主可控，抢占全球医疗器械技术与产业发展制高点。协同创新支撑疫情防控。调配2亿元财政科技专项资金组织实施疫情防控科研攻关，围绕快速检测、药物研发等领域推动59个科研攻关项目获得国家、省、市新冠肺炎疫情应急防治技术专项立项。支持国家超级计算深圳中心、鹏城实验室等为疾病溯源、药物筛选研究、疫苗研制等的科研机构免费提供算力支持。

深圳正在加快建设国家科学中心。2020年3月，科技部、发改委等国家五部委联合印发《加强“从0到1”基础研究工作方案》，首次将深圳综合性国家科学中心写入国家公开发布的文件，意味着深圳已经成为我国第四个综合性国家科学中心。综合性国家科学中心将争取国家支持集中布局建设世界一流的重大科技基础设施集群。同年4月，深圳出台《深圳市人民政府关于支持光明科学城打造世界一流科学城的若干意见》，全面部署光明科学城打造世界一流科学城需开展的重大任务，在科技创新全链条的各个阶段提出政策措施，在高品质城区建设的各个方面提出建设计划，努力实现科技创新与城区建设的紧密结合、相得益彰。2020年，深圳累计建成基础研究机构12家、诺奖实验室11家、省级新型研发机构46家。各类创新载体总量突破2642家，其中国家级117家，省级957家。[①]深圳创新发展动能更加强劲，PCT国际专利申请量常年保持在全国的30%以上，连续16年居全国城市首位。

在创新发展的新时代，深圳在5G技术、超材料、基因测序、石墨烯太

① 马芳：《深圳创新观：源头发力，生态成链》，《南方日报》2021年12月24日。

赫兹芯片、3D显示、新能源汽车、无人机、特种计算机、柔性显示等多个科技领域的创新能力处于世界前沿，正从应用技术创新向基础技术、核心技术、前沿技术创新转变，从跟随模仿式创新向源头创新、引领式创新跃升，加快向全球科技创新高地迈进。

（三）以科技创新擦亮经济高质量发展成色

从“三来一补”到高新技术产业，从前瞻布局战略性新兴产业、未来产业，到加快建设具有全球影响力的国际科技创新中心，深圳一直在谋划宏观发展、前瞻布局。在科技产业发展的顶层设计上，深圳市委、市政府的战略眼光功不可没。1993年，深圳主动放弃加工贸易红利，停止登记“三来一补”企业。1995年，深圳明确以高新技术产业为先导的战略思想，引导企业建立研发机构提升自主创新能力。这一战略决策比国内其他城市早了10年。《深圳市科技发展“九五”计划和2010年规划》明确重点发展计算机、通信、微电子及新型元器件、新材料和生物工程等七大高新技术产业。“十二五”期间，举全市之力建设创新型城市。为实现战略性新兴产业跨越攀升，深圳制订实施《深圳市战略性新兴产业发展“十三五”规划》，以信息经济、生命经济、绿色经济、创意经济等为重点，不断提高创新能力，大力培育骨干企业，不断优化产业生态体系，引领产业向高端化、规模化、集群化发展。深圳踩准世界科技革命发展的重要节点，可以说是抓得早、抓得准、抓得实。战略性新兴产业的迅猛增长，使得深圳向创新更强、结构更优、质量更高的产业形态迈进，助力产业转型升级。聚焦核心电子器件、高端通用芯片、基础软件产品等核心关键元器件，组织实施8批87个重点技术攻关项目，资助金额7.83亿元，平均单个项目支持强度900万。①

① 杨阳腾：《从跟随模仿式创新向源头创新、引领式创新跃升——深圳迈向全球科技创新高地》，《经济日报》2018年1月30日。

统计数据显示，深圳2019年战略性新兴产业增加值合计10155.51亿元，比上年增长8.8%，占地区生产总值比重37.7%。其中，数字经济、海洋经济、新材料和生物医药产业均实现两位数增长。2020年，深圳战略性新兴产业增加值为10272.72亿元，同比增长3.1%，占地区生产总值比重37.1%。2021年，深圳战略性新兴产业实现增加值12146.37亿元，同比增长6.7%，占地区生产总值比重39.6%，七大产业均实现了正增长。[①]深圳已成为国内战略性新兴产业规模最大、集聚性最强的城市。

（四）营造创新环境

强烈的创新精神，已经成为深圳文化的灵魂，并体现在深圳的方方面面。2019年，深圳市政府印发《深圳市科技计划管理改革方案》，推出“科改22条”创新举措，推行项目推荐“悬赏制”、评审专家“邀请制”、项目评审“主审制”、项目经费“包干制”，让科技计划项目管理更加符合科研规律。此外，深圳建立最严格的知识产权保护制度，出台营商环境改革20条，加快科技领域“秒批”“不见面审批”改革，最大限度为科技企业、科研机构和人员等创新主体“松绑”“加油”。2019年8月，《中共中央国务院关于支持深圳建设中国特色社会主义先行示范区的意见》出台，深圳聚焦在大科学装置、高水平创新平台、强化基础研究方面发力，大力提升核心创新能力，为创新发展提供稳定持续的动力源泉。

以深圳国家高新区“一区两核多园”为主阵地，立足产业基础禀赋，建设新一代信息技术、生物医药等带动优势突出、竞争优势明显的创新产业集群。将深圳国家高新区建设成为创新驱动发展示范区和高质量发展先行区，加快推进坪山高新区开发建设，创新坪山高新区“委区共建”模式，调拨2亿元市级科技研发资金专门支持坪山园区建设。加强高新技术企

① 余晴晖、邱永宽：《连续3年过万亿，2021年深圳七大战兴产业增加值超1.2万亿》，南方Plus，2022年4月6日，http://static.nfapp.southcn.com/content/202204/06/c6373927.html.

业政策宣讲和认定辅导，全年国家高新技术企业达到18650家，高新技术产业实现产值27849亿元，同比增长2.7%；实现增加值9747亿元，同比增长2.4%。落实科技企业孵化器、众创空间在房产税、土地使用税和增值税等方面支持政策，推进新增8家国家级科技企业孵化器、22家国家备案众创空间。

深圳的风险投资也很发达。2020年，也是深圳本土创投行业诞生20周年。20年间陆续出现了一批颇具代表性的本土创投机构，如深创投、达晨财智、同创伟业、东方富海、松禾资本等。它们身上有属于本土机构特有的“深圳”烙印：灵敏的市场嗅觉、紧跟国家战略主线、青睐硬科技项目、利用人民币资金的内循环、主打国内资本市场退出，在华大基因、迈瑞医疗、微芯生物、欧菲光等高新企业背后都能看到他们的身影。也有一批新兴的专业领域投资机构，如啟赋资本、倚锋资本在各自细分领域成为行业领头羊，在新经济的投资领域大施拳脚，为全国创投行业输出“深圳模式”。作为国内最早成立的有政府背景的创投机构，深创投从7亿元注册资本起步发展到管理3500亿元的资金规模，“不塞项目不塞人”是当时深圳市政府的统一表态；投资运营方面，“市场说了算”的理念20年来一直延续。①

正是深圳创新、敢拼的精神，使得创新缔造了一批拥有国际话语权的高科技企业，诸如华为、中兴和腾讯等为代表的高科技企业享誉世界。同时，也涌现出大疆创新、华大基因、优必选科技、欧瑞博、柔宇科技等科技创新代表企业。

（五）打造创新人才高地

近年来，深圳围绕现代化国际化创新型城市和国际科技、产业创新中

① 港湾财经：《金心异解开“深圳创新密码”22：“深创投”的“目标”？》，2022年3月4日，https://baiji ahao.baidu.com/s?id=1726284670944127398&wfr=spider&for=pc.

心建设，相继出台《深圳经济特区人才工作条例》《关于促进人才优先发展的若干措施》等相关法规和政策措施，推进创新人才政策系统性优化重构，深圳对人才的吸引力进一步增强。

“十三五”期间，在完善基础设施、创新载体体系的同时，深圳积极营造良好的人才发展环境，充分发挥人才在创新中的核心作用，更好地激发各类人才创新创业创造活力。在前沿科技创新领域吸引若干国际一流的科学家和创新创业团队来深发展；在主导产业、应用创新和社会服务等领域，吸引和培育一大批科技领军人才、青年拔尖人才，为促进深圳经济社会全面创新发展提供不竭的智力支持和创新动力。深圳也在不遗余力地推动对人才的吸引。与北上广相比，深圳对待外来人口更加开放。“来了就是深圳人”，不仅温暖了无数外乡人，也昭示着深圳重才、爱才、求才的意志和决心。据统计，作为科技工作者的主体，2020年深圳专业技术人员已达到183.5万人。40年间，深圳科技工作者的数量增长超90万倍。按深圳常住人口计算，每10个深圳市民中，就有1.5个是科技工作者。[①]而同期深圳人口增加40倍，深圳地区生产总值增长1万倍，佐证了“科技就是第一生产力”的论断。

近年来，深圳全方位打造“国际人才高地”，人才资源总量稳步增长。深化拓展“项目经理人制”，探索制定外籍“高精尖缺”人才认定标准，为符合条件的外籍人员办理R字签证[②]，继续优化外国人来华工作许可审批流程。与香港共同制定联合政策包，探索深化部市合作机制建设深圳“国际人才特区”，高水平举办国际人才交流大会。2020年，深圳市科技管理部门制订出台《深圳市优秀科技创新人才培养项目实施操作规程》，首次在招商街道设立外国人来华工作许可工作站。以线上线下融合方式成功举办“第十八届中国国际人才交流大会”，推动大会数字化、智能化转

① 亚时财经：《深圳特区40年：世界500强企业三分之二落户深圳》，搜狐，2020年8月26日，https://www.sohu.com/a/415009072_100183167.

② R字签证即人才签证，是中国各类签证中的一种，是专门为国家社会经济发展需要的外国高层次人才和急需紧缺人才设立的签证。

型。按照数学、物理、化学等学科领域，聚焦基础学科领域创新人才培养，首批立项101个博士启动项目，40个优青项目，20个杰青项目，构建从博士（后）到优秀青年、杰出青年的人才成长全周期支持机制。截至2020年6月，深圳已累计认定国内高层次人才1万余人，累计引进海外留学人员超过14万人。众多创新载体和创新型人才共同孕育出大量专利成果。据深圳知识产权局统计，2019年，全市专利申请166609件，同比增长18.83%。2021年，深圳市专利授权量达27.92万件，连续4年位居全国榜首；PCT国际专利申请量为1.74万件，连续18年领跑全国；商标注册量为46.44万件，蝉联全国城市首位；累计发行规模近85亿元的37单知识产权证券化产品；每万人口发明专利拥有量为112件，约为全国平均水平5.7倍，其中，每万人高价值发明专利达68.8件。①诺贝尔经济学奖得主克里斯托弗·皮萨里德斯说，“深圳的发明发现正在影响中国各地，甚至世界各国”。②

近几年来，深圳坚定不移贯彻新发展理念，深入实施创新驱动发展战略，以加强科技战略谋划和顶层设计为牵引，以提升科技创新战略支撑作用为目标，以强化战略科技力量和企业技术创新能力为重点，以激发人才创新创业活力和完善科技体制机制为保障，着力加强基础研究和原始创新，着力打好关键核心技术攻坚战，着力强化企业创新主体地位，着力深化人才发展体制机制改革，加快科技自立自强，全面塑造发展新优势，以创新引领超大型城市可持续发展为主题，打造粤港澳大湾区高质量发展核心引擎。其经验启示在于：

一是强化科技创新统筹部署。制定实施《深圳市基础研究十年行动方案》《深圳市科技创新“十四五”规划》《深圳国家高新区“十四五”发展规划》《河套深港科技创新合作区深圳园区科技创新规划》等系列规划方案。加快建设国际科技信息中心，构建涵盖科技文献、科技情报、科技交流等元素的国际化、立体化国际科技信息中心。深圳始终瞄准世界科技前

---

① 《2021年深圳市专利授权量达27.92万件》，新华网，2022年4月26日，http://www.gd.xinhuanet.com/newscenter/2022-04/26/c_1128597465.htm.

② 王晶：《科技创新是引领发展的第一动力》，《每日经济新闻》2020年8月24日。

沿，强化基础研究，正在建设一批开放式的重大科技设施、创新载体和服务平台，立足源头创新，力争为产业发展提供颠覆性技术创新。2013年出台未来产业发展政策，提前布局生命健康、海洋经济、航空航天、智能装备、机器人、可穿戴设备等未来产业，加快转变经济发展方式，主动淘汰和转型低端落后产业，实现了结构性改革的超前引领。着力突破一批关键核心技术。探索“链式布局”开展关键核心技术攻关，布局一批技术攻关重点项目。加快推进和落实石墨烯产业链“链长制”，明确重点任务、实施路径、责任部门和进度安排，围绕石墨烯产业高附加值环节，循序渐进布局一批核心关键技术攻关项目，建设一批产业公共服务平台，助力石墨烯产业高质量发展。

二是营造开放的深圳科技创新环境。无论是学术、科研还是工作环境，深圳都有吸引国际创新人才和资源的巨大魅力。国家超级计算深圳中心、大亚湾中微子实验室和国家基因库建成使用。国家、省、市级重点实验室、工程实验室、工程（技术）研究中心和企业技术中心等创新载体，覆盖了国民经济社会发展主要领域，成为集聚创新人才、产生创新成果的重要平台。依托科技管理信息系统，建立统一开放、互联互通的科技资源共享机制，8000余台大中型科研仪器设备向社会开放共享，有效解决了科技项目重复研究和科技资源“孤岛”问题，提高了科技资源使用效能。

三是前瞻布局、统筹利用境内外创新资源。深圳在美国、欧洲和以色列等地布局海外创新孵化器，建立起深圳—密歇根贸易、投资和创新合作中心；加快深港科技合作，累计联合资助深港合作项目77项；启动落马洲河套地区开发，着力打造港深创新及科技园，瞄准建设世界级科技大湾区。龙岗区拥有以太空科技南方研究院、香港中文大学（深圳）机器人与智能制造研究院为代表的新型科研机构，形成科研创新“智核”，为创新产业发展培育和储备高质量人才带来源头创新活水。通过举办高交会、电子信息博览会等大型展会，深圳积极打造创新成果转化平台，促进国际交流合作。

四是主动顺应全球新一轮科技革命潮流和趋势。深圳建设一批开放式的重大科技设施、创新载体和服务平台。国内首个以诺贝尔奖得主命名的研究院——深圳格拉布斯研究院，除了有获得2005年诺贝尔化学奖的美国科学院院士罗伯特·格拉布斯担任院长外，这座“大本营”背后还有一群中外“超级大脑”，依托南方科技大学主攻新医药、新材料、新能源领域。大鹏新区与诺贝尔生理学或医学奖获得者巴里·马歇尔合作共建了“马歇尔生物医学工程诺奖实验室”，引进马歇尔核心团队和多项世界先进的胃肠疾病诊断与治疗技术，依托深圳大学在生物医学工程研究领域的理论基础，建设产学研紧密结合的实验室。深圳还吸引了苹果、微软、甲骨文、高通、英特尔、三星等一批跨国公司在深圳设立研发机构、技术转移机构和科技服务机构。

十年来，广州一直注意学习借鉴先进城市科技创新的做法经验，派出学习交流考察培训的干部和专业技术人员为数众多，从中汲取不少有益的经验为自己所用。如转变思想观念重视创新、发展高科技，围绕创新链出台科技创新政策，改革科技管理服务体制机制并建章立制，在硅谷、纽约、特拉维夫等城市设立引才工作站进行招企引才，等等。广州正是在这种持续不断的学习借鉴中努力前行。

第四章

优化科技创新发展空间布局

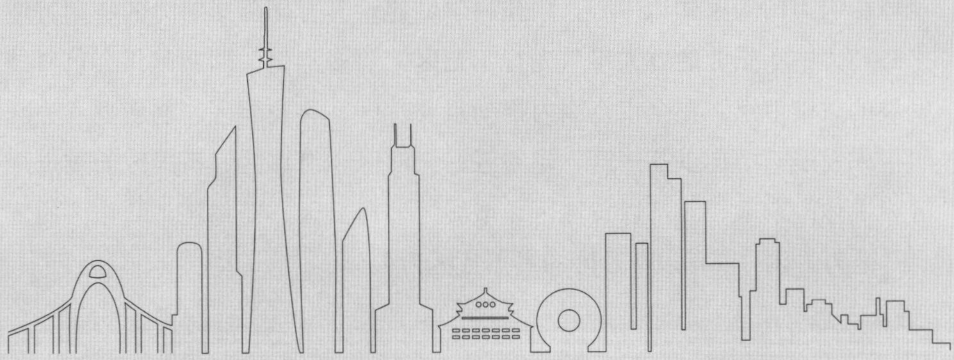

广州以构建“一轴四核多点”为主的科技创新空间功能布局，形成“一轴核心驱动、四核战略支撑、多点全域协同”的点线面多层次格局为目标，持续促进区域联动、高效协同，强化与珠江沿岸高质量发展的衔接，集聚高端创新资源，提升重大创新节点能级，辐射带动广深港、广珠澳科技创新走廊建设。同时，不断整合创新要素，提升园区平台载体科技创新功能，推动广州高新区、经济技术开发区及各类工业园区高质量发展。

一、构建“一轴四核多点”空间功能布局

广州科技创新空间所指的“一轴”，即科技创新轴。以中新广州知识城和南沙科学城为极点，链接广州科学城、广州国际生物岛、广州人工智能与数字经济试验区、天河智慧城、广州大学城、白云湖数字科技城、南沙庆盛片区、明珠科学园等全市域科技创新关键节点，打造科技创新轴。“四核”即广州人工智能与数字经济试验区、南沙科学城、中新广州知识城、广州科学城。广州人工智能与数字经济试验区促进“一江两岸三片区”良性互动，建设粤港澳大湾区数字经济高质量发展示范区。南沙科学城建设大湾区综合性国家科学中心主要承载区。中新广州知识城建设具有全球影响力的国家知识中心。广州科学城建设具有国际影响力的中国智造中心和“中小企业能办大事”先行示范区。“多点”，即新时代全市科技发展的关键节点。在全市范围内推动重要片区、科技园区、创新型商务区组群式发展。中部以荔湾区、越秀区、天河区、海珠区、番禺区的重点片区为主体；东部、北部以黄埔区、增城区、白云区、花都区、从化区的重点片区为主体；南部以南沙区的重点片区为主体。[①]

① 《广州市科技创新“十四五”规划》（2022年1月），《广州市人民政府公报》2022年第7期。

力争尽快完善并优化广州“全域创新”的格局。一是强化“一轴”核心驱动。举全市之力规划建设以中新广州知识城和南沙科学城为极点，链接广州科学城等科技创新关键节点的科技创新轴。谋划布局一批重大科技基础设施、高水平研究平台、研究型大学和科研机构，推动科技赋能经济高质量发展，营造国际一流创新生态，加速科学研究成果向现实生产力转化，建设具有全球影响力的科技和产业创新高地。二是强化“四核”战略支撑。以粤港澳大湾区国际科技创新中心和综合性国家科学中心建设为契机，打造广州人工智能与数字经济试验区、南沙科学城、中新广州知识城、广州科学城“一区三城”创新核。三是强化“多点”全域协同。中部打造以荔湾、越秀、天河、海珠、番禺重点片区为主体的多点组群，围绕研究开发、技术转移、检验检测认证、创业孵化、知识产权、科技金融等，打造国际一流高端科学研究与技术服务集群。东部、北部打造以黄埔、白云、花都、从化、增城重点片区为主体的多点组群。围绕产业创新全过程和重点环节，开展应用基础研究和产业关键核心技术研发，推动重大技术成果转化应用，打造全球科技赋能产业发展增长极。南部打造以南沙重点片区为主体的多点组群。加快建设南沙粤港澳全面合作示范区，发挥国家级新区和自贸试验区优势，依托湾区、面向全球，打造国际科技交流合作高地。①

2015年9月，广州与珠海、佛山等共8个珠三角城市获批为珠三角国家自主创新示范区，目标是把珠三角建设成为我国开放创新先行区、转型升级引领区、协同创新示范区、创新创业生态区，打造成为国际一流的创新创业中心。广州根据自身的特色，明确在珠三角国家自主创新示范区“1+1+7”②格局中的功能定位，充分发挥创新资源优势和产业优势，积

① 《广州市“十三五”科技创新规划（2016—2020年）》（2016年6月27日）；《广州市科技创新“十四五”规划》（2022年1月），《广州市人民政府公报》2022年第7期。

② “1+1+7”：2015年9月，国务院批复同意建设珠三角国家自主创新示范区。而此前，2014年深圳已获批成为我国首个以城市为基本单元的国家自主创新示范区。至此，广东形成以深圳、广州为龙头，珠三角7个市国家高新技术产业开发区为支撑，辐射带动粤东西北协同发展的“1+1+7”创新格局。

极开展创新政策先行先试，激发各类创新主体活力，培育良好创新创业生态。在新型研发机构建设、人才引进、产学研结合、国际及粤港澳合作、创新创业孵化体系建设等方面积极探索，全面提升区域创新体系整体效能，建成开放创新先行区、转型升级引领区、协同创新示范区、创新创业生态区，引领带动科技创新发展。

一是加强顶层设计，做好广州“自创区”空间发展规划，坚持集约利用土地，依法依规开展区域范围调整，以广州高新区为核心，围绕广州科技创新走廊和珠江沿岸创新带，强化市区联动，构建广州“自创区”“一区多园”的发展模式，形成“多点支撑”的发展格局。二是贯彻落实国家自主创新示范区先行先试政策，加强与全面创新改革试验区协同，加快科技体制改革和政策创新，配套出台含金量更高和更有针对性的人才、土地、科技金融、知识产权保护等系列政策，形成相对完善的创新政策体系。建立广州“自创区”和广州自贸区“双自联动”机制，两区在优惠政策上实现双向叠加与覆盖，在体制机制创新、服务体系上实现共建共用，积极拓展广州自创区与广州自贸区的对接合作渠道，进一步促进双方各类资源要素的自由流动与合作。三是实施国家自主创新示范区管理体制和机制创新，加强对“一区多园”格局的市级统筹管理与服务，统筹各园区重大项目引进、重大创新平台建设、重点研发机构发展、重大科技成果转化等，促进各园区优势互补、错位发展、协调发展。

二、促进高新技术产业开发区高质量发展

广州积极构建以国家级高新区为核心、省级高新区为主体，国家级大学科技园区及产业基地全面发展的雁阵式梯次发展格局（见表4-1），争取高新区相关优惠政策落地实施，推动高新区赋能升级和多点布局。同时利用国家和省的相关政策，发挥各类园区和产业基础的作用。支持高新区面

向国家战略和产业发展需求引入境内外高等院校、科研院所、企业、人才等创新资源，深化高新区管理体制机制改革，推动加大创新投入，促进技术创新、标准化、知识产权和产业化深度融合。

表4-1　广东省和广州市高新技术产业园区和产业基地数（截至2020年）①

行政区域	国家级高新技术产业开发区/个	国家级经济技术开发区/个	国家级大学科技园区/个	国家级国际科技合作基地/个	省级高新技术产业开发区/个	省级国际科技合作基地/个
广东省	14	32	2	33	26	93
广州市	1	3	2	19	3	48

近几年来，广州围绕产业链部署创新链，围绕创新链布局产业链，打造以“一区三城”为核心的创新空间布局，汇聚顶尖创新发展要素，培育发展新动能，建立高质量多层次的高新区梯次培育体系。并获科技部支持建设广州国家新一代人工智能创新发展试验区，南沙科学城被省纳入粤港澳大湾区综合性国家科学中心主要承载区，广州科学城全力打造具有国际影响力的“中国智造中心”，中新广州知识城总体发展规划获国务院批复。

一是推动广州高新区建设世界一流高科技园区。深化广州高新区“一区五园”②协同创新机制，形成良好错位协同发展格局。支持广州高新区扩容提质，加快重要科研机构、交叉科学研究平台在区内布局，高标准建设“黄埔实验室”，助力黄埔硬科技创新先行区建设。加强关键核心技术创新和成果转移转化，做大做强特色主导产业，打造若干创新型产业集群，推动广州高新区在全国排名持续提升，打造代表国家科技发展最高水平、全面参与全球竞争的先锋园。

① 广州市科技局、广州市科技发展研究中心：《广州市2020科技创新发展数据汇编》（2021年12月）。

② “一区五园”：指广州高新技术产业开发区和广州科学城、天河科技园、广州民营科技园、黄花岗科技园、南沙资讯科技园。

二是推动省级高新区创建国家高新区。以国家高新区标准，着力将广州天河高新区、广州花都高新区、广州琶洲高新区打造成为高质量发展示范区。依托优势资源，突出发展特色，构建软件与信息服务业、新一代通信技术、数字创意、汽车等领域特色创新型产业集群。积极建设高水平创新研究院等创新平台，推动孵化育成体系提质增效，全面提升高新区创新驱动能力。

三是打造省级高新区“预备队”。以建设省级高新区为契机，强化“以申促建”，有效激发优质园区创新发展活力，形成区域经济发展新的增长极。支持白鹅潭产业金融服务创新区、广州科学教育城、南沙慧谷片区、广州白云工业园区、广州大学城、万博长隆片区等基础条件较好的园区申报创建省级高新区，打造成为区域创新的重要节点和产业高端化发展的重要基地。[①]

十年来，广州科技园区（科技产业集聚区）建设得到快速发展。据统计，全市89个科技园区占地面积约515.4平方千米，约占全市面积的6.9%，提供了122.8万个就业岗位。[②]

广州高新技术产业开发区（以下简称广州高新区）是1991年经国务院批准成立的首批国家高新区之一，由广州科学城、天河科技园、广州民营科技园、黄花岗科技园和南沙资讯科技园组成“一区五园”发展格局，与广州经济技术开发区、广州出口加工区、广州保税区、中新广州知识城合署办公，实行“五区合一”的管理体制，与广州市黄埔区深度融合发展。

其中广州科学城形成电子信息、平板显示、精细化工、新材料、生物医药、知识密集型服务业等六大新兴产业集群。天河科技园打造以软件、移动互联网、数字创意、电子商务、地理信息、生物医药等为核心产业的产业新区、宜居新城。广州民营科技园发展节能和新能源、装备制造、精

---

① 《广州市“十三五”科技创新规划（2016—2020年）》（2016年6月27日）；《广州市科技创新“十四五”规划》（2022年1月），《广州市人民政府公报》2022年第7期。

② 范小红、伍彬、邓健：《广州科技园区发展特点、短板及对策建议》，《科技中国》2022年第4期。

细化工、汽车零部件、居家用品、文化传媒、生物医药等产业，做强做大高端制造。南沙资讯科技园重点发展电子信息、先进制造业和生物医药产业。黄花岗科技园重点发展新一代信息技术、文化创意、移动互联网、健康医药、服务外包等产业。

广州高新区各园区以提升产业竞争力和自主创新能力为核心，大力实施创新驱动发展战略，从建设重大平台、引进高端项目、集聚创新资源、完善政策体系等方面着手，努力推动高新区从要素驱动向创新驱动转变，从外向型经济为主向内外源经济协调发展转变，从产业园区向科技创新园区转变。广州高新区先后获评首批国家级创新型科技园区、国家级文化与科技融合示范基地和国家知识产权示范园区。已形成新一代信息技术、平板显示、精细化工、新材料、生物医药、知识密集型服务业等六大千亿级产业集群，建成电子信息、生物医药、新材料等8个国家级产业基地，以及平板显示等3个广东省战略性新兴产业基地。

2020年，广州高新区实现地区生产总值3972.3亿元，比2015年（1413.7亿元）年均增长22.95%。火炬入统[①]企业营业收入为12831.4亿元，比2015年（5365.7亿元）年均增长19.05%。火炬入统企业工业总产值为7704.8亿元，比2015年（3943.7亿元）年均增长14.33%，占全市半壁江山。财政总收入为1303.8亿元，比2015年（620.4亿元）年均增长16.01%。2020年在国家高新区综合排名第6名，比2015年（第11名）上升5名（见表4-2、表4-3）。[②]广州高新区依托创新创业人才政策体系和重要科技平台载体，引育战略科技人才、科技领军人才、青年科技人才和高水平创新团队，以人才带动技术、市场、资本等要素进驻整合，实现企业创新能力突破。全区已集聚高层次人才超过1000人，其中有71人为两院院士。中美“四院院士”谢晓亮领衔的ECC基因测序仪及配套试剂研发及产业化，打破国外厂家对行业的技术垄断，促

① 火炬统计工作是反映高新区经济建设和产业结构的一项基础性工作，也是编制高新技术产业化、环境建设发展规划和确定发展策略的基本依据。

② 广州高新技术产业开发区管理委员会：《广州高新技术产业开发区“十四五”发展规划（2021—2025年）》（2021年10月）。

进国内精准医疗产业的快速发展。王晓东院士领衔的百济神州，是首个在美国和中国香港两地上市的中国生物科技公司，投资建设的广州生物医药生产基地已建成投产。陈晔光院士领衔的华医再生科技，类器官技术达到国际领先水平。领军人才陈卫领衔的粤芯半导体，是粤港澳大湾区唯一量产的12英寸芯片生产平台，填补了广州缺“芯”的空白。

表4-2　广州高新区“十三五”时期发展目标完成情况

序号	指标	现状值	目标值
1	地区生产总值/亿元	3972.3	2000
2	工业总产值/亿元	7704.8	5500
3	高新技术企业数量/家	3545	1500
4	各类从事科技活动人员数量/万人	18.9	15
5	外籍人员和留学归国创业人员数量/人	7514	6000
6	新型研发机构/家	52	20
7	国家重点实验室/家	16	35
8	科技企业孵化器/家	156	100
9	众创空间/家	102	50
10	孵化场地面积/万平方米	574.3	600
11	在孵企业数量/家	5358	5000

表4-3　广州高新区技术产业开发区国民经济主要指标①

主要指标	2015年	2016年	2017年	2018年	2019年	2020年
营业总收入/亿元	5265.75	6024.22	7131.84	10540.78	117245.69	128312.18
工业总产值/亿元	3943.66	3903.52	4167.44	6880.82	7408.25	7691.78

① 广州市科技局、广州市科技发展研究中心：《广州市2020科技创新发展数据汇编》（2021年12月）。

续表

主要指标	2015年	2016年	2017年	2018年	2019年	2020年
高新区企业数/家	5197	7655	17124	72888	107433	154952
认定高新技术企业数/家	969	1816	2877	3544	3599	3544
港澳台企业数/家	305	314	119	127	72	104
职工人数/人	408653	456733	541788	731682	845249	882279
利税总额/亿元	430.25	536.75	756.84	940.72	1010.81	1209.41
合同利用外资/亿美元	2.30	38.01	21.63	41.45	20.09	44.43
实际利用外资/亿美元	4.63	19.45	22.10	22.47	22.81	25.47

2021年，广州高新区参加本年度国家高新区综合评价，在参评的157家国家高新区中排名第4位，较2020年度上升2位。排名创历史新高，位列北京中关村、上海张江高新区、深圳高新区之后。在拥有一级财政的国家高新区中排名第1位。广州高新区创新驱动属性不断增强，重点考核指标不断提升，创新投入的强度、创新平台的质量、创新产出的数量、创新主体的密度、创新人才的丰度均显著提高。广州高新区管辖区地区生产总值突破4158亿元，增速超8%；规模以上工业总产值达8771亿元，占广州市约40%；研发经费投入强度达到5.71%，迈出了创新驱动高质量发展的坚实步伐；获得国务院督查激励2项，获国家科学技术进步奖一等奖1项、二等奖1项。

一是科创能级再提升，打造“2+3+*N*”战略科技创新平台集群。广州高新区建设形成了以广州实验室、粤港澳大湾区国家技术创新中心为引领的“2+3+*N*”战略科技创新平台集群。其中，人类细胞谱系大科学研究设施纳入国家“十四五”专项规划；航空轮胎动力学大科学中心获中央预算内投资补助1亿元（全省仅有3个）；慧眼大设施预研项目首期实验室正式运行。广东粤港澳大湾区国家纳米科技创新研究院、广东粤港澳大湾区黄埔材料院、广东省新黄埔中医药联合创新研究院等高水平研究院也在加速建设。聚集各类科研机构超1000家，拥有全省1/2的高水平创新研究院、全市一半的省级新型研发机构；通过出台“金镶玉”“港澳青创10条”等人才政策，聚集钟南山、张伯礼等两院院士106人，高层次人才1204人，已成为具有全国影响力的高端科创资源集聚地。至2021年1月，广州高新区共拥有18家国家企业技术中心、6家国家工程实验室、13家国家工程技术研究中心、51家省企业技术中心、21家省工程实验室、9家省企业重点实验室。[①]

二是产业集群再升级，高精尖产业实现迭代突破。在产业转型过程中，广州高新区持续加强高精尖产业集群培育，产业转型升级取得重大突破，形成以主导产业链群为“躯干”、新兴产业和未来产业为“两翼”的现代产业体系。广州高新区打造了汽车、电子、能源等三大千亿级和生物医药、高端化工、食品饮料、电气机械等四大五百亿级产业集群。聚焦数字孪生、聚集诱导发光、高端科学仪器、尖端生命科学、前沿新材料等领域，在抢占新兴产业和未来产业的前瞻高点的同时，打造绿色低碳园区。企业集群结构显著优化，已集聚2万多家科技型中小企业，拥有国家高新技术企业超过3500家，高技术产业占广州市比重达到70%，多个细分产业集群中形成了本土科技型企业梯度成长的“创新企业雨林”。

三是营商环境再优化，创建全省首个营商环境改革创新实验区。广州高新区持续优化营商环境，创建首个“广东省营商环境改革创新实验区”，“秒批”等改革在全国复制推广，建立起以企业满意度为导向的多维度监测机制。为优化企业服务保障，该区为企业提供项目申报、研发服务、交流与合作服务、融资服务等全方位支持，大力开展企业创新积分制，入选科技部火炬中心第一批试点单位。在完善科技金融环境上，该区出台“金融科技10条”；设立国投（广东）科技成果转化基金，专精特新产业投资基金；引进总规模60亿元的中科院成果转化母基金。高标准设立黄埔人才引导基金，撬动约60亿元社会资本，打造覆盖人才项目初创期、成长期、成熟期等全生命周期投资平台，提升人才创业服务。广州高新区

① 叶青：《优化营商环境 完善创新生态 广州高新区让企业离成功更近》，《科技日报》2021年1月18日。

深入推进粤港澳大湾区协同共进，加快融入全球创新网络，成为粤港澳大湾区对外开放和区域协同的科创战略高地。穗港智造合作区建设实施方案获批印发，穗港科技合作园、穗澳创新园等平台项目推进；成立广州粤港澳大湾区研究院；设立全国首个粤港澳大湾区劳动争议研究机构；建成穗港澳出入境大楼，获批全国首个口岸性质的A类高架直升机场。[①]

三、打造粤港澳科技创新走廊

强化粤港澳大湾区国际科技创新中心枢纽的基础建设，是粤港澳大湾区建设的重点所在。

2017年12月，广东省委、省政府发布《广深科技创新走廊规划》，要求广州发挥高校、科研院所集聚的优势，建成具有国际影响力的国家创新中心城市和国际科技创新枢纽。将广州市的广州大学城—国际创新城、广州中新知识城、广州科学城、广州琶洲互联网创新集聚区列入十大核心，再发展广州的13个节点，分别是：国际生物岛园区、天河智慧城、中大国际创新谷和南中轴创新带园区、国际健康城、天河·公园智谷片区、增城经济技术开发区核心区、黄埔·云埔片区、增城·太平洋夏埔片区、黄埔临港经济区、空港经济区、白鹅潭现代服务业集聚区、广州南站商务区、增城·珠江国际智能科技产业园片区。这些也是广州十年来重点发展的科技创新区域。

2019年2月，《粤港澳大湾区发展规划纲要》（以下简称《纲要》）正式公布。《纲要》提出建设粤港澳科技创新走廊方案，从原来的广深科技走廊扩展到广深港和广珠澳科技创新走廊，将珠江两岸城市创新带均覆盖到。

---

① 张玉琴、吴衡、乔亚楠：《全国第4！广州高新区全国综合排名创新高》，《信息时报》2022年2月27日。

广州成为倒V型的顶部，承担起辐射带动的重任。而广州的创新核心和节点基本上还是原有的创新载体（区域）。广州以广州高新区、中新广州知识城、智慧城、琶洲互联网创新集聚区、生物岛、大学城、国际创新城、南沙明珠科学园等为核心载体，着力打造科技创新走廊。广州编制了《“广州—深圳—香港—澳门”科技创新走廊（广州段）建设行动方案（2020—2022年）》，整合政策、人才、资本、产业等创新要素，加大创新投入，强化科技创新基础设施，建设重大科技创新平台，完善科技创新配套服务，以发展创新型经济为主要取向，形成广州科技创新资源、要素高度集聚的核心区，战略性新兴产业和新业态的主产区，主要创新指标和创新型经济总量到“十三五”末基本上实现了倍增。同时，广州以科技创新走廊为重点依托，加强珠江两岸各类创新资源的整合和统筹规划，优化功能布局，把沿岸优势资源、创新要素串珠成链，优化提升珠江创新带。

近几年来，广州依照《纲要》对广深港、广珠澳科技创新走廊的规划建设方案，加强对全市科技创新区域发展的统筹规划，促进各区合理布局和协调发展。依托各区现有创新资源与优势，推动特色创新产业集群发展，强化创新节点建设。在有条件的区域规划建设了若干个特色“科技小镇”和特色科技园区，完善科技创新创业和生活配套服务设施，深化、细化全市科技创新空间布局。

广州科学城（以下简称科学城）——建于1998年，经过多年的建设和发展，已成为以科技研发、创业孵化功能为主，配套发展新一代信息技术、生物医药、新材料等战略性新兴产业的多功能现代新城区，是国内科学城发展的典范。科学城集聚了高新区65%的国家级和省级科研机构，以及80%的校（院）地协同创新平台，包括暨大基因的“基因工程药物国家工程研究中心”、冠昊生物的“再生型医用植入器械国家工程实验室”、金发科技的“塑料改性与加工国家工程实验室”、中科院生命与健康研究院、北京大学华南产业创新研究院、华南新药创制中心等。科学城已形成以新一代信息技术、生物医药、新材料为主导，北斗、物联网、电子商务、机器人等新业态良好发展的局面，尤其在生物医药和新一代信息技术两大战略性新兴产业上形成了较为完善的产业链和具有国内领先水平的特色领域。涌现出香雪制药、冠昊生物、达安基因、威创视讯、金发科技等一批龙头企业和领军企业。科学城将加快推进粤港澳大湾区国家技术创新中心、国家新型显示技术创新中心、国家先进高分子材料产业创新中心以及中科院系列大院大所等国家战略科技力量建设。围绕生命科学、信息科学等领域，加强重大理论研究、应用基础研究、关键共性技术研发。践行“中小企业能办大事”，强化企业创新主体地位，发挥企业家在技术创新中的重要作用。鼓励企业加大研发投入，推进产学研深度融合。发展壮大新一代信息技术、人工智能、生物医药与健康、新能源、新材料等新兴产业，推动互联网、大数据、人工智能等同各产业深度融合，推进产业基础高级化、产业链现代化，提高经济质量效益和核心竞争力。深入开展扩容提质，构建产研融合的科技创新集聚轴和先进制造业提升轴，形成“一核三区两轴”创新发展新格局。

天河科技园——围绕“产业新区、宜居新城”发展定位，打造产业、环境提升工程，狠抓项目、基础和服务重点突破，园区呈现实力增强、产业集聚、基础夯实、环境提升良好态势。一是园区经济发展稳。2014年，天河科技园实现技工贸总收入1424.4亿元，同比增长14%。天河软件园实现软件业务收入约1011亿元，近年软件业务收入年均增长25%以上。二是产业创新集聚势头强。已集聚科技型企业1700多家。2014年新引入企业137家，注册资本共计10.68亿元。其中1亿元以上企业有3家，5000万元以上企业有4家，1000万元以上有23家，各分园动态入驻率维持95%。广东英利、乐富电商集群等一批具有带动作用的优质项目落户园区。三是基础配套建设进展快。高唐园区完成12.66平方千米储备大选址，基础配套日益完善，累计建成道路路网（含市政道路）里程14千米。核心区及周边共开通公交线路62条，设置公交站点47个，构筑起外通内达的交通循环配套网络，基本解决园区永久用水用电问题。四是园区环境整洁、质量优。核心区规划绿地面积640.62万平方米，约占核心区总面积31%，已建设绿道里程35.27千米，智慧东湖即将建设完成，构筑起花谷景观、花园绿道、亲水栈道等生态景观系统，“一园一湖一景”特色生态园区逐步显现。天河科技园充分发挥园区位于中心城区、周边高校和科研院所林立、新一代信息技术产业特色鲜明的优势，依托网易、佳都、北明软件等行业龙头企业，巩固发展软件、移动互联网、地理信息三大优势领域，重点发展大数据、数字创意、物联网、信息安全、电子商务五大主导领域，积极培育人工智能、云计算两个前沿领域，打造国内领先的新一代信息技术产业高地。

广州民营科技园（以下简称民科园）——“十三五”期间，民科园突破最初单一工业园区的定位，以科技创新驱动发展为引擎，集中资源扶持符合高质量发展方向的优质项目，步入全新发展阶段。随着硬件、数字基础设施方面的不断建设、“5G+AI+云”等新一代信息通信技术的不断加持，在“信息整合、辅助决策、应用服务、品牌影响”的方向指导下，一个全新的国家级智慧园区营商环境标杆园区形象已然诞生。经过不断探索实践，如今民科园已经走出了一条属于自己的特色数字化转型升级之路，为园区品牌深深地打上了“科技创新”的标志性烙印。在园区品牌的带动下，38平方千米“一核三园”的新布局正加速成型①，“全国工商联民营企业科技创新示范基地”的引领作用也正发挥强大的聚合力量。2021年，广州民营科技园营业收入突破千亿元大关，连续7年保持两位数增速。2022年1—4月工业产值为163亿元，同比增长10.8%，华为、百度等“世界500强”企业设立新业务板块总部，5家中国软件百强企业落地白云区，6家龙头央企设立子公司，北大科技园、哈工大科技园落地运营，优质产业创新主体不断壮大。民营科技园还搭建粤港澳大湾区民营企业科技成果转化平台，配套实施科技成果转化奖励政策，促进科技成果供需双方合作交易，推进高水平产学研合作。园区企业与中科院、清华大学、北京大学等52所重点科研院所、高校开展合作，通过揭榜挂帅机制推进17项研发项目，促成白云电气—北大低碳节能应用创新中心等6个创新联合体落地。民营科技园园

① 2021年6月，中共广东省委全面深化改革委员会办公室印发《广州民营科技园改革创新行动方案》（粤改办发〔2021〕1号），明确民科园38平方千米的“一核三园”新布局。

区亿元以上企业达141家，“四上”企业[①]达420家。广东省新兴激光等离子体技术研究院落户后，引进陈佳洱院士等科研人员36人，获评广东省高水平创新研究院。欧派家居、白云电器、白云化工等1090家企业在科技创新人才支撑下，成长为高新技术企业。市级以上“专精特新”企业共53家，晟启能源、呈和科技、南缆电缆、掌动科技、天意有福5家企业入选工信部专精特新“小巨人”名单。[②]广州民营科技园将发挥民营经济活跃的优势，重点发展未来产业、轨道交通、智能家居、美丽健康，前瞻布局第三代半导体、智能汽车及自动驾驶、下一代通信技术、类脑智能、激光等离子体等未来产业新赛道，打造中国民营企业重大科技成果展示中心及科技成果转化平台，深化民营经济改革创新探索，营造有助于民营企业发展的营商环境，积极创建国家民营经济改革创新试验区。

黄花岗科技园——区域面积约1平方千米，大力发展以信息技术研发及其应用为主导的高新技术产业并形成集群优势，形成了以信息服务业、健康医药产业和创意产业为鲜明特色的高科技园区。园区开发建有以高档写字楼宇为主构成的汇华、华盛、丰伟、云山、凯城、中侨、穗丰等10个产业基地。黄花岗科技园突出抓重点项目、科技创新、园区扩容提质和产业提升，促进科技与产业、平台、金融、文化和人才深度融合，取得良好发展效果。一是新兴产业稳步增长。黄花岗科技园2014年规模以上企业实现技工贸收入472.11亿元，同比增长18.02%；实现税收14.57亿元，同比增长18.04%。服务外包实现合同金额7.54亿美元，同比增长约11.90%。其中离岸业务合同登记额为2.3亿美元，同比增长约22.74%；离岸执行金额1.72亿美元，同比增长约15.93%。二是新兴产业园区拓展加快。与东方文德广场、国叶文化大厦和星光映景分别合作共建创意产业园、健康产业园和移

① “四上”企业：现阶段我国统计工作实践中对达到一定规模、资质或限额的法人单位的一种习惯称谓。包括规模以上工业、有资质的建筑业、限额以上批发和零售业、限额以上住宿和餐饮业、有开发经营活动的全部房地产开发经营业、规模以上服务业法人单位。

② 汤南、云宣、钟晓东：《聚人才促创新 新动能强支撑 白云区以人才引擎赋能区域高质量发展》，《广州日报》2022年5月26日。

动互联网产业园，为园区新增优质招商载体面积超过10万平方米，并同步推荐优质文化企业入驻。共有产业园区31个，可经营面积逾110万平方米。三是招商引资取得新突破。全年共引进61家科技型企业入园，注册资本总额超16亿元，同比增长超过200%，创意大道招商工作已基本完成招商计划，谋道网络、奥飞文化等公司已入驻。四是重点项目顺利推动。移动互联网公共创新平台以及移动互联网公共技术研发平台已建成并提前完成项目指标；南方传媒文化创意产业园一期招商企业发展良好，推进二期289艺术园区的合作建设；广州动漫产业原创制作和品牌推广基地的动漫主题图书馆建设硬装部分于2015年底完工，广州市“喜羊羊”青少年动漫剧院进一步推进落实。黄花岗科技园发挥位于广州中心城区的优势，大力发展文化创意、人工智能、超高清视频、生命健康、新能源等新兴产业，高标准建设中国（广州）超高清视频创新产业示范区，推进科技“硅巷”、“硅楼”、创新街区、创新园区建设，打造粤港澳大湾区“科创之芯”。

南沙资讯科技园——坚持以粤港合作为特色，各项工作进展良好。一是成功引入香港科技大学霍英东研究院等科研机构。研究院作为香港科技大学在内地进行科研技术转化的核心平台，将进一步发挥香港科技大学在科研、教育、人才等方面的国际资源优势，加强引进香港科技大学以及国际上最新科研成果和高端人才，为香港科技大学的教授及国内外专家等提供创新技术的产业化平台。二是加快推动广州国际孵化基地试点机构建设工作。整合园区内有国际合作人才、技术、成果的机构（研发中心），合作组建孵化基地研发中心，草拟《广州南沙资讯科技园有限公司科技企业孵化器管理办法（试行）》，并于2014年9月完成了会议中心111房288平方米“孵化工作坊”建设并交付使用。三是做好园区的招商工作。新增入驻广州南沙3D打印创新研究院、广东银研高新材料股份有限公司、广州柏淇办公设备有限公司、福建新大陆电脑股份有限公司等8家企业。四是加强与园区企业服务。通过组织“南沙资讯科技园春茗茶话会”和现场走访企业等活动，更好地宣传及推广园区良好的环境及配套服务链，加强了园区企业和政府部门、企业与科研机构之间的沟通交流。南沙资讯科技园将发挥位于珠三角地理几何中心的优势，聚焦发展资讯科技产业，打造高新科技和资讯科技的研究和制造中心。依托香港科技大学霍英东研究院、博士后科研工作站、国家超级计算广州中心南沙分中心等平台载体，主动对接香港科技大学、香港理工大学等高校院所，吸引香港、国际的人才、资本等创新资源在园区集聚。

中新广州知识城（以下简称知识城）——重点发展新一代信息技术、生命健康、智能制造等产业，建成创新要素集聚区和代表广东参与国际竞争的知识经济高地。自2010年6月奠基以来，扎实推进有关工作，至2014年累计完成投资334.2亿元。一是按照知识城三年建设规划（2014—2016年），推动基础设施建设。已确定了道路、市政设施、水利及景观工程、安置区及公共服务设施四大类的152个基础设施项目，已完工15个，在建项目47个。地铁、主干路网、安置区、生态和市政工程建设全面铺开，拉开了发展框架。二是按照知识城的产业规划，聚焦知识密集型产业，推动产业发展。围绕新一代信息技术、智能装备、文化创意、科教服务产业，重点培育新能源与节能环保、生物与健康、新材料产业，制订了知识城产业指导目录和重点产业发展行动计划，出台了重点产业项目扶持政策，建立了中新联合招商机制，坚持产业园区化、园区特色化发展方向，重点规划建设检验检测服务集聚区、知识产权服务园区、智能装备产业园、腾飞科技园等十大专业园区。截至2014年底，知识城累计注册企业109家，注册资本约180亿元，其中内资企业注册项目82家，外资企业注册项目27家。三是探索新的管理模式。知识城实行“企业先行、政府推动、市场运作”的合作开发模式，在广东—新加坡合作理事会下，省、市分别成立了推进知识城项目建设领导小组，知识城管委会与星桥公司建立了联席会议机制。双方共同注资40亿元成立投资开发有限公司，作为知识城开发建设的开发商。以中新联合招商为带动，大力推动双方在规划建设、产业发展、教育培训、社会管理等领域的合作。中新广州知识城把握升级为中新国家级双边合作项目机遇，贯彻落实《中新广州知识城总体发展规划（2020—2035年）》，围绕建设具有全球影响力的国家知识中心的总体定位，以汇聚知识型人才、发展知识经济为主线，全面推动知识创新、机制创新、制度创新，开辟开放合作新路径。大力推进基础研究和原始创新，加快建设航空轮胎动力学大科学装置、慧眼大设施工程等重大科技基础设施。应用化学研究所深化国家知识产权综合改革试验，深入实施知识产权战略，深化知识产权领域改革，破除制约知识产权支撑创新驱动发展的体制机制障碍。深化与新加坡在科技创新、产业发展、知识产权、人才培养、城市治理等领域的合作，打造成为中新两国与时俱进的全方位合作伙伴关系新典范。[①]

广州国际生物岛——国际生物岛被赋予发展广州生物产业的重任，已经集聚了一大批有影响力的生物医药和生命健康研究机构和重点企业。重点打造国家及生物医药研发和产业化基地，以生物医药领域研究和产品开发为主导，力争发展为具有国际影响力的生物科技研发和成果转化基地。国际生物岛将围绕建设世界顶尖的生物医药研发中心的总体定位，以创建国家实验室为抓手，大力推进生物医药与健康领域原始创新资源集聚和创新政策突破。整合广州实验室、生物岛实验室、中科院广州生物医药与健康研究院等高端创新平台资源，集聚全球生物医药与健康领域顶尖人才、研发机构，创建国家实验室。全力推进人类细胞谱系大科学研究设施建设。积极创建国家生物医药政策创新试验区，争取实施药品、医疗器械、健康服务相关政策先行先试。持续提升官洲国际生物论坛国际影响力，打造生物医药领域的达沃斯论坛。强化5G在生物岛的示范应用，加快5G自动驾驶综合应用示范岛建设。

其他列入粤港澳科技创新走廊建设的节点，或者广州各区重点建设的科技园区，还包括：

黄埔港——把握人工智能与数字经济试验区建设机遇，围绕建设服务“一带一路”的新贸易创新中心的总体定位，以激发黄埔港新活力为核心，加快推进数字经济、港口经济、航运经济发展。加快建设广州人工智

---

① 广州高新技术产业开发区管理委员会：《广州高新技术产业开发区“十四五”发展规划（2021—2025年）》（2021年10月）。

能与数字经济试验区（鱼珠片区），布局工业互联网标识解析顶级节点等新型信息基础设施，推动中国游戏软件谷、中国智能传感器产业园、将军山数字创新园建设。构建人工智能与数字经济产业生态，以多元场景应用为抓手，强化人工智能、5G、区块链等新技术与实体经济深度融合，打造以区块链为特色的中国软件名城示范区。加快建设黄埔国际邮轮城，大力发展高端港口经济和特色航运经济，引进新型跨境电商、数字贸易、智能贸易等新业态，打通海上物流大通道和数字海上丝绸之路，形成“全球接单、广州分拨、国内生产”的国际贸易枢纽。

琶洲互联网创新集聚区——对标国际先进创新区域，促进互联网创新要素集聚，支持基于互联网的各类创新，形成广州科技进步新引擎。

广州大学城——打造成为集科技创新中心、国际科教合作基地、国际科技孵化基地、国际一流人才培养特区、广州新经济增长极和广州科教新城于一体的战略发展平台。

广州国际创新城——力争在医疗健康、物联网应用、电子商务、节能环保服务、设计服务、国际教育等领域形成特色产业集群，成为华南科技创新服务引擎。

南沙明珠科技城——重点发展航运物流、跨境电商、金融保险、电子信息、高端装备制造、软件及服务外包、新能源、新材料及生命科学等战略新兴产业，完善高端吸引科研机构聚集。

广州国际健康产业城——重点发展医药研发、健康教育、健康服务及健康养生。

广州花都空港创新园区——着力发展LED（发光二极管）产业、现代物流、高端音响、电子信息、飞机维修等先进产业。

从化明珠工业园——重点发展汽车零部件、家用电器、生物医药、新能源新材料、精密仪器、精细化工、现代物流等七大产业。

增城市经济技术开发区——重点发展汽车产业、科技服务业及先进制造业。

番禺节能科技园——培育节能环保、新能源、新一代信息技术等战略新兴产业。

中新广州知识城从化科技小镇——重点发展研发服务、文化创意、生命健康、信息服务、新能源与环保、空港后台服务等。

中大国际创新谷——以中山大学为龙头，联动新港路沿线科研院所和企业，重点发展信息、新能源、先进制造、生物医药等创新产业，形成一个对广州市乃至珠三角地区都具有较强辐射作用的高端平台。

广州还积极扩大创新合作，全面深化与珠三角和泛珠三角城市的创新合作，发挥创新资源和人才优势，强化全省“创新之芯”和华南科技创新中心的功能定位，推动研发设计、检测认证、创业孵化、软件信息等服务输出和资源共享，服务全省和泛珠三角地区的创新发展，形成优势互补和辐射带动效应。建立穗港澳台科技合作机制，着力构建粤港澳创新圈，加强与港澳台在科技研发与转化、知识产权、人才引进和培养、科技园区建设和运营等方面的合作。

四、融入全球创新网络

在经济全球化的时代，广州实施国际科技创新合作行动计划，把城市嵌入全球创新链条，主动融入全球创新网络，与世界主要科技创新发达国家和地区建立交流合作机制，建立以政府间战略性创新合作协议为基础，政府与民间项目、技术、机构、资金等合作为支撑的国际科技创新合作平台。推动与中美、中欧、中新、中以、中乌及“一带一路”沿线国家在研发创新、教育培训、知识产权、新兴产业、科技金融、城市建设与管理等领域开展合作。吸引跨国公司在广州设立研发机构、技术转移机构和科技服务机构，引进一批具有国际水平的研发机构、创业投资机构、人才团队和先进技术成果，汇聚全球创新精英人才、领先技术和金融资本等高端要素，发展知识密集、技术密集、资本密集型产业，打造国际产业技术创新中心。

建立和发展一批国际科技合作基地，建设一批国际技术转移中心。加快推动中欧岭南创新创业科教园、中欧生命科技园、中欧产业发展中心等一批高端合作平台落地。把中国创新创业成果交易会（以下简称创交会）、中国留学人员广州科技交流会（以下简称留交会）等打造成为具有国际影响力的科技创新成果展示、发布、交易和人才交流、学术研讨一体化的创新合作平台。积极与达沃斯论坛、博鳌亚洲论坛等对接，办好广州国际投资年会，引进高端创新资源。设立“珠江会议”高端学术交流平台，支持高校、科研机构、企业开展国际性学术交流活动，使广州成为国际学术之都。2022年4月21日，共建广东省灵山论坛科学中心合作协议签约仪式在广州举行。该协议由广东科技厅、广州市科技局、南沙开发区管委会与广东省灵山论坛科学中心四方签署。论坛各方共同支持广东省灵山论坛科学中心建立强有力的科技创新统筹协调机制，通过举办大湾区科学论坛年度大会与分论坛、引进国际人才团队和高科技企业落地等形式实现跨国界、跨学科、跨领域的深入交流与合作，促进粤港澳大湾区与国际教育链、人才培养链、产业链的有效衔接，形成科技创新链与经济社会协同发展的新局面，为粤港澳大湾区打造高水平科技创新的智库。①

大力推进“走出去”战略，在科技创新资源密集、创新创业活跃的国家和地区，自主设立或与国外机构合作设立企业研发中心、科技孵化机构、创业投资机构、新型研发机构等，掌握创新前沿信息，网罗创新领先技术和人才，拓展国际创新合作管道。广州已在海外设立了一批引才工作站，一些高新技术企业也在境外设立有分支机构。

中新广州知识城与新加坡携手共建的中新国际联合研究院、新加坡国立大学广州创新研究院、新加坡国际管理学院（中国）、中新国际知识产权创新服务中心等科研服务机构已经落户；建成腾飞科技园、中新国际智慧产业园、知识产权服务园、领军人才集聚区等具有国际元素的高水平载

① 叶青：《广东省市区共建灵山论坛科学中心》，《科技日报》2022年4月21日。

体；打造中新知识论坛、软件卓越转移中心、科技成果孵化中心等汇聚国际资源的优质平台。

中新广州知识城也在不断创新中欧国际合作新方式，打造了全国首家中欧区域政策合作试点区，深化与欧盟国家在技术创新、产业转型、新能源与环境保护等方面的合作。启动“中欧创新中心”建设，包括中欧（广州）开放创新和技术转移孵化中心、中欧（广州）合作项目路演中心、中欧创新投资基金等。

2021年11月18日，中国科学技术协会办公厅同意在广州经济技术开发区设立国家海外人才离岸创新创业基地。海外人才离岸创新创业平台支撑体系通过优化功能布局，以知识城为核心区，链接全区优质资源，开展离岸基地的运营服务工作。依托海内外高校、科研院所、孵化器、龙头企业、社团组织等平台，建设境外离岸创新中心、境内离岸合作基地，面向海外人才，构建功能梯度布局、产业错位发展、政策覆盖全区的空间结构和创新业态，将广州开发区打造成为全国体量最大、功能最全、服务最优的海外人才离岸创新创业平台。海外人才创新创业政策支持体系则重点在海外人才交流与项目合作机制、海外人才创新管理服务机制、海外人才引进和使用机制、海外人才离岸创新创业促进机制、海外人才发展平台（赛事）打造、海外科技成果转化应用等方面先行先试。如，在离岸基地内，全面落实省、市、区有关人才创新创业的各项政策，协助海外人才和项目享受政策支持。围绕海外人才离岸创新创业实际需求，适时优化“海外尖端人才8条”“国际人才自由港10条”等政策设计，争取省市相关部门支持，制定海外人才离岸创新创业的专项支持政策。①

广州11个区，科技资源禀赋各不相同，基础条件差别较大，具备原始创新能力的高校、科研院所相对集中在天河区五山、石牌一带，如华南理工大学、华南农业大学、华南师范大学和暨南大学等高校和中国科学院广

① 《广州开发区获批建设国家海外人才离岸创新创业基地》，《湾区时报》2021年11月25日。

州分院的若干研究所等研究机构。越秀区则有广东工业大学和中国科学院广州分院、广东科学院本部等校院（所）。海珠区则有中山大学本部、仲恺农业工程学院和若干研究所等校（所）。异军突起的番禺区因有广州大学城而底气十足。最具冲击力的黄埔则因拥有众多中小科技企业、制造业发达而致创新发展势头强劲，尤其是作为高新技术园区主战场的广州科学城、中新广州知识城、广州国际生物岛等位居该区，成为广州科技创新和产业变革的重要区域。在2020年广州各区创新指数综合得分及排名中，黄埔区名列第一位（见图4-1）。南沙区原有基础薄弱，但随着中国科学院若干研究所（南沙科学城）、中国科学院大学南沙校区、香港科技大学广州分校即将落户该区，将彻底改变以往南沙科技创新底子薄的状态，南沙区或许可以成为广州科技创新的后起之秀乃至“领头羊”。其他区都有一些科技创新亮点和若干产业优势，但相较之下创新资源较为薄弱，优势不明显，仍处在迎头追赶阶段。表4-4、表4-5为2020年广州各区科技创新基本情况。[①]

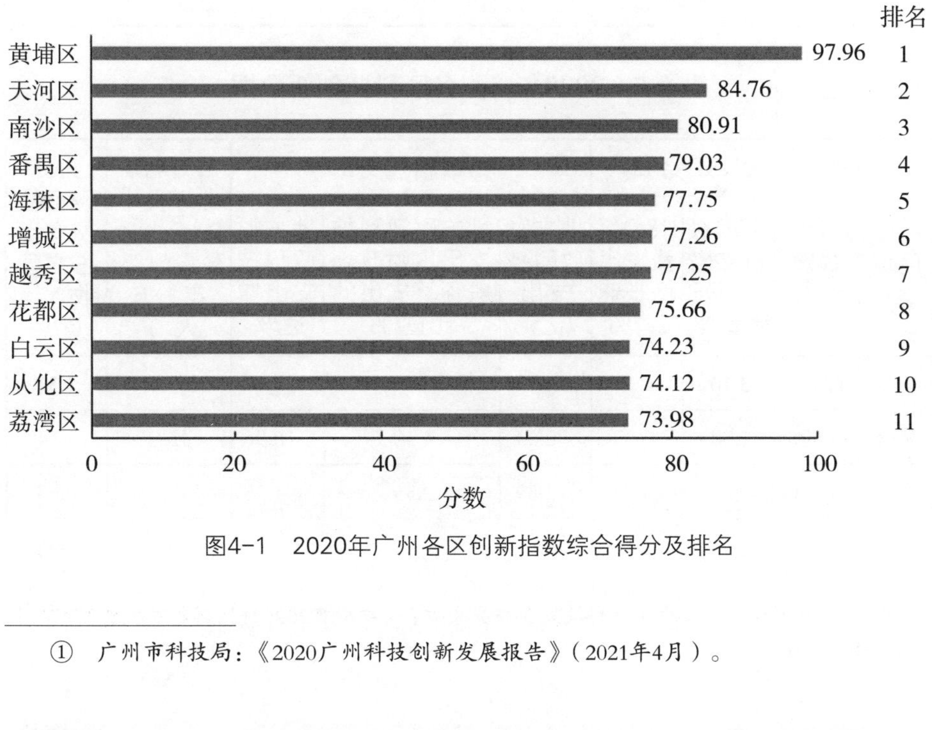

图4-1　2020年广州各区创新指数综合得分及排名

① 广州市科技局：《2020广州科技创新发展报告》（2021年4月）。

表4-4　广州专利授权量按区分布（2020年）①

地区	专利授权量/件
全市	155806
越秀区	14065
海珠区	9668
荔湾区	4750
天河区	26707
白云区	21716
黄埔区	22612
花都区	13807
番禺区	23562
南沙区	9113
从化区	2030
增城区	7776

表4-5　2020年广州各区科技创新数据

行政区域	全社会R&D经费			财政科技支出			每万名从业人员中R&D人员数量/（人年·万人$^{-1}$）	企业R&D经费支出占主营收入比重/%
	R&D经费支出/亿元	R&D经费支出占GDP比重/%	R&D经费支出增长速度/%	地方财政科技支出/亿元	地方财政科技支出占财政一般预算支出的比重/%	地方财政科技支出增速/%		
全市	774.84	3.10	14.33	224.13	7.59	−8.12	138.51	1.51
越秀	66.67	1.98	10.25	2.04	1.50	−18.96	115.09	2.14
海珠	69.85	3.35	0.09	3.39	2.55	1.35	117.23	0.63

① 广州市科技局、广州市科技发展研究中心：《广州市2020科技创新发展数据汇编》（2021年12月）。

续表

行政区域	全社会R&D经费			财政科技支出			每万名从业人员中R&D人员数量/（人年·万人$^{-1}$）	企业R&D经费支出占主营收入比重/%
	R&D经费支出/亿元	R&D经费支出占GDP比重/%	R&D经费支出增长速度/%	地方财政科技支出/亿元	地方财政科技支出占财政一般预算支出的比重/%	地方财政科技支出增速/%		
荔湾	12.98	1.20	1.88	1.49	1.45	10.94	60.25	1.35
天河	175.02	3.29	0.98	5.83	3.94	−8.77	141.17	1.04
白云	35.27	1.57	0.20	5.23	2.76	−44.69	81.55	1.91
黄埔	209.15	5.71	36.33	72.67	20.79	1.44	362.99	1.64
花都	36.59	2.18	0.03	4.64	2.75	−61.18	125.46	1.13
番禺	64.96	2.85	18.39	3.70	2.01	−44.35	109.61	1.77
南沙	67.75	3.67	33.81	17.78	7.01	−20.99	203.21	1.60
从化	8.20	2.12	0.99	1.23	1.42	31.09	75.27	1.43
增城	28.40	2.67	25.55	16.59	8.27	5.99	97.00	1.24

（一）越秀区

越秀区加快打造粤港澳大湾区“科创之芯”，围绕“一廊三地五谷”创新格局，重点以“一岗一路一山”为核心集聚创新产业。获国家广电总局授予“中国（广州）超高清视频创新产业示范园区”，入选国家产融合作试点城市名单，粤港澳大湾区生命健康产业创新区获纳入科技部“百城百园”项目，高规格协办2020世界超高清视频产业发展大会，落户粤港澳大湾区中医药创新服务平台、大湾区生命健康产业技术转化中心、雷曼8K超高清展厅等一批高端项目，广东综合能源价值创新产业园成为“老城市新活力”标杆示范，越秀区“互联网+”小镇顺利通过省级验收，进一步展现科技创新赋能“老城市新活力”实力。

出台实施《越秀区建设人工智能与数字经济试验区工作方案》，其中越秀超高清产业示范基地、黄花岗人工智能产业园成功纳入广州人工智能与数字经济试验区协同创新平台。花果山超高清视频产业特色小镇启用4K/8K+5G展示体验中心，揭牌“广州直播节永久会址”，带动扳手科技、4K花园、雷曼科技、索尼三大运营商等50余家覆盖产业链前中后端企业集聚发展。建设粤港澳大湾区生命健康产业创新区，设立广州市创新药物临床试验服务中心、引进国家超级计算广州中心资源，推动生命健康产业技术转化中心等一批大湾区企业项目落户，成功举办了广州市健康医疗协同创新重大专项成果推介会等活动。广东综合能源价值创新产业园成功打造AI+智慧能源技术展示体验区，启动建设电力互联网等8个新基建项目，其中“广东省特殊行业特种机器人工程技术研究中心”获省级认定，2020年营收达11.57亿元，成功入选国家“科改示范企业”名单，成为首批国有科技型企业改革样板和自主创新尖兵。

2020年争取市级以上科技计划项目408项，扶持资金达1.43亿元；获得国家、省科技进步奖45项，其中国家级6项、省级39项。深入实施高新技术企业树标提质行动计划，跟踪培养规模以上企业、科技型中小企业、高新技术培育企业、小巨人企业等，2020年新认定高企211家。联合区金融局、广州银行、广州农村商业银行组织“万亿再贷款进园区专场对接会”，加大对小微和民营企业信贷支持力度。力促科技成果转化，2020年完成技术合同登记4953项，合同成交额为211.6亿元，技术交易额为78.9亿元。2020年，科技园新入园企业达90家，引进注册资金1000万以上企业46家，入园企业累计2609家。实现营业收入1100.91亿元，同比增长近10%；实现税收28.31亿元，同比增长2%，园区实现稳定增长。

修订完善“钻石29条”，健全了“1+1+3+*N*”政策体系，专项出台了科技创新、IAB（新一代信息技术、人工智能、生物医药）产业等扶持政策，为企业送上了政策礼包。完善区创新创业领军人才（团队）评审实施细则，支持双创载体发展，新增国盈众创等3家众创空间，以及友谊酷都、八戒工场2家孵化器。全区共有孵化器20家，其中国家级1家，面积达29.51万平方米；共有众创空间14家，其中国家级4家。2020年新增3家服务外包企业登统业务，服务外包实现合同金额14.33亿美元，同比增长21.76%，其中离岸执行金额约2.12亿美元。①

（二）荔湾区

荔湾区2020年研发费用填报总数为20.43亿元，同比增长达13.37%，占地区生产总值比重达1.88%。2020年珠江水产研究所的“淡水池塘环境生态工程调控与尾水减排关键技术及应用”项目获得省技术发明一等奖。中石化销售华南分公司的“长输成品油管道关键设备创新与产业化应用”项目获得省科技进步一等奖。2020年立项科技计划项目共19项。

积极落实广州市及荔湾区科技创新政策，发布新三板、科技项目和奖励配套、创新创业优秀管理团队、高企扶持、科技载体扶持等政策申报指南，引导协助企业做好扶持政策的申报计划，兑现科技资金超4000万元。制定印发《广州市荔湾区科技计划项目管理办法》，进一步规范和加强荔湾区科技计划项目实施和管理，提高区科技项目实施绩效和管理效率，持续优化配置荔湾区科技资源。并形成《荔湾区关于进一步促进科技创新发展扶持办法》。

大力争取白鹅潭产业金融服务创新区申报创建省级高新技术产业开发区，以产业金融服务、现代中药、信息服务、工业设计四大重点领域为引领，打造成为融入粤港澳大湾区建设的先行区。积极推进粤港澳中药产业研究院建设工作，支持广州采芝林药业有限公司与暨南大学、甘肃省药品检验研究院及兰州诺然肠道健康精准营养研究所合作共建粤港澳中药产业研究院新型研发机构项目。

大力推进全国股转系统（新三板）华南基地建设工作。基地自2019年9月27日以来正式开展运营工作，通过线上线下相结合方式，共举办承办新

① 广州市科技局：《2020广州科技创新发展报告》（2021年4月）。

三板政策业务宣讲培训、投融资对接路演、新三板投融通等各类活动40余场，走访调研及接待市场参与各方座谈70余次，累计服务华南区域中小企业超3500家次。

协助正誉孵化器成功认定市级科技孵化器。寰讯智慧港、荔湾科创广场已通过荔湾区粤港澳青年创新创业基地建设项目评审立项。2020年继续支持区内载体建设粤港澳青年创新创业基地，安排100万元用于支持申报单位开展各项工作。[①]

（三）海珠区

打造数字经济和城市更新高质量发展双引擎，全面优化“一区一谷一圈”空间布局。琶洲人工智能与数字经济试验区纳入广州人工智能与数字经济试验区核心片区，获批成为省级高新技术产业开发区，成为海珠区科技创新发展的核心引擎。24家拍地企业注册成立129个项目及业务运营公司，2020年实现主营业务收入464.3亿元，同比增长36.4%；实现税收21.5亿元，同比增长21.5%。以云蝶科技、技象科技、灵聚信息等为代表的智慧场景应用企业在琶洲落地发展。中大国际创新生态谷推动打造粤港澳大湾区国际科技交流合作枢纽、数字创新时尚创意产业高地、宜居宜业现代化品质城区和生态创新示范基地。布局重点科研平台，建设人工智能与数字经济广东省实验室（琶洲实验室），组建了以中科院院士徐宗本教授为主任的管理团队，成立人工智能模型算法研究中心。着力推进鹏城国家实验室广州基地建设，打造国内首个基于数字经济的新型网络基础设施及软硬件平台的研发、配置与供给中心。面向重点科技领域，推进关键技术攻关。智能生产线技术中心、医药智能分析中心、分布式医学影像中心、脑疾病与健康研究中心、脑机智能研究中心、智联网技术中心、智能感知与无线传输中心等首批签约入驻的7个项目已稳步开展技术攻关。成功主办

① 广州市科技局：《2020广州科技创新发展报告》（2021年4月）。

第三届中国（广东）人工智能高峰论坛，与科大讯飞共建智联网医疗平台项目。

完善载体孵化服务体系，推进科技创新企业孵化培育工作。截至2020年底，海珠区共有科技企业孵化器51家和众创空间36家，科技型中小企业入库数量达717家，高成长性中小企业有92家。2020年度高新技术企业总量达629家，其中“四上”高新技术企业有298家。鼓励企业利用多层次资本市场融资发展，4家企业入选广州市2020年独角兽企业，7家企业入选“未来独角兽”，新增3家创业板IPO（首次公开募股）成功获深圳证券交易所受理的高新技术企业。2020年1月至11月海珠区科学研究和技术服务业实现营业收入147.56亿元，同比增长4.1%。其中，营收超10亿元的机构有3家，营收超1亿元的机构有18家，营收超5000万元的机构有39家。2019年度海珠区R&D经费投入总量达69.79亿元，同比增长12.2%，位居全市前三。R&D经费投入强度达3.61%，同比2018年度提高0.3个百分点，位居全市第二。服务业稳挑企业经费支出的大梁，占比58.84%。

海珠区持续打造风险投资集聚区，发挥海珠基金引导作用，组建智创基金和海珠越秀升级基金。智创基金子基金支点一号入股像素数据，海珠越秀升级基金子基金智创升级基金投资落地寒武纪、博微太赫兹、佰才邦、华友新能源、九州一轨等5家优秀科技企业。截至2020年12月，海珠区共有上市企业8家，新三板挂牌企业35家，上市培育企业18家。白俄罗斯国家科学院广州创新中心落户中大国际创新生态谷。白俄罗斯国家科学院有机化学研究所与仲恺农业工程学院就共建中白农业创新领域的国际联合研究实验室达成合作共识。①

（四）白云区

2019年，白云区R&D研发经费投入35.20亿元，比上年增长26.71%，占

① 广州市科技局：《2020广州科技创新发展报告》（2021年4月）。

全年GDP比重1.59%。2020年规模以上科学研究和技术服务业累计营业收入46.38亿元，比上年增加18.4%。推进高新技术企业认定工作，认定高企397家。推进科技型中小企业申报工作，白云区累计979家企业入库，位居广州市第四。开展技术合同认定登记工作。2020年，共登记合同390份，同比增长124.1%，累计合同成交额69.49亿元，同比增长5倍。

落实白云区“1+3”人才政策，发布《关于开展2020年度广州市白云区产业领军人才集聚工程各专项申报工作的通知》。持续做好市产业领军人才申报工作，新增2019年度市级创新领军团队1个，市级杰出产业人才3名。积极组织发动区内重点人才申报广州市红棉计划和广州市农村科技特派员备案，共受理并推荐人才105名。落实“云聚英才计划”，凝聚各方合力，成立白云区产学研联盟，搭建校企合作平台。

引进重大科技项目，大力推动华为广州研发中心、广东省新兴激光等离子体技术研究院、粤港澳大湾区脑科学与类脑研究中心等重大技术创新项目落地发展。落实《白云区支持港澳青年来白云创新创业实施办法》，打造云和、通达2个港澳台侨青创基地。推动云创汇、汇龙、DAYONE首批3家区港澳青年创新创业基地完善机制，其中2家获评市级示范基地。推动“众创空间—孵化—加速—产业园区”孵化育成体系建设，新增市级及以上登记孵化载体8家，孵化面积达2.5万平方米。

推动先进制造业做大做强，印发《白云区建设先进制造业强区实施方案（2021—2025年）》。2020年，白云区规模以上工业企业达930家，2020年产值达989.1亿元，同比增长4.2%。加快“智慧白云”建设，以5G网络建设为重点，加快完善信息基础设施。2020年新建成5G基站4069个，位居广州市第二；规模以上软件信息技术企业共实现营业收入54.8亿元，同比增长23.7%。

2020年，白云区专利申请量达40803件，同比增长89.8%，其中发明专利申请量为3589件，同比增长31.2%；专利授权量为2.17万件，同比增长68.2%，其中发明专利授权量为589件，同比增长26.7%。专利申请量、授权量位居全市第二、第四位。白云区商标申请量为10.80万件；商标注册量为

6.95万件；累计有效注册商标量32.39万件。

白云区境内外上市企业增长至11家。兑现上市挂牌奖励补贴，激发企业运用多层次资本市场融资的主动性和积极性。组织银企产融对接会，联合银信金融部门走访企业，推出“科技贷”“高新贷”等特色金融产品，畅通科技型中小企业、高新技术企业与金融资源对接渠道。①

（五）天河区

天河区扎实提高科技创新水平，打通产学研合作通道，为加快构建现代产业体系、推动全区经济高质量发展提供坚强有力支撑。全面落实创新驱动发展八大举措，科技创新蓬勃发展。2020年新增科技类企业1.66万户，占广州市新增总量的28.1%，新增量居广州市第一位。认定国家科技型中小企业库入库企业3378家，占广州市的27%。入选2020年中国互联网百强企业4家，占广州市的57%。入选广州“独角兽”和“未来独角兽”企业26家，占广州市的38%。新增市登记孵化器和众创空间25家，总数达208家，总孵化面积超133万平方米。新增国家级孵化器4家、众创空间5家，分别占全市的40%和55%。2019年R&D经费投入173.32亿元，位列广州市第一，投入强度达3.43%，超广州市平均水平。“十三五”期间，天河区创新创业孵化体系进一步完善，规模不断扩大，品质持续提升。2020年，天河区孵化器在孵企业达3424家，占全市的29%。广州信息港、羊城创意产业园、宏太智慧谷、盛达电子信息创新园、乐天创意园等16家创新园区的年营收超过10亿元。共105个创新载体承载全区超800家高新技术企业，先后培育出骏伯网络、火烈鸟网络等10余家市场估值超过5000万美元的“未来独角兽”企业。截至2021年5月，天河区科技企业孵化器、众创空间总数达221家，其中省级以上孵化载体有60家，均位居全市第一。②

① 广州市科技局：《2020广州科技创新发展报告》（2021年4月）。

② 陈钧圣、何瑞琪、缪璟：《科技赋能产业，创新引领未来》，《广州日报》2021年8月31日。

持续深入实施“天河优创”计划，构建以“服务区域产业发展为导向、突出单位面积产出为特色”的科技创新载体评价指标体系，五年间实现国家级孵化器、众创空间数量翻三番，创新载体总数实现7倍增长，连续5年省级以上创新载体数量全市第一，为不同发展阶段的创新型企业提供不同层级的孵化培育服务。

发挥广州天英汇国际创新创业大赛赛事、资金、人才、载体、服务“五位一体”创新创业服务平台作用，积极打造“一赛一节一基地”创新生态体系，充分调动整合国内外优质创新资源，打造人才、技术、资本与载体高度集聚融合发展的双创生态圈。截至2020年12月，已经连续5年成功举办广州国际创新节、连续6年举办天英汇国际创新创业大赛，服务全球各地超过10万名创业者。天英汇已经成为天河区以及广州市对接全球科技创新资源，引入优秀创新创业人才企业的重要平台和“双创”名片。

编制并印发《广州市天河区打造科技成果转化基地试行办法》，组织入驻项目申报共两批次超100个，遴选推荐三批共1家孵化育成服务机构、4个高校及科研机构科技成果转化服务团队、11家创新企业、11家创新创业服务机构入驻天河基地。

大力培育战略性新兴产业，积极开展5G建设与应用。编制《天河区5G网络建设和产业发展行动计划（2019—2021年）》，积极抢占5G产业制高点。累计建成5G基站6169个，建成智慧灯杆173根，相关指标均位居广州市前列。在天河中央商务区、天河路商圈、国际金融城等重点片区，已实现高密度5G网络覆盖，在珠江新城区域建成全国领先的5G精品网络。加快构建“一心一带一区”5G产业空间布局，新入选市培育5G应用项目19个，居广州市第一位；1家企业通过5G产业园认定、4家企业通过5G创新中心认定，分别占广州市的33%、50%。①

---

① 广州市科技局：《2020广州科技创新发展报告》（2021年4月）。

（六）黄埔区

黄埔区深入实施创新驱动发展战略，科技创新能力稳居全国经开区（经济技术开发区）第一，2020年广州高新区综合排名跃升至全国高新区第六，城市创新指数稳居全市第一，科技实力跃上新台阶。连续3年全区工业总产值稳居全市第一，2020年规模以上工业总产值首次突破8000亿元大关。连续3年位居全国工业百强区前三甲，预计到2025年工业总产值突破万亿元。综合实力进位至全国经开区第二，5项主要经济指标位居全国经开区第一。

集聚高端创新资源，形成“1+1+3+*N*”战略创新集群。钟南山院士领衔的呼吸疾病国家重点实验室总部落户广州国际生物岛，粤港澳大湾区国家技术创新中心落地广州科学城，人类细胞谱系大科学研究设施、航空轮胎动力学大科学装置、慧眼大设施工程等3个重大科技基础设施加速推进。张伯礼院士领衔的广东省新黄埔中医药联合创新研究院等高水平研究院落地建设。13个与中科院合作的项目获时任中国科学院院长白春礼充分肯定。新认定省高水平创新研究院3家，累计达8家，占全省的三分之二。达安基因等企业取得“三个全国第一”“三个全国最大”战略成果。新冠肺炎AI辅助诊断系统等3个项目获联合国全球推广，6种新冠病毒疫苗加快研发。

科技服务业指标高位运行，工资总额、营业收入总额同比增长分别超过30%、20%，拉动经济逆势增长。新增上市高新技术企业6家，累计42家。科创板上市企业累计5家，占全市的83%。技术合同成交额突破600亿元，同比增长超过170%。“百大项目庆百年”项目按进度实施，引进百度阿波罗等优质项目154个，总投资超3500亿元，为战略性新兴产业发展积蓄强大动能。

2020年全区研发经费投入占GDP比重达4.38%，达到国际先进水平。新增国家企业技术中心3家，占广东省的四成。与省科技厅联合开展“纳米科技”重点专项，与省市联动支持“集成电路FDSOI”重点项目。181个项目获省重点领域研发计划立项，资助资金达5.78亿元，占广州市一半以上。

5G滤波器、12英寸芯片制造、31英寸喷墨打印柔性显示样机等一批破解“卡脖子”难题技术不断涌现。[①]

（七）番禺区

番禺区在《广州城市创新指数报告2020》中综合得分排名全市第三。广州国际科技创新城、广州大学城成为广深港澳科技创新走廊核心节点，广州南站地区开发建设全面提速，万博商务区核心区基本建成，广州大学城纳入广州人工智能与数字经济试验区重要区块，华南理工大学国际校区首期建成招生，大学城粤港澳台青创基地示范点、粤澳青创国际产业加速器等7个大湾区创新创业基地入驻团队近500个。

建强科技企业孵化器和众创空间，新增4家市级登记科技企业孵化器和1家市级众创空间，番禺区众创空间达14家、科技企业孵化器达40家。做大科技产业园区，建设番禺区科技产业园区发展联盟，番禺区12个科技产业园区入驻企业近4500家。番禺区高新技术企业数量超1800家，营收规模超1900亿元。康和药业获国家科学技术奖，海大集团、日立电梯、创显科教、卓远科技等6家企业获省科学技术奖。百果园网络连续两年入选广州独角兽创新企业。乐摇摇科技、巨杉软件、盖得排行等7家企业入选2020年广州“未来独角兽”创新企业。易方信息、伊的家网络、探迹科技等5家企业入选2020年广州“高精尖”企业。

番禺融资担保有限公司成立揭牌运作。区科技金融服务中心成为市科技金融中心及广东股权中心路演基地。番禺区超过640家企业进入广州市科技型中小企业信贷风险补偿资金池，累计获银行授信超过37.65亿元。助推优势企业加快上市步伐，支持浩洋电子登陆深交所创业板，虎牙科技、佳都科技获评中国互联网上市企业100强。全区上市企业达21家，新三板企业64家，上市企业总市值超2200亿元。

---

① 广州市科技局：《2020广州科技创新发展报告》（2021年4月）。

深入实施“1+4”产业人才政策，累计发放人才补贴近5.6亿元，引进培育领军团队50个、创新领军人才51人、急需紧缺人才和产业高端人才1947人、“青蓝计划”项目451个。中国（小谷围）“互联网+交通运输”创新创业大赛、中国（小谷围）人工智能创新创业大赛、小谷围国际产业人才大会、粤港澳台大学生创新创业大赛、青蓝国际创新创业大赛等成为创新创业示范推广重要平台。番禺区人才生态环境评价排名广州市第一。①

（八）花都区

花都区努力建设各类创新载体，制定《花都区加快科技创新发展工作方案》，实施“增强创新主体实力”“提升创新载体质量”“集聚高端创新人才”“优化创新生态环境”四大工程，从政策方面着力推动花都区创新发展，创新实力不断提高。

2020年，花都区新认定国家高新技术企业278家；认定科技型中小企业611家；认定广东省工程技术研究中心7家，市重点实验室1家；获国家科技进步奖1项，省科技进步奖2项；认定登记技术合同109项，合同成交额达23.88亿元，技术交易额达20.05亿元。2020年新增1家省级孵化器、2家省级众创空间；新增登记2家众创空间，新增孵化面积1742平方米。

花都汽车产业基地成功申报为省级高新技术产业开发区，定名为广州花都高新技术产业开发区，实行现行的省级高新区政策。②

（九）南沙区

南沙区围绕建设粤港澳大湾区国际科技创新中心重要承载区和综合性国家科学中心主要承载区的目标，不断完善科技创新服务体系，培育创新创业生态，积极打造国家战略科技力量重要节点，为实现高水平自立自强

①② 广州市科技局：《2020广州科技创新发展报告》（2021年4月）。

做贡献。

“1+1+3+N”科创平台体系建设取得阶段性进展。明珠科学园一期5个项目已于2020年11月全面开工。南方海洋科学与工程广东省实验室（广州）已集聚院士团队17个，实验室核心园区已动工。已落实冷泉生态系统研究装置、动态宽域高超声速风洞、极端海洋动态过程多尺度自主观测科考设施3个重大科技基础设施项目建设资金、用地、立项申报等工作。推动签订中国科学院大学广州学院共建协议，并纳入明珠科学园一期项目。积极推进广东科学大数据研究院、光子时代研究院等创新平台前期工作。

华南技术转移中心线上平台已进驻774家科技服务机构，科技创新券“全国通用通兑、即兑即付”模式获得国务院认可，已列入《国务院第三批支持创新改革举措推广清单》。2020年全区总计登记技术合同611份，合同成交总额为160.57亿元，同比增长135.0%；技术交易总额为146.71亿元，同比增长118.7%，总量排名全市第五。

2020年新认定高新技术企业294家，同比增长53.1%；有效期内高新技术企业累计682家，同比增长16.2%。2020年全区科技型中小企业入库数达714家，同比增长88.4%。孵化育成体系日趋完善，广东医谷获国家级科技企业孵化器认定，优创社区获省级众创空间认定，实现了南沙国家级孵化器和省级众创空间零的突破。累计建成11家科技企业孵化器和6家众创空间。累计建成各类创新平台335个，是2015年的3.4倍。集聚省级新型研发机构13家，占广州市的五分之一。

不断加大对粤港澳（国际）青年创新工场支持力度，鼓励加快引入有明确产业化前景的港澳高端科研团队及项目在南沙开展产学研对接合作。

2020年全区科技创新产业政策兑现奖励资金达到1.5亿元，同比增长13.6%，惠及企业和科研机构共246家。研究出台“科创16条”专项政策支持南沙科学城建设粤港澳大湾区综合性国家科学中心主要承载区。创业投资引导基金认缴出资4.6亿元，撬动子基金总规模32.73亿元，资金放大6.1倍。持续发挥科技信贷风险补偿资金池优势，合作银行由3家扩展至15家，共向8家科技型中小企业发放贷款3430万元。成功举办了香港科技大学百万奖金创业大赛全国总决赛、第三代半导体创新发展高峰论坛和第二届广州海洋科学与产业技术国际高端论坛暨专项学术年会等。①

2022年6月，国务院颁发的《广州南沙深化面向世界的粤港澳全面合作总体方案》（以下简称《南沙方案》）提出，把广州南沙打造成为立足湾区、协同港澳、面向世界的重大战略性平台，建设科技创新产业合作基地，明确南沙要强化粤港澳科技联合创新，打造重大科技创新平台，培育发展高新技术产业，推动国际化高端人才集聚。具体而言，《南沙方案》提出，推动粤港澳科研机构联合组织实施一批科技创新项目，共同开展关键核心技术攻关，强化基础研究、应用研发及产业化的联动发展，完善知识产权信息公共服务。高水平建设南沙科学城，布局前沿交叉研究平台，建设世界一流研究型大学和研究机构，增强原始创新能力。发展智能制造，加快建设一批智能制造平台，打造“智能制造+智能服务”产业链等。《南沙方案》将为广州、南沙科技创新发展注入新的强劲动力、带来新的重大机遇。

（十）从化区

2019年，从化区纳统单位330家，研发费填报数为12.76亿元，核准研发投入8.12亿元，投入强度为2.28%，同比增加0.38个百分点。截至2020年12月，全区共有高新技术企业184家，其中规模以上高企有134家，占规模以上企业比例为52%。2020年从化区新增市级、区级众创空间各1家。“创始者俱乐部”众创空间于2020年4月被评为国家级众创空间。截至2020年12月，从化区共有众创空间7家，其中有国家级众创空间1家，市级众创空间5家，区级众创空间1家。②

①② 广州市科技局：《2020广州科技创新发展报告》（2021年4月）。

（十一）增城区

增城区大力培育科技创新主体，支持自主创新，加强科技创新载体建设，鼓励创业创新。同时积极打造高端平台，不断加强科技创新投入，提升公共服务水平，优化科技创新环境，全力推动增城区科技创新工作向前发展，着力打造粤港澳大湾区创新产业集聚区。

2020年，增城区财政科技经费投入16.59亿元，同比增长6%。全社会研发经费（R&D经费）填报50.03亿元，同比增长36.76%，预计核定33.17亿元，占地区生产总值比重预计3.12%。国家高新技术企业累计达517家，同比增长6.82%。认定登记技术合同成交金额达13.79亿元，同比增长145%，其中技术交易额为2.04亿元。专利申请、专利授权、发明专利申请和发明专利授权分别增长86.7%、98.9%、103.8%、48.7%，增速均居全市第一。

推进增城国家级侨梦苑建设，整合提升各科技载体。2020年认定富士康科创园等9个侨梦苑分园区，形成“1个核心+9个分园区”的格局，总面积超22万平方米，是拓展前面积的10倍，可容纳创新创业项目超600个。构建“1+*N*”多元招商体系，提升招商引资实效。2020年侨梦苑落户创新创业项目150个，引进各层次人才100人。累计引进创新创业项目289个，累计引进各层次人才180人。2020年，增城区新建孵化器面积约63万平方米。已经建好或部分建好投入运营的有20个孵化器，其中通过广州市登记备案的有17个，累计登记面积29.7万平方米。广州增电科学技术研究院高新产业孵化器通过广州市市级孵化器认定。①

2020年评选出13个领军团队（人才），计划分阶段兑现扶持资金合计6800万元，加速高层次人才项目落户增城。启动侨梦苑创业支持计划，评选出9个1类一般人才项目和11个2类人才项目，给予场地支持、资金扶持

① 2022年4月，广州增电科学技术研究院正式通过“国家级科技企业孵化器”认定，成为增城区首家国家级科技企业孵化器，实现了增城区国家级科技创新载体零的突破。

等，进一步营造增城区创新创业氛围。落实促进科技创新发展扶持政策，共拨付奖励资金约1.3亿元，推动自主创新，促进科技创新发展。筹备设立规模1亿元的侨梦苑创新创业基金，与增城区促进经济高质量发展引导基金、风投机构投资增城区创新创业项目5%奖励政策及银企对接再贷款再贴现政策形成“组合拳”，解决初创型中小科技企业融资需求。2020年，中山大学附属第一医院何晓顺教授项目和香港大学张江文教授项目，除享受增城区创新创业领军团队政策支持外，增城区促进经济高质量发展引导基金对2个项目分别直投3000万元和1000万元，推动项目在增城落地发展。2020年，增城区国家高新技术企业公示通过183家，同比增长22.82%。

2020年，广东金鉴实验室科技有限公司获得国家工业和信息化部授予的“国家中小企业公共服务示范平台”称号。组织增城区4家企业申报2021年度广东省重点实验室。推动工业和信息化部电子第五研究所、广州市华南农大生物药品有限公司进一步开展重点实验室建设。推动广州增电科学技术研究院有限公司开展新型研发机构建设，广东源创检测技术有限公司开展公共技术服务平台建设。引导英国卫星研究院等项目往新型研发机构等方向投资建设。①

十年来，广州认真谋划优化科技创新的空间布局，梯次布局“科技创新走廊——科技园区——重点产业平台+孵化器、加速器”创新发展平台“矩阵”，国家级和省级高新技术产业园区起到产业创新火车头、推进器的作用，建设好创新的平台、载体，支持企业设立研发中心、引进研发机构，建立国家级和省级实验室，争取国家重大科技基础设施落户，加快形成“科技创新+总部经济+数字经济+智能制造”产业发展格局，全力打造全域创新策源地。未来须提级升档、淘旧纳新，强化载体平台引领，推进全域协同创新，将每一个城区融入全区域创新体系，科技企业孵化器在城区中全面铺开，每栋办公楼都可以成为孵化器。围绕科技创新发展目标，建立健全区域协同创新机制，整合区域创新资源，科技园区等平台要扛起

① 广州市科技局：《2020广州科技创新发展报告》（2021年4月）。

“全域创新”大担当。要以超常规手段，建设高能级创新载体，把创新载体建设作为决胜未来的战略抓手。举全力打造科研重器，加快培育建设特色小区小镇，全力实施大孵化器战略。以国家级科研重器为“塔尖”，以特色小区小镇为“塔身”，以大孵化器和众创空间为“塔基”，加快形成创新载体“金字塔”体系。

第五章

着力提升科技创新能力

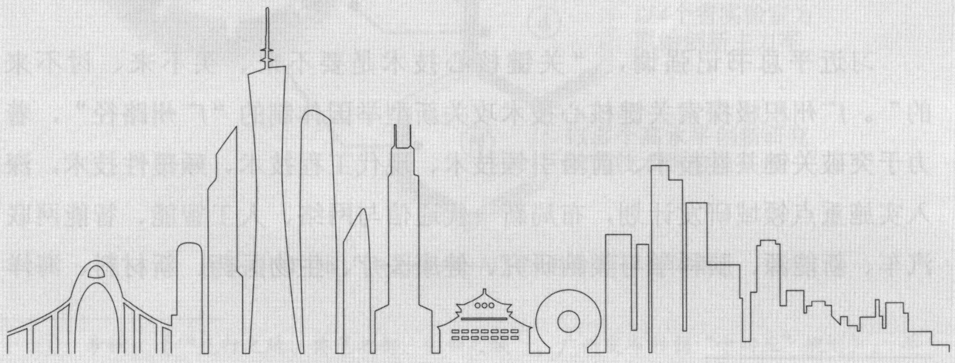

1. 大力推动重大科技基础设施建设

广州积极争取国家部委和中国科学院的支持，力争国家新建重大科技基础设施落户。积极参与大湾区综合性国家科学中心建设，集聚高水平的科学家开展战略和前沿导向的基础研究，力争取得重大原始创新成果，提高广州在全国乃至全球的科技创新地位和影响力，为科技创新长远发展打好基础。依托超算能力和云计算优势，布局建设国际科学数据中心。由钟南山院士领衔组建广州实验室。粤港澳大湾区国家技术创新中心总部落户科学城，获批建设全国新型显示领域首家国家技术创新中心。建设人类细胞谱系科学研究装置等4个重大科技基础设施和南方海洋科学与工程等4家省实验室，建设十余家高水平创新研究院。

布局粤港澳大湾区国际科技创新中心广州创新合作区和大湾区综合性国家科学中心广州南沙科学城建设，整合优势资源全力建设广州实验室，打造体现国家使命、具有广州实力的国家战略科技力量。建好鹏城国家实验室广州基地，争取建设张江国家实验室广州基地。人类细胞谱系等4个重大科技基础设施完成预研前期工作，加快推进生物岛、人工智能与数字经济、南方海洋科学与工程、岭南现代农业科学与技术等4家省实验室建设，打造国家实验室“预备队”，构建全链条创新发展路径。推进国家重点实验室优化调整，支持高校院所、企业建设一批国家、省、市重点实验室。

形成多层次实验室布局。围绕“国家重点实验室—省重点实验室—市重点实验室”链条，努力培育市级重点实验室。截至2020年12月，广州已建成国家重点实验室20个（占全省69%）、省级重点实验室241个（占全省61%）、市级重点实验室176个，国家级、省级重点实验室的数量均居全省第一。2019年广州市基础研究投入占R&D经费比重达13.9%，在全国位列第二，接近世界先进国家水平。[①]广州的R&D人员全时当量也随之增长（见图5-2）。

---

① 方晴、龙锟：《科创广州，@@@@@！》，《广州日报》2021年9月16日。

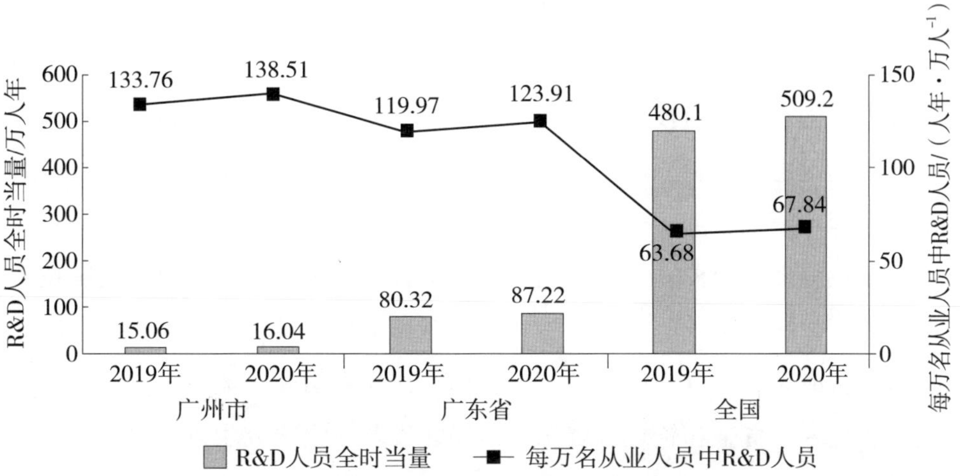

图5-2　2019—2020年研究与试验发展人员全时当量[①]

数据来源：广州市统计局提供。

加大前沿技术和重大基础研究的支持力度。广州每年投入8000万元，设立广东省基础与应用基础研究基金广州市联合基金，共同支持粤港澳地区基础和应用基础研究，实施一批填补国内空白、解决制约发展瓶颈问题的重大战略项目和基础工程。这是广州实施《广州市加强基础与应用基础研究实施方案》的一项重大举措。依托该方案，广州将构建完善以高水平实验室为龙头，以重大科技基础设施和创新平台为支撑的基础科学研究支持体系。[②]持续推进基础性、战略性、前沿性的科学研究和产业共性技术研究，衔接国家重点研发计划，积极争取承接国家重大科技项目。强化现有国家、省、市重点实验室的建设和提升，围绕再生生物与健康、海洋科学等有较好基础的领域筹建国家实验室。加强与国家和省自然科学基金的合作，继续共同设立联合基金。

① 2020年，广州市全社会R&D人员全时当量占全省的18.39%，占全国比为3.15%；广州市每万名劳动力从事R&D人员数量为全省的1.12倍，为全国的2.04倍。引自广州市科技局、广州市科技发展研究中心《广州市2020科技创新发展数据汇编》（2021年12月）。

② 广州市科技局（广州市外国专家局）：《科技创新赋予广州新活力》，《国际人才交流》2019年12期。

提升高等学校和科研院所创新能力。支持高水平大学建设，培育一批在全国乃至全球占有重要地位的理工科、应用型重点学科。重点支持高校提升知识创新和应用技术开发能力，支持科研院所开展应用技术研究和成果转化，促进高校和科研院所科技成果转化。加快推进高校和科研院所的研发设施、研发服务、研发信息面向社会开放共享，服务广州科技创新。支持企业与高等学校、科研机构合作，进行基础核心技术、前沿关键技术研发活动，解决企业关心的前沿技术问题，形成一批引领型、颠覆性产业技术创新成果。支持与国（境）外机构合作建设国际一流大学。引进国际人才、技术、资金和管理等资源，布局建设若干集研究生以上人才培养和研发功能于一体的国际一流研发机构，开展前沿科技研发和高层次人才培养，打造链接国际创新资源新节点。2019年，广州市与12个国际高水平研究院所、高校建立合作关系，建有诺奖创新中心8家，国家级、省级国际科技合作基地67家，省属单位的国家级、省级国际科技合作基地达126家。广汽集团、万孚生物等行业龙头企业在境外设立研发中心25家。2019年10月23日，广州市政府与英国伯明翰大学再次签署为期5年的合作框架协议，续写合作新篇章。①

2021年度广东省科学技术奖评奖项目中，广州市产学研协同创新成果很突出。获奖项目中，广州地区高校、科研院所牵头或参与项目共104个，其中与企业共同获奖项目77个，支持在穗企业获奖项目36个，主要分布在生物医药、节能环保、农业等领域。②

2020年，广州基础研究经费投入110亿元，占全市R&D经费的比重达到14.2%，创历史新高。③同年，广州全国首创以市财政资金撬动共建单位，

① 广州市科技局（广州市外国专家局）：《科技创新赋予广州新活力》，《国际人才交流》2019年12期。

② 李鹏程：《从“一升一降”看广东科技新走势》，《南方日报》2022年4月16日。

③ 方晴、龙锟：《2021年度广东省科学技术奖昨日颁发，广州获奖数占全省近3/4》，《广州日报》2022年4月16日。

承担市科技计划项目。5年内，广州以市财政经费投入1.2亿元为引导，撬动社会资本投入基础研究超8.5亿元，市财政经费投入放大比例超过8倍。在增加经费投入之外，广州也通过强化国家战略科技力量来推动基础研究工作。广州立足国家急迫和长远需求，构建以广州实验室和粤港澳大湾区国家技术创新中心为引领，以人类细胞谱系大科学研究设施和冷泉生态系统研究装置2个重大科技基础设施为骨干，以国家新型显示技术创新中心、4家省实验室、10余家高水平创新研究院等重大创新平台为基础的“2+2+*N*”战略科技创新平台体系，为共建大湾区综合性国家科学中心、打造世界重大原始创新策源地提供强有力的支撑。广州基础研究项目开始多了起来，平台吸引力强、人才集聚，有两项成果入选2020年中国科技十大进展，海域天然气水合物试采创造“产气总量、日均产气量”两项世界纪录。广州战略性、关键性重大科技成果正不断涌现，基础研究勇于开拓、包容创新的科研环境已基本形成。

2. 推动国家技术创新中心建设

高标准推进粤港澳大湾区国家技术创新中心建设，聚焦技术创新与成果转化，明确中心建设目标重点和主攻方向，有效结合需求牵引、场景驱动、技术推动和引领示范等要求，推动具备产业技术研究与成果转化条件和功能的重大创新平台纳入中心建设体系，形成“1+9+*N*”体系布局①，打造国家技术创新体系战略节点。面向国家长远发展、影响产业安全、参与全球竞争的细分关键技术领域，建好国家新型显示技术创新中心。

广州正在布局建设综合类和领域类国家技术创新中心，突破制约产业安全的关键技术瓶颈，催生以技术创新为引领、经济附加值高、带动作用强的重要产业，打造具有广泛辐射带动作用的区域创新高地。大力建设粤

① “1+9+*N*”体系布局：粤港澳大湾区国家技术创新中心（简称国创中心）依托一批兼具技术研发和成果转化功能的高水平科研机构，将逐步形成“1+9+*N*”体系布局，其中“1”是国创中心总部，在广州组建；“9”是独立运作的分中心；“*N*”是一批高水平的科研机构或企业。

港澳大湾区国家技术创新中心。积极配合广东省推进中心组织机构建设，加快建设总部场地设施，推动高校、研发机构和龙头企业积极参与中心建设。围绕新兴产业领域，建立网络化、分布式技术创新体系，搭建区域技术创新网络，促进基础研究、应用研究和技术创新紧密协同，进而培育发展关键核心技术、培养优质创新企业、塑造发展新优势。加快建设国家新型显示技术创新中心。整合行业现有国家级创新平台，力争在新型显示知识产权、产业化材料和装备国产化、工艺研发与生产脱节等“卡脖子”问题解决方面取得突破，提升广州新型显示产业创新能力与核心竞争力，构建和完善新型显示产业链。

3. 统筹布局重大科技基础设施

集中力量推动人类细胞谱系大科学研究设施、冷泉生态系统研究装置、动态宽域高超声速风洞、极端海洋动态过程多尺度自主观测科考设施建设。推进国家超级计算广州中心、新型地球物理综合科学考察船（“实验6号”）、天然气水合物钻采船（大洋钻探船）、航空轮胎动力学大科学装置、慧眼大设施工程建设应用。适时筹备论证一批后备重大科技基础设施项目，形成梯次接续、有序推进的建设格局。支持创新主体依托重大科技基础设施开展科学前沿问题研究。

4. 建设高水平科研院所

聚焦前沿领域，依托国家级科研机构、高等院校、中央企业等科研力量，以战略科学家与顶尖领军人才团队为支撑，引进建设一批高水平创新研究院和新型研发机构，鼓励加强多学科交叉融合和多技术领域集成创新，促进重大基础研究成果产业化。支持在穗科研机构创新发展，加强基础研究及前沿引领技术、颠覆性技术和产业关键与共性技术研究，支撑产业高质量发展。①

① 《广州市“十三五”科技创新规划（2016—2020年）》（2016年6月27日）；《广州市科技创新“十四五”规划》（2022年1月），《广州市人民政府公报》2022年第7期。

（二）加强基础研究系统部署

广州坚持面向世界科技前沿、面向经济主战场、面向国家重大需求、面向人民生命健康实施重点领域研发计划，强化关键核心技术攻关。推动布局新一代通信与网络、人工智能、智能网联汽车、新能源、脑科学与类脑研究、健康医疗、生物医药、新材料、海洋经济等九大专项，着力攻克一批“卡脖子”技术。推出全球首款31英寸喷墨打印柔性显示样机以及全国首款视觉数字全自动口罩机、首台5G+8K摄录一体机，自主研制的飞行时间质谱仪打破国外技术垄断。[①]

在面向世界科技前沿方面，全球首款石墨烯电子纸、全球首款31英寸喷墨打印可卷绕柔性样机、全球首款载人级自动驾驶飞行器等世界首创性产品在广州接连出现。

第一，生命科学。重点部署具有重大影响、能够显著改变科技与经济社会等竞争格局的颠覆性生物技术。针对复杂生命科学重大前沿方向，促进生物技术与多学科的交叉融合，如干细胞与再生医学、脑科学与类脑研究、基因工程等。

第二，海洋科技。聚焦深海探测等前沿应用，实施海洋领域研发计划，依托冷泉生态系统研究装置、极端海洋动态过程多尺度自主观测科考设施、天然气水合物开采与储运装备等，重点突破海洋领域关键核心技术，加快建设海洋科技创新核心区。广州地区拥有设于中国科学院南海海洋研究所的热带海洋环境国家重点实验室（2014年），其致力于引领我国南海海洋和热带海洋的基础和前沿方向的研究，聚焦三大研究方向：南海环流与中小尺度动力过程、热带海洋—大气过程与气候效应、热带海洋动力过程的环境效应。

第三，半导体与集成电路。推进实施“穗芯”计划，围绕EDA（电子设计自动化）工具、芯片架构、优势芯片产品、特色工艺制程、第三代半导

① 方晴、龙锟：《科创广州，@@@@@！》，《广州日报》2021年9月16日。

体、生产设备核心部件、先进封装技术、芯片评价分析技术等方向开展硬件基础创新、关键核心技术攻关。

第四，空天科技。围绕国家战略需求，强化空天基础领域、颠覆技术和前沿技术研究，加大核心技术储备，集中力量攻克制约发展的新动力、新软件、新技术等瓶颈问题。主要集中在先进运载、卫星应用、空天信息服务等方面。[①]

在面向国家重大需求方面，“特高压±800kV直流输电工程”项目提高了西部电力外送能力，满足了东部地区用电需求，对落实碳达峰碳中和工作、改善大气环境质量等具有重要意义；“制浆造纸清洁生产与水污染全过程控制关键技术及产业化”项目则推动造纸行业废水与COD（化学需氧量）排放总量分别比2011年下降38.2%和55%，完成了国家提出整治造纸行业水污染这一重要任务。

在保障人民生命健康方面，钟南山等团队首次在全球范围内精确描绘了德尔塔变异株传播的完整传播链；广州战“疫”科研攻关4项成果——磷酸氯喹、连花清瘟胶囊、新冠肺炎AI辅助诊断系统、防控医用智能机器人，被广东省向联合国推荐并获全球推广。[②]

1. *优化基础研究总体布局*

落实国家基础研究十年行动方案，在关系长远发展的基础前沿领域加强部署，加强与国家基础研究布局、国家基金委重大研究计划等衔接，积极参与或发起国际大科学计划，谋划布局一批基础学科研究中心，优化科技资源库体系。持续支持脑科学、空间科学、深海科学、纳米科学、干细胞、合成生物学等领域科学问题分析，加强应用数学、应用物理学、应用化学和前沿交叉学科研究，加快在地球系统科学、人类疾病动物模型等领域部署，抢占基础前沿科学研究制高点，推动基础研究与应用研究联动发展。

---

① 《广州市“十三五”科技创新规划（2016—2020年）》（2016年6月27日）；《广州市科技创新“十四五”规划》（2022年1月），《广州市人民政府公报》2022年第7期。

② 方晴、龙锟：《科创广州，@@@@@！》，《广州日报》2021年9月16日。

2. 创新基础研究体制机制

建立“顶层目标牵引、重大任务带动、基础能力支撑”的基础研究组织模式，健全重大任务征集机制，组织行业部门、企业、战略研究机构、科学家等共同研判科学前沿和战略发展方向，凝练重大科学问题，对原创性强的研究探索以指向代替指南。坚持目标导向和自由探索并重，充分重视科学研究过程的灵感瞬间性，对原创性课题开通项目申报、评审绿色通道，探索建立随时申报的机制。

3. 构建基础研究多元支持体系

强化基础研究长期稳定支持，加大对冷门学科、基础学科、交叉学科投入。拓宽基础研究经费投入渠道，持续支持粤穗联合基金和国家自然科学基金区域创新发展联合基金建设。健全基础研究经费资助体系，引导社会资本投入基础研究，鼓励通过设立基础研究基金、开展联合资助等方式加大投入力度，逐步提高基础研究占全社会研发投入比例。研究表明，2010—2017年，广州市应用基础研究专项申请项目数累计达到5633项，支持项目立项数累计达到1923项，项目平均立项率达到38.77%，专项经费投入累计达到2.95亿元，专项经费投入从2010年的500万元增加至2017年的1亿元，单个项目支持经费从2010年的5万元增加至2017年的20万元。[①]近几年来，广州基础研究经费增加明显，已非2017年的数据所能比拟。

（三）挖掘高校科技创新潜能

广州是华南地区高等教育中心，高校创新资源丰富，拥有国家重点实验室10多个，在基础研究领域某些学科处于全国领先地位、若干学科位列世界一流，大学生培养规模庞大，近年来居于全国前三（见表5-1至表5-3）。须善加利用，推动广州科技创新加速发展。

① 王炎、林珊莉：《广州市应用基础研究的发展现状及对策研究》，《科技与创新》2019年8期。

表5-1 2019—2020年广州市教育资源主要指标

指标	2019年	2020年	同比增长/%
普通高等院校/所	81	82	1.23
招收普通本科、专科学生人数/万人	35.63	47.32	32.81
普通高等学校在校学生数/万人	114.09	130.71	14.57
普通高等学校毕业学生人数/万人	28.68	30.52	6.42
培养研究生的普通高校和科研院所数/所	22	22	0
招收研究生数量/万人	3.95	5.00	26.58
在校研究生数量/万人	11.24	12.88	14.59
毕业研究生数量/万人	2.67	3.15	17.98

表5-2 2020年广州地区部分高校获得国家自然科学基金立项情况①

单位名称	立项数/项	立项总额/万元
中山大学	1013	46000
南方医科大学	294	12823
暨南大学	293	13230
华南理工大学	265	15500
广东工业大学	166	7072
广州医科大学	172	7893
广州大学	128	7994
华南师范大学	134	5907
广州中医药大学	103	4039
仲恺农业工程学院	21	662

① 广州市科技局、广州市科技发展研究中心：《广州市2020科技创新发展数据汇编》（2021年12月）。

续表

单位名称	立项数/项	立项总额/万元
华南农业大学	116	—
广东药科大学	28	—
广东外语外贸大学	18	—
广东财经大学	18	—

数据来源：部分高校获得国家自然科学基金立项情况的报道。

表5-3 广州市国家重点实验室名录

序号	实验室名称	依托单位
1	有机地球化学国家重点实验室	中国科学院广州地球化学研究所
2	制浆造纸工程国家重点实验室	华南理工大学
3	光电材料与技术国家重点实验室	中山大学
4	华南肿瘤学国家重点实验室	中山大学
5	有害生物控制与资源利用国家重点实验室	中山大学
6	眼科学国家重点实验室	中山大学
7	呼吸疾病国家重点实验室	广州医科大学中国科学院广州生物医药与健康研究院
8	亚热带建筑科学国家重点实验室	华南理工大学
9	工业产品环境适应性国家重点实验室	中国（广州）电器科学研究院
10	畜禽育种国家重点实验室	广东省农业科学院畜牧研究所
11	稀有金属分离与综合利用国家重点实验室	广州有色金属研究院
12	发光材料与器件国家重点实验室	华南理工大学
13	亚热带农业生物资源保护与利用国家重点实验室	华南农业大学
14	同位素地球化学国家重点实验室	中国科学院广州地球化学研究所
15	热带海洋环境国家重点实验室	中国科学院南海海洋研究所

续表

序号	实验室名称	依托单位
16	省部共建器官衰竭防治国家重点实验室	南方医科大学
17	省部共建华南应用微生物国家重点实验室	广东省微生物研究所
18	废旧塑料资源高效开发及高质利用国家重点实验室	金发科技股份有限公司
19	直流输电技术国家重点实验室	南方电网科技研究院有限责任公司
20	省部共建精密电子制造技术与装备国家重点实验室	广东工业大学

1. 提升高校基础研究能力

服务在穗高校“双一流”建设，大力支持中山大学、华南理工大学、暨南大学、广州中医药大学、华南师范大学等在穗“双一流”高校发展，支持华南农业大学、广东工业大学等高等院校建设，支持广州大学、广州医科大学加快建设高水平大学。鼓励和引导高校遵循科研活动规律，扩大学术自主权和个人科研选题选择权，自主布局研究方向，鼓励开展长周期、高风险的基础研究。

2. 推进面向基础研究的教育合作

聚焦世界科技前沿和国内薄弱、紧缺专业，创新合作模式，吸引国内外知名高校和港澳高校来穗合作办学，汇聚优质高等教育资源，加强基础学科建设，培养拔尖人才，推动涌现重大创新成果。加快推进华南理工大学广州国际校区、香港科技大学（广州）、中国科学院大学广州学院建设，大力布局前沿交叉学科，打造国际化高层次的原始创新和人才培育平台，服务经济社会发展。

3. 优化学科专业布局结构

推进学科专业建设与区域科技创新发展深度融合，对数学、物理、化学、生命科学等重点基础学科给予更多倾斜。引导高校高起点布局重要基础学科专业，推动基础学科与应用学科均衡发展，鼓励开展跨学科研究，促进多学科交叉融合。提升高校学科专业建设水平，促进学科专业分层分类差异化发展，鼓励在穗高校提升在前沿基础研究、关键核心技术攻关等领域能力。①

二、强化企业创新主体地位

企业是科技创新的主体。企业直接面向市场，处在创新一线，创新需求敏感，创新愿望强烈，是创新的主体。抓科技创新，最根本的就是要让企业成为科技创新的主体。只有企业创新能力大幅提升，才能让区域创新能力得到整体提升。十年来，广州着力培育中小型科技企业，并积极引导大型企业加大研发投入力度，加快向大型科技企业迈进。努力发展壮大科技型企业集群，促进科技创业，推进传统企业向科技型企业转型，着力提升科技创新对高质量发展的支撑作用。

广州市积极引导企业主动加大对研发活动的投入，培育企业的创新能力，让企业保持创新的热情，同时也享受到创新带来的实惠。加大对企业建设高端研发部门特别是国家重点实验室的支持力度，提升企业技术创新的主体地位，促进创新要素向企业集聚，增强企业创新能力，为实施创新驱动发展战略、建设创新型国家提供有力支撑。

广州着力建立企业技术研发体系，打造多层次的技术创新中心。大力支持企业以工程技术研究开发中心、技术中心、工程实验室、博士后科研工作站、院士工作站以及与高等学校、科研院所建立联合实验室等多种方式建设研发机构，大幅提高企业研发机构建设比例（见表5-4、图5-3）。已建成了1597个省级以上工程研究中心、工程技术研究中心、企业技术中心。广东聚

① 《广州市“十三五”科技创新规划（2016—2020年）》（2016年6月27日）；《广州市科技创新“十四五”规划》（2022年1月），《广州市人民政府公报》2022年第7期。

华新型显示研究院牵头的国家新型显示技术创新中心已通过科技部论证，粤港澳大湾区国家技术创新中心建设正抓紧推进。实施大中型工业企业研发机构全覆盖行动。引导企业普遍建立研发准备金制度，以后补助方式支持企业加大研发投入，提高企业技术创新能力。鼓励企业加强产学研合作，支持企业到国（境）外建立研发机构，在全球利用和配置创新资源。

表5-4　广州市省级工程技术开发中心主要指标

年份	工程中心数/个	职工总数/人	经费收入/亿元	经费支出/亿元	当年专利申请/项	当年专利授权/项	转让研发成果收入/亿元
2015	630	82053	295.65	222.68	10726	6851	10.02
2016	865	106686	290.75	253.04	15378	8780	5.62
2017	1142	93373	932.69	269.97	16486	9171	105.46
2018	1564	87621	9404.77	3381.10	17360	10136	416.03
2019	1648	165014	1918.16	767.15	21794	14911	59.42
2020	1588	180942	2113.38	1007.83	27374	19753	227.35

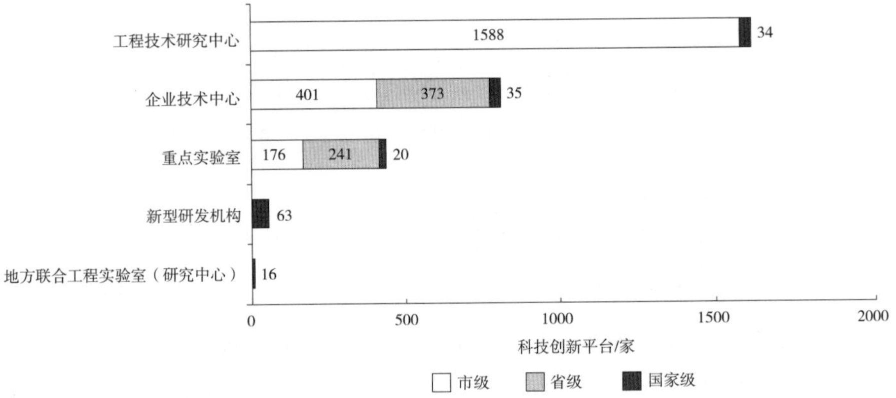

图5-3　广州市科技创新平台（截至2020年）[①]

一是强化企业在创新体系中的主体地位。建设中小微企业技术创新公

① 自2015年起市级工程中心停止认定。广州市科技局、广州市科技发展研究中心：《广州市2020科技创新发展数据汇编》（2021年12月）。

共服务平台，提供技术支撑服务，开展创新创业信息推送服务，打破信息壁垒。实施科技型中小企业技术创新资金专项，支持初创期和成长期企业开展研发创新活动。创新和综合运用科技信贷、创业投资、专利服务、科技咨询、创新券、创业券等工具支持科技型中小微企业特别是种子期、初创期的研发创新活动。

培育壮大科技创新型企业，深化分层分类服务科技创新企业做强做优做大行动，持续做好高新技术企业培育认定，推动高新技术企业高质量发展，加大国家科技型中小企业入库备案力度，培育了一批龙头科技企业、独角兽企业、“隐形冠军”和未来型企业。建立以科技金融为主线的企业支持体系，根据不同企业的不同发展阶段采取更为精准的服务，持续优化产业创新生态，促进各类创新要素向企业集聚。

1．打造一批辐射带动能力强的龙头科技企业。培育、引进一批世界级高科技龙头企业，引导支持各产业领域龙头科技企业牵头组建创新联合体，突破一批关键核心技术、集聚一批高水平人才、带动一批产业发展。引导技术能力突出的龙头科技企业增加基础研究和技术研发投入，优先支持参与国家、省科技计划，鼓励龙头企业带动中小企业创新，提供技术扶持、产业指导等专业化服务。

2．培育壮大一批高新技术企业。融合高新技术企业、独角兽企业、高水平企业研究院等扶持政策，创新高新技术企业认定奖励方式，采取“高新技术企业认定+研发费用”补贴的多样化支持方式，进一步扩大科技创新券支持范围，扩大中国创新创业大赛（广州赛区）奖补规模，挖掘一批具有发展潜力的优质科技企业。支持高新技术企业参与重大工程建设、重大产业技术攻关和重大技术装备研发等，建立健全研发和知识产权管理体系，推动高新技术企业量质齐升。

3．培育一批细分行业的“隐形冠军”和“单打冠军”。培育众多高成长性中小微科技型企业，支持企业建立内部研发平台、技术中心，参与建设国家技术创新中心、企业国家重点实验室等。鼓励企业广泛参与龙头科技企业、高校、科研院所等牵头的项目，积极承担重大科技专项，打造一批创新能力强、市场占有率高、掌握关键核心技术、质量效益优良的细分行业“隐形冠军”和“单打冠军”。[①]

二是完善全链条科技企业孵化育成体系。实施科技创新小巨人企业和高新技术企业培育计划，建立培育后备库，对符合条件的入库企业和认定高新技术企业予以重点扶持，壮大高新技术企业集群规模。推动市属国有企业集团下放创新管理决策权，完善国有企业创新考核机制，推进国有企业加快创新发展步伐。

自2015年以来，科技企业孵化器从119家增长到405家，国家级科技企业孵化器从16家增长到35家，众创空间从14家增长到294家，国家备案众创空间从14家增长到54家，在孵企业（团队）超过1万家（个）。

三是重点培育主导产业科技企业。实施百家创新标杆企业重点服务工程。建立对口联系和服务制度，对掌握核心技术和自主知识产权、综合创新能力强、具有高成长性、在国内或国际同行业中具有领先地位的创新标杆企业，重点支持做大做强，发挥示范效应，培育打造航母型科技创新龙头企业。由市科技主管部门建设科技创新企业数据库，编制企业创新地图，跟踪服务科技企业发展。入孵企业中集聚了7112家电子信息企业，2019年营收达455.16亿元，培育了黑格智造、方邦电子、集群车宝等头部企业；集聚了1614家生物医药和医疗器械企业，2019年营收达153.01亿元，培育了迈普医学、冠昊生物、优莱美等头部企业，生物医药产业被纳入首批国家级战略性新兴产业集群。

2020年，广州拥有68家国家级专精特新“小巨人”，逾1.2万家高新技术企业，超3万家国家科技型中小企业。这些企业深耕广州这片创新沃土，成为促进广州经济提质增效的骨干力量。

近年来，广州市集成电路产业取得突破性进展，拥有芯片设计细分领域龙头企业，封装测试和材料产业不断发展，初步形成规模集聚效应，正

---

① 《广州市“十三五”科技创新规划（2016—2020年）》（2016年6月27日）；《广州市科技创新“十四五”规划》（2022年1月），《广州市人民政府公报》2022年第7期。

全力以赴打造成为中国集成电路第三极核心集聚区。

推进创新型产业集群建设。强化科技创新与省“双十产业集群”、广州制造“八大提质工程”衔接，突出发挥链长制作用，全面提升产业链、供应链的安全性和自主性，做大做强新一代信息技术、生物医药与健康、智能与新能源汽车等战略性新兴支柱产业，加快发展智能装备与机器人、新材料与精细化工、新能源和节能环保等战略性新兴优势产业，打造具有国际竞争力的创新型产业集群。实施未来产业培育行动，重点培育纳米材料、太赫兹、区块链、量子信息、无人驾驶、天然气水合物等未来产业。

广州科技型企业虽然不少，但创新质量总体上还不高。有些企业的规模、技术基础和力量相对薄弱，难以进行开发投入大、周期长、技术难度大、市场风险大的原始创新。大企业以传统企业居多，研发投入少；而科技型企业存在着小、散、弱的现象。

三、大力发展新型研发机构

新型研发机构是聚焦科技创新需求，主要从事科学研究、技术创新和研发服务，投资主体多元化、管理制度现代化、运行机制市场化、用人机制灵活的独立法人机构，可依法注册为科技类民办非企业单位（社会服务机构）、事业单位和企业。它体现了投资主体多元化、建设模式国际化、运行机制市场化、管理制度现代化、创新创业与孵化育成相结合、产学研紧密结合等特征。新时代井喷式发展的新型研发机构，不仅为破解我国科研与市场对接“两张皮”痼疾提供了宝贵路径，也为我国实现科技和经济社会发展深度融合、孕育培养“科研产业”奠定了坚实基础。2019年9月，科技部印发了《关于促进新型研发机构发展的指导意见》，以期推动新型研发机构健康有序发展。

广州是新型研发机构发展壮大的重地。2014年9月28日，广东省新型研发机构建设现场会提出加快推进具有“以多主体的方式投资、多样化的模式组建、企业化的机制运作，以市场需求为导向，主要从事研发及其相关活动，投管分离、独立核算、自负盈亏的新型法人组织”特征的新型研发机构建设发展。广州市领导明确要求加大扶持力度，瞄准国内国际领先的大学和研究院所，继续引进高端的新型研发机构落户广州。

积极推进广州中国科学院计算机网络信息中心（物联网标识中心）、浪潮集团华南总部及云计算中心、北大冠昊干细胞与再生医学研究院等项目建设。2015年6月，广州市人民政府办公厅颁发《关于促进新型研发机构建设发展的意见》（以下简称《意见》），作为广州市“1+*N*”科技创新政策体系的配套政策文件之一。该《意见》进一步明晰了新型研发机构的概念，明确了发展方向，推出了一系列破除障碍，全面促进新型研发机构建设发展的普惠性政策和重点支持措施。根据该《意见》，广州市每年将安排不少于2亿元经费，用于支持新型研发机构的启动建设运营、持续建设发展和对新型研发机构创新成果产业化奖励。同时积极推动政府财政资金扶持和科技金融手段相结合，有效撬动社会资本参与，充分拓宽资金来源，分阶段多方式扶持新型研发机构建设发展，加快引进国内外高端研发资源，深化科技和产业融合，促进成果转化和产业化，全面推进广州重点产业创新发展。

广州陆续研究制定新型研发机构建设政策，大力鼓励和支持新型研发机构建立适应不同类型科研活动特点的管理机制和运行机制，坚持走市场化道路，激发科研机构和人员活力，强化研究开发、成果转化、创业孵化能力。2020年市科技局出台的《广州市促进新型研发机构高质量发展的意见》规定了若干容错免责、扩大项目自主权和经费使用自主权的举措：科技成果转化没达到预期效果，已履行勤勉尽责义务的人员可免责；自主确定工资和绩效奖金额度；出国（境）开展科研活动无须上报审批；科技成果可以自主决定转让、许可或者作价投资。同时落实国家和省的有关政策，在市场准入、资金扶持、人事制度、发展空间和用地等方面为新型研发机构发展创造适宜条件。

近几年来，在广州市和院、校、企等共建各方的努力下，广州地区新型研发机构发展势头良好。2020年，已建成新型研发机构189家，占全省的30%以上（见图5-4）。其中省级新型研发机构99个，数量连续5年居广东省首位，研发机构办公科研场地总面积超过55万平方米，科研仪器设备总值达23亿元。累计获得国家级奖项超过10个，省级奖项15个，相关行业领域重大奖项达到25个。

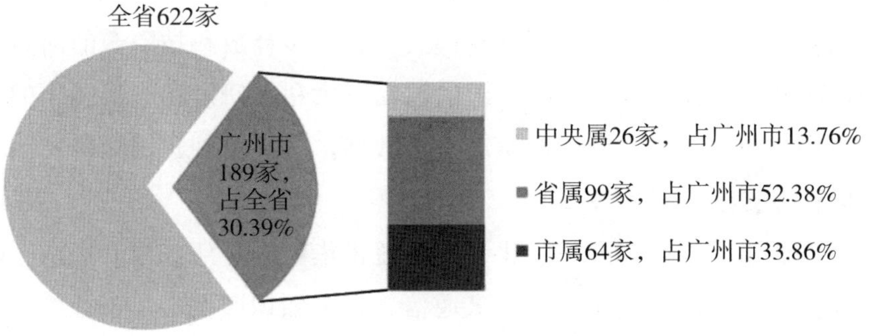

图5-4　广州市新型研究开发机构属性

一是人才聚集效应初步显现。中国-乌克兰巴顿焊接研究院引入中国工程院和乌克兰国家科学院院士各1名，广州中科院工业技术研究院科研人员已达400多人，多家共建单位已形成了固定的研发团队或正在组织团队入驻、人才招聘等工作。二是创新能力不断增强。广州中科院工业技术研究院已建和在建15个高新技术研发中心，广东华南新药创制中心搭建了24个各类新药创新平台，积极承担国家、省、市重点科研项目，取得了一批发明或实用新型专利。三是引领辐射作用明显。“天河二号”超级计算机4次蝉联全球超级计算机500强排行榜第一名；广州中科院工业技术研究院、中乌巴顿焊接研究院与60多家企业合作进行技术推广；创维广州研究院、广州市数字视频编解码技术国家工程实验室研究开发与产业化中心、中科院广州生物医药与健康研究院、广东华南新药创制中心等一大批研发成果实现产业转化，为全市产业转型升级提供了有力支撑，为广州市实施创新驱动发展战略注入了强大动力。

近几年来，广州部分重点新型研发机构建设取得了重大进展。

清华珠三角研究院——统筹清华大学本部和深圳清华大学研究院在全省范围内展开的科研工作，集应用技术开发、科技成果转化、高新企业孵化、创新创业投资等功能为一体，合作引进重量级国际化科技项目和人才团队，逐步建设成为具有国际影响力、华南地区重要的技术创新基地。

中新国际联合研究院——链接和整合国内外知名大学和研发机构的优势科技资源、人才资源，通过机制创新和科技创新，建立开放、多元、动态、高效的政产学研一体化的创新模式，进一步释放科技资源的活力和创造力，将研究院建设成为国际一流的前沿重大科技研发和成果转化的新型研发机构，为广东省实施创新驱动发展战略，为国家创建国际协同创新平台提供有力支撑。

中兴通讯广州研究院——建设中兴通讯华南区总部基地、华南区研发中心和营销中心，重点在5G及未来通信、自主知识产权芯片、智慧城市、云服务及大数据、新能源等领域开展技术研发与应用，全面构建辐射海内外的科技创新孵化体系及产业投资平台，逐步建设成为全省高新技术产业高端人才创新创业基地。

华南生物医药研究院——由广州市人民政府、广州经济技术开发区管理委员会、中国人民解放军军事医学科学院三方共建打造华南干细胞与组织工程国家工程中心、华南国家生物安全中心、军事医学研究与保障中心、华南成果转化中心等4个国家级中心。

军事医学科学院华南干细胞与再生医学研究中心——2014年，军科院华南中心启动实施总面积为7500平方米的科研条件建设，已完成国际先进的公共仪器平台、深低温细胞或组织储存库、规模化制备的细胞工厂、干细胞检测平台以及研发平台等重大建设任务，初步建立了符合国际标准的临床级干细胞共性关键技术平台，标准化、规范化、系统化的临床级干细胞制备、质控及检测关键技术平台及基础与应用研究关键技术平台。该中心向国家有关部门积极汇报沟通，将国家干细胞与再生医学产业技术创新战略联盟秘书处落户广州并开展日常工作。针对广州及华南地区常见疾病、重大及难治性疾病的诊疗技术创新等需求，该中心牵头组织广州市十余家优势单位，启动具有自主知识产权干细胞药物的多中心临床试验，入组患者按试验方案安全完成单次或多次输注，该项工作有望对规范开展干细胞临床转化研究起到示范及引领作用。

广东华南新药创制中心——该中心作为《珠江三角洲地区改革发展规划纲要（2008—2020年）》中重点建设的创新平台之一，已纳入国家新药创制体系，承担并完成了国家“十一五”科技重大专项“华南综合性新药研究开发技术大平台”的建设。该中心的功能定位为广东省生物医药行业的核心加速器。一是加速新药项目的开发和产业化，加速新药创制创新型企业的快速成长；二是加速项目、平台、行业与政府资源的融合；三是加速区域医药行业创新力、竞争力的提升。该中心成立以来，已经投入了一批创新药物项目，并引进了多个创新创业团队包括一批国外高端创新创业人才。该中心现有高级实验室1.7万平方米，可用于生物医药创制中研发、合成、测试、鉴定等各个阶段，并拥有高分辨率核磁共振、四极杆串联线性离子肼质谱仪（QTRAP）以及大型生物反应器等精密仪器设备。

中国（广州）智能装备研究院——重点支持研究院推进战略发展研究中心，功能性能试验检测平台、质量可靠性试验验证平台、工艺保障平台、产品设计开发开放平台、技术可靠性技术开发平台建设，为广州市工业机器人和智能装备以及智能装备产业发展提供战略性决策及技术支撑，助力广州成为我国智能装备制造业发展先行区。

中科院广州生物医药与健康研究院——该院主要从事干细胞与再生医学、化学生物学、感染与免疫、公共健康、科研装备研制等领域的研究。建有细胞谱系与发育研究中心、细胞再生与生物治疗研究中心、感染与免疫研究中心、化学生物学与药物研究中心、健康研究中心等5个科研单元。建有完善的所级科研条件综合支撑中心，其中公共平台设有分析测试中心、实验动物中心、生物医学数据与超算中心、治疗性细胞制备研究中心、移动式生物安全三级实验室等，以及多个特色支撑平台。联合建成了呼吸疾病国家重点实验室（与广州呼吸疾病研究所共建）、中国科学院再生生物学重点实验室、广东省干细胞与再生医学重点实验室及广东省生物医药计算重点实验室。属广州再生医学与健康广东省实验室的主要建设依托单位和中科院香港创新研究院干细胞创新中心的依托单位。该院近年来产出了一批重要科研成果：在抗白血病药物、抗疟疾药物、抗老年痴呆和神经炎症药物，以及抗肺癌药物研发方面成绩突出。在干细胞领域，以“发现维生素C能提升诱导多能干细胞效率以及其表观遗传调控的作用机制，诱导多能干细胞由间充质-上皮转换机制驱动，超高速诱导体系建立”等一批国际瞩目的成果为基础，为未来基于干细胞为基本治疗途径的再生医学拓展了良好的发展空间。在大动物模型方面，获得在生物医药领域有重要应用价值的人源化猪模型70余种，数量居世界首位。在流感病毒示踪、新型疫苗研制、铜催化、生物活性分子合成等领域也有一定的建树。该院国际交流与合作密切，与德国马普学会、新西兰奥克兰大学、香港大学、香港中文大学等建立了多项合作关系。建有生物医药与健康国际联合研究中心、干细胞与再生医学国际科技合作基地、Max Plank-GIBH研究中心等。已举办了12届广州国际干细胞与再生医学论坛，吸引了包括诺贝尔奖获得者等学者到会作报告。

广州中国科学院工业技术研究院——理顺体制机制建设，探索创新链、产业链、资本链的有效融合，充分发挥产业引领、带动的不可替代作用。大力建设国家锂离子动力电池工艺装备技术基础服务平台、国家物联网标识管理与服务平台、国家技术转移示范机构等国家级战略新兴产业技术公共服务平台，加速完成基于超算的CAE工业设计开源服务系统等平台和工程研发中心建设，建设成为珠三角区域智能制造和智能技术创新中心。

浙江大学华南工业技术研究院——发展成为集科技研发、咨询服务、教育培训、成果转化与技术孵化、产业培育等为一体的协同创新平台，为广州市乃至珠三角地区的产业转型升级与战略性新兴产业发展提供科技与人才支撑。

北京科技大学广州新材料研究院——集科技研发、科技服务、成果转化、产业培育、人才培养、企业孵化为一体的重大科技创新平台，成为在国内外新材料领域具有重要影响力的创新载体。

北大冠昊干细胞与再生医学研究院——建立前店后厂的自体细胞临床应用示范平台，建设一批医院—实验室联合模式的干细胞及临床应用研究的临床医学中心、自体细胞治疗临床规范研究和示范中心；各中心的项目研究成果的产业化转换将在珠三角辐射，形成干细胞产业集群。

广州机械科学研究院国家机器人检测与评定中心——重点建设机器人整机、关键零部件、环境可靠性、电气性能及电磁兼容、软件、材料等测试实验室，将中心打造成具有国际一流水平，覆盖机器人产品检测、标准、认证、技术咨询服务的行业公共服务平台。

广州中国科学院计算机网络信息中心——重点建设国家物联网标识管理公共服务平台，为物联网产业链提供跨行业、跨平台、跨领域互联互通的基础性服务支撑，以新一代信息技术为主导，推进物联网创新应用，形成统一标准应用于产业化和规模化管理，引领产业转型升级。

广州市将继续开展新型研发机构的合作共建，推进国内外高端研发资源和人才集聚。支持大型骨干企业组建企业研究院或出资兴办新型研发机构；支持发展研发型企业。加大转制科研院所改革力度，对接产业需求，加强技术转化和企业孵化服务，推动传统研究机构转型升级。

十年来，广州建立“政产学研资才服”创新共同体，围绕创新链、产业链、人才链、资金链“四链合一”着力构建区域创新体系，经历了从原来的偏重于引进消化吸收再创新、集成创新进而注力于重视原始创新的发展阶段，着力夯实科技创新基础。有研究认为，2001年至2019年间，广州年均全社会R&D规模为178.79亿元（扣除价格因素），与北京（763.06亿元）、上海（483.51亿元）和深圳（467.44亿元）等同等发展水平城市之间存在一定的差距。虽然近年来广州全社会R&D内部经费支出规模有大幅度提升，年均增速高达28.74%，远高于北京（15.82%）、上海（18.34%），但广州全社会R&D内部经费支出规模偏低依然是限制科技创新发展的主要原因。[①]在2020年全市研发强度突破3.0%上了新台阶之后，广州又奋力向2025年达到3.4%乃至更高投入目标迈进。

---

① 安永景、陈刚、蔡沐阳、尹涛：《广州市科技创新对经济增长的贡献率分析》，《科技管理研究》2021年第15期。

第六章

科技创新引领与支撑产业发展

科技创新带来产业革命，在人类历史上多次体现。科学引领技术的案例比比皆是，牛顿运动定律和爱因斯坦相对论支撑着人类航天梦想，麦克斯韦电磁理论奠基了电力和电子工业，图灵原理和模型孕育了冯·诺依曼现代计算机构架。战略性新兴产业是以重大技术突破和重大发展需求为基础，对经济社会全局和长远发展具有重大引领带动作用，知识技术密集、物质资源消耗少、成长潜力大、综合效益好的产业。党的十八大以来，国务院先后出台《“十三五”国家战略性新兴产业发展规划》《关于积极推进“互联网+”行动的指导意见》《促进大数据发展行动纲要》等重大政策文件，持续推动战略性新兴产业快速发展。

广州高新技术产业发展基础良好。进入21世纪之后，广州大力发展高新技术产业，在软件和信息服务业、高端电子信息产业、生物与健康产业、新能源与新材料等领域展开了攻关研究，产业规模继续扩大、发展载体不断优化、创新能力大幅提升、领军企业迅速发展，彰显了广州市战略性新兴产业稳步推进、迅猛发展的积极态势。第一，电子信息产业向高端化发展。数字音频编解码技术标准获得国家信息技术重大发明奖，广州已成为全国电子音响产业的发展重镇和风向标。北斗卫星导航系列产品步入产业化快车道。第二，软件和信息服务业向规模化发展。全市软件业务在全国计划单列市和副省级城市排位第三，仅次于深圳和南京。多家企业进入国家规划布局内重点软件企业，广州数控、海格通信、广电运通等3家企业成为全国软件百强企业。拥有中国移动南方基地、中金数据云计算中心、中国电信广州互联网数据中心、中国联通亚太数据中心等重大项目。推进南沙粤港澳数据服务试验区建设。第三，生物与健康产业创新发展。军事医学科学院华南干细胞与再生医学研究中心、华大基因等重大项目落户广州；华南新药创制中心平台建设成效显著。广州国际生物岛建设取得重大突破，已集聚众多生物科技项目。第四，新能源新材料产业实现新突破。广州获批为“中国软件名城”和国家新能源汽车、半导体照明试点城市。鸿利光电、晶科电子等研发出具有国际水平的LED驱动芯片、大功率LED芯片等高端核心产品。

党的十八大以来，广州市更是加快培育壮大战略性新兴产业，集中力量打造新一代信息技术、生物与健康、新材料与高端制造、时尚创意、新能源与节能环保、新能源汽车等战略性新兴产业，成效显现，朝着建成全国领先的战略性新兴产业基地奋力迈进。

一、引领战略性新兴产业发展

2015年，广州市委提出发展IAB和NEM（新能源、新材料）的高新技术产业方向，即聚焦新一代信息技术、生物与健康、高端装备制造、新材料、新能源与节能环保、节能与新能源汽车等战略性新兴产业发展的重大科技需求，加强共性技术、关键技术研究。集中力量组织实施产学研协同创新重大科技专项，形成一批国际领先、具有重大影响力的产业关键核心技术，研发一批重大战略产品，培育壮大一批创新型产业集群和龙头骨干企业。同时，建立产业技术创新平台，鼓励国有资本进入重点产业技术领域。重点培育移动互联网、物联网、云计算、卫星导航、3D打印、机器人和智能制造装备、可穿戴设备、生物制药和高端医学诊疗设备等新兴产业。也是在“十三五”时期，广州市选择以新一代信息技术、生物与健康、新材料与高端装备、新能源汽车、新能源与节能环保、时尚创意为重点的战略性新兴产业进行扶持发展，取得明显成效。近几年来，高新技术产品销售收入增长迅速，出口销售收入增长明显（见图6-1）。2019年高新技术制造业增加值同比增长21%，对全市规模以上工业增长的贡献率为57.2%。新一代信息技术、人工智能、生物医药、新能源、新材料等新产业蓬勃发展。如生物药品制造、工业机器人制造业产值分别增长23.7%、9.8%，均远高于整体工业增长速度。[①]2020年战略性新兴产业增加值占地区

① 杨代友、秦瑞英、陈荣：《广州市制造业高质量发展的现状分析及提升对策》，《城市观察》2020年第4期。

生产总值比重达30%。

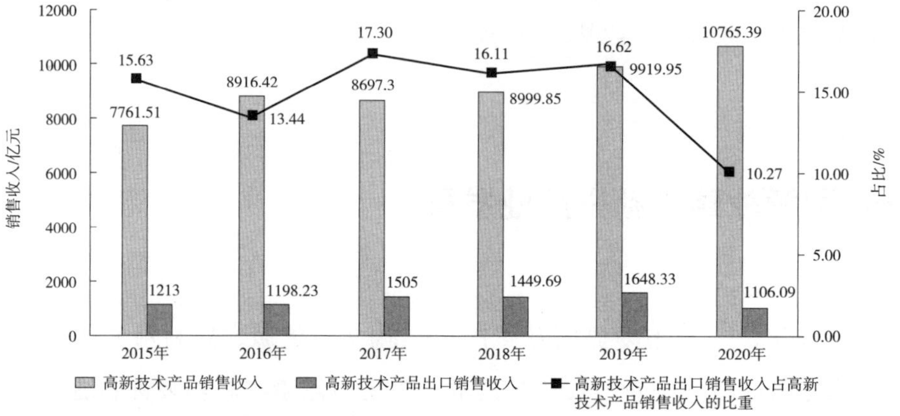

图6-1 2015—2020年高新技术产品销售收入及高新技术产品出口销售收入占比①

近年来，广州积极培育经济社会发展新动能，着力发展数字经济。作为继农业经济、工业经济之后的主要经济形态，数字经济是以数据资源为关键要素，以现代信息网络为主要载体，以信息通信技术融合应用、全要素数字化转型为重要推动力，促进公平与效率更加统一的新经济形态。互联网、大数据、云计算、人工智能、区块链等技术加速创新，网络购物、移动支付、共享经济等新业态蓬勃发展，工业互联网、智能工厂、智慧港口、智慧农业等新模式方兴未艾。当今世界，数字经济发展速度之快、辐射范围之广、影响程度之深前所未有。在这个日益数字化的时代，发展数字经济是把握机遇、赢得未来的战略选择。发展数字经济，广州有一定的基础。近年来，更是颁发了一系列文件，推动数字经济的发展。如2020年广州市政府审议通过《广州市加快推进数字新基建发展三年行动计划（2020—2022年）》《广州市加快打造数字经济创新引领型城市的若干措施》等文件。2022年4月，广东省人大常委会审议通过《广州市数字经济促进条例》。

① 广州市科技局、广州市科技发展研究中心：《广州市2020科技创新发展数据汇编》（2021年12月）。

《广州市加快打造数字经济创新引领型城市的若干措施》提出，以广州人工智能与数字经济试验区（面积81平方千米）作为广州数字经济创新发展的核心空间载体，充分发挥海珠、番禺、黄埔、天河四区优势，沿珠江东部形成协同联动发展空间格局，打造全国人工智能与数字经济发展创新源，争创国家级平台参与国际竞争。2020年10月海珠区也印发了《海珠区首席数据官制度试点实施方案》，将建立起包含区首席数据官—区首席数据执行官—部门、街道首席数据官—部门、街道数据联络专员四级联动的“两官一员”首席数据官队伍，加强数据资源管理的领导力、决策力、协同力和执行力。按照“1+18+N”的区街一体化政务大数据中心架构，结合数字政府、数字孪生城市等工作，推进证照数据、人口数据、行业数据、城市运行数据、公共数据等领域数据的融汇、共享和开发利用，打造各类创新应用场景，释放大数据服务价值，为政府服务管理数字化转型构筑强健的数据支撑，不断提升政府治理体系和治理能力现代化水平。同是在2020年，番禺区发布了《番禺区加快推进人工智能与数字经济发展行动计划》，从全力推进科技创新、全力推进高端产业集聚、全力推进开放合作、全力推进生产要素优化配置4个方面，聚焦产学研协同创新、重点产业园区建设、科技创新载体搭建、辐射带动南岸发展等大学城片区重点建设内容，推动大学城片区建设，进一步加快发展番禺区人工智能与数字经济。番禺区投入56亿元动工建设59万平方米的广州人工智能与数字经济试验区（大学城园区），打造就业指导、创业服务、交流展示的公共空间，预计2023年投入使用。投资3.2亿元升级整修广州大学城青创汇（北亭广场），建筑面积为12万平方米，全力打造广州大学城“航母”级别的创新创业基地。番禺区还将加快粤澳青创国际产业加速器、粤港澳青年创业孵化器等空间载体建设，吸引更多大湾区人工智能与数字经济企业落户。黄埔区借助国际资源优势，计划到2025年，黄埔使用5G网络人口占比达到80%，新一代信息技术产业产值达3000亿元，上云上平台企业数量达到500家，“城市大脑”数据中枢系统全面建成。2021年，《广州市黄埔区、广州开发区信息化发展“十四五”专项规划（2021—2025年）》（以下简称《规划》）正式发布。未来5年，黄埔将打造“1+4+3”信息化发展新格局。《规划》提出，黄埔将把握“一带一路”和粤港澳大湾区重要发展新机遇，充分发挥广州人工智能与数字经济试验区（鱼珠片区）的区位优势以及与欧盟、新加坡、以色列等国家和地区合作的国际资源优势，以知识城、科学城、黄埔港、生物岛四大战略平台在粤港澳大湾区中的新发展定位，打造“1+4+3”信息化发展新格局，即1个基石、4大主攻方向、3个体系，夯实信息化发展底座，以网络安全、数据流通、区域合作发展三大支撑体系，着力推动数字产业化、产业数字化、数字政府服务创新发展、新型智慧城市融合发展。近年来，天河区紧锣密鼓地出台一系列政策，2020年正式对外发布天河区“加快发展数字经济十条”。围绕数字产业集聚以及企业“不会转”“不能转”“不敢转”等数字化转型关键性问题，天河提出将聚焦发展载体、基础设施等方面，构建“生产服务+商业模式+金融服务+人才供给+发展环境”的数字化生态。

广州在培育发展战略性新兴产业方面持续发力，持续加大投入力度。仅在2022年2月广州开发区新开工建设的109个重大产业项目中，一批高新技术产业项目得到进一步加强和发展壮大，集中投资于新一代信息技术、智能装备、生物医药、新能源新材料、人工智能与数字经济等领域，总投资超过1200亿元。①

（一）新一代信息技术产业

广州发展信息技术产业有一定基础，包括研发机构、领军企业、技术应用、重点产品和服务均有一定竞争力和市场占有率。广州高新技术企业按技术领域分布，数量最多的就是电子信息行业（见表6-1）。其中，以广州无线电集团及其旗下上市公司广电运通、海格通信，以及广州佳都、

① 《广州开发区第一季度重大产业项目集中签约动工 涵盖新一代信息技术、生物医药等新兴产业 109个项目投资超1200亿元》，《广州日报》2022年2月9日。

粤芯半导体公司等为代表。广州着力推动新一代网络通信、高性能集成电路、新型电子元器件、高端软件等细分领域的关键技术研发和产业化，力争打造国内领先、国际一流的新一代信息技术产业高地。在广州高新区，新一代信息技术领域集聚LG(乐金)、创维、视源、京信通信、粤芯、方邦电子等1200多家企业。其中，LG8.5代OLED（有机发光二极管）生产线是全球尺寸最大、技术最先进的显示项目，粤芯建成广州第一条、广东省唯一一条量产的12英寸芯片生产线，方邦电子成为国内首家研发出电磁屏蔽膜的企业。

表6-1　广州高新技术企业按技术领域分布数量

领域	2019年	2020年
广州市高新技术企业/家	12099	11611
电子信息/家	4748	4335
先进制造与自动化/家	2117	2140
生物与新医药/家	999	1040
新材料/家	1132	1053
高技术服务/家	2181	2076
新能源与节能/家	424	438
资源与环境/家	463	491
航空航天/家	35	38

在新一代网络通信领域，重点发展第五代移动通信技术、宽带多媒体数字集群通信技术、下一代高速光传输及接入技术、可见光通信技术、卫星通信技术。重点发展软件定义网络技术、异构网络融合技术、天地一体化信息网络技术、网络安全技术。重点发展网络大数据存储、挖掘和高速传输技术，移动互联网和物联网应用技术，数据加密与解密及隐私保护技

术，互联网大数据深度学习技术等。重点发展无线传感网络低功耗大连接和低时延高可靠等关键技术，推动物联网在各行业的示范应用。

在高性能集成电路领域，完善集成电路设计支撑平台和服务体系，重点发展移动智能终端芯片、数字电视芯片、网络通信芯片、智能穿戴设备芯片，以及面向新业态、新应用的信息处理、传感器、新型存储等关键芯片设计研发。重点发展模拟及数模混合电路、微机电系统（MEMS）、新型大功率高压电路、射频电路等特色专用工艺。重点支持芯片级封装（CSP）、晶圆级封装（WLP）、硅通孔（TSV）、三维封装等先进封装和测试技术的开发及产业化。支持研发光刻机、刻蚀机、离子注入机等关键设备，开发光刻胶、大尺寸硅片等关键材料。

在新型电子元器件领域，重点发展超小型片式电容器、电感器、二极管、三极管、特色功率器件、电声器件等产品。重点发展高密度互连多层印刷电路板（HDI）、多层挠性板（FPC）、LED用印制板等产品。重点发展光纤传感器、微机电系统传感器等。重点研发微特电机、高性能继电器、微波组件、光电缆等产品。重点发展高速光收/发模块、光电耦合器、光电交换器件等。

在高端软件领域，重点发展以操作系统、数据库、中间件为主的基础软件。重点发展面向智能城市建设、金融和电子政务、科技教育、财务管理、节能管理等环节的专业软件和管理软件。重点发展计算机辅助设计和辅助制造（CAD/CAM）、制造执行管理系统（MES）、过程控制系统（PCS）、产品生命周期管理（PLM）等工业软件，推进工业软件在设计研发、生产制造、咨询服务等环节的应用。重点发展嵌入式操作系统和中文环境、标准应用接口及软件等嵌入式软件。重点发展新一代搜索引擎和浏览器、网络平台软件、定位和地图软件、在线支付和信用认证软件等互联网软件。[①]

① 《广州市科技创新“十四五”规划》（2022年1月），《广州市人民政府公报》2022年第7期。

（二）人工智能产业

人工智能、基因工程、纳米科学并列为21世纪三大尖端技术，是工业革命4.0的变革核心。其中，人工智能涉及广泛的知识领域，包括技术体系内的数学基础、技术基础、机器学习方法、问题域，以及应用领域内的互联网、智能写作、机器翻译、智慧交通、智慧农业、智慧金融、智慧医疗、机器人、辅助教育、智能制造等。可以说，人工智能的科研创新和人才培养，决定着一国在国际竞争中的优劣地位。当前，全球人工智能领域人才分布极不平衡，美国占比近一半。我国虽位于第二梯队但差距仍然较大，不仅人才储备规模较小，顶尖人才更为稀缺。国际上，英美等国人工智能研究开展较早，发展较好。①人工智能产业加速发展，正在颠覆性地改变着人们的生产生活方式甚至人类的未来。

作为全球聚焦的新兴领域，人工智能不仅成为BAT②等科技巨头大举进军的焦点，也成为广州的产业新战略之一。广州有能力成为中国人工智能的创新高地、产业集群和应用示范地，成为聚集资本、人才、教育、孵化、展示与生活实验的未来智能之城。

近几年来，广州市积极推进以人工智能为代表的数字技术的发展。按2019年广东中创产业研究院对广州人工智能产业专题研究报告的分析，广州人工智能产业尚处于起步阶段，但发展很快，部分细分领域表现突出，工业机器人、语言识别、图像识别、服务机器人、无人机、智能家居等领

① 自20世纪50年代，美国人工智能专业形成了初期边界，出现了一批研究生参与研究的实验室。20世纪80年代，人工智能研究生专业建立，逐步配备了跨学科的软件与硬件支持，极大促进了专业人才的培养、技术转化与应用。英国政府近年来也十分关注人工智能领域的研究和应用，投入了大量的资金扶持人工智能产业和初创公司。通过政策工具鼓励大学进行知识更新、产权转化和人才培养，自2017年起新增450个与人工智能相关的博士点。还支持建立了艾伦·图灵研究所，加强关键算法领域的研究。见李锋亮、庞雅然：《世界一流大学如何建设人工智能学科》，《光明日报》2022年2月10日。

② BAT：B指百度、A指阿里巴巴、T指腾讯,是中国三大互联网公司百度公司（Baidu）、阿里巴巴集团（Alibaba）、腾讯公司（Tencent）首字母的缩写。

域在市场上具备较强实力。其中，在自然语言处理（语言识别和处理）上，科大讯飞是中国语音识别和处理领域的领军企业，其产品与服务占据国内44%的市场份额。在计算机视觉（图像识别）上，佳都科技在生物识别、智能视频分析等领域掌握了多项核心技术。广州正在发挥自身优势，迅速统筹资本、人才、技术、政策等要素资源，加快构建人工智能产业生态，打造AI创新枢纽。①

2008—2021年，广州市ABCDI（人工智能、区块链、云计算、大数据和物联网）专利申请数量由375项增长至2917项，其中人工智能专利申请数量由27项增长至418项，人工智能占ABCDI专利申请数量比重由7.20%增长至14.33%。在人工智能、区块链、云计算、大数据和物联网等新一代数字技术中，广州市的人工智能技术具有相对优势，但近年有所下滑。2022年一季度，人工智能专利申请数量为4项，占ABCDI专利申请数量比重下降至11.43%。一方面，广州市人工智能专利申请数量远远落后于其他城市。对比北上广深人工智能专利申请数量发现，2008—2021年，广州市人工智能专利申请数量为7430项，同期北京市、上海市、深圳市的分别为32231项、12155项、32438项。在2022年第一季度，广州市人工智能专利申请数量继续落后于北京市和深圳市。另一方面，广州市人工智能在ABCDI中的相对优势落后于其他城市。2022年第一季度，广州市人工智能专利申请数量占ABCDI专利申请数量比重为11.43%；而与此同时，北京市、深圳市和上海市人工智能专利申请数量占ABCDI专利申请数量比重分别为19.82%、22.90%和17.30%。②为追赶上一线城市、构筑国家战略支撑，广州需要大力发展人工智能。总体而言，广州市人工智能在ABCDI技术中虽占据越来越重要地位但呈下滑态势，尚落后于北京市和深圳市。在人工智能领域，广州正努力打造人工智能与数字经济试验区、南沙国际人工智能价值创新园等产业载

① 广东中创产业研究院：《2019年广州人工智能产业专题研究报告》，《广东科技》2019年第5期。

② 罗晓慧：《〈广州市数字经济促进条例〉解读：人工智能发展是重点》，腾讯网，2022年4月14日，https://view.inews.qq.com/a/20220414A0BR5P00.

体，拥有科大讯飞、云从科技、佳都科技等一批细分行业龙头企业，人工智能产业规模超600亿元。

广州集聚了中山大学多媒体实验室和人机互联实验室、华南理工大学广州市脑机交互关键技术及应用重点实验室等一批高校基础科研平台。广州建立了科大讯飞华南人工智能研究院和广州国际人工智能产业研究院。其中，广州国际人工智能产业研究院由亚信集团牵头。为抢抓人工智能产业发展的机遇期，广州以加快培育人工智能相关技术研发、产品制造和应用骨干企业为目的建立人工智能企业库。按相关政策采用补助、奖励、贴息、直接股权投资等方式，给予入库重点企业优先支持。2017年5月，广州市南沙区宣布成立100亿元规模的广州人工智能产业基金，打造3000亩（一亩约666.667平方米）人工智能产业园区，高端人才团队落户最高可获1亿元资金支持。2018年1月，广州市政府常务会议原则通过《广州市加快IAB产业发展五年行动计划（2018—2022年）》，部署未来五年IAB产业的发展。该计划明确提出到2022年，人工智能产业规模超1200亿元。①

广州的主导产业，包括金融、汽车、电子产品、石化等。金融业、汽车业的发达为AI产业的发展提供了应用层的支持。电子产品制造业则为AI产业提供了包括云计算服务、传感硬件、计算硬件等在内的基础层支持。广州利用自身的区位优势，既可利用深圳、东莞的电子元器件配套链，还能通过香港对接全球市场。据亿欧智库统计，2017年全年广州AI相关的投资频次达到43次，投资金额总量达14亿元。从AI投资的行业角度审视，投资频数与投资额方面，企业服务、硬件设施、电子商务、教育及工具软件居前列。其中企业服务行业的投资占大多数，主要包括行业信息化及解决方案、黑科技及其他前沿技术等。硬件行业则主要关注机器人、可穿戴设备和飞行器方面。

广州有像素数据、佳都科技、德生科技等成熟AI企业。广州的AI初创企业数量次于北京、上海、深圳、杭州，在全国居于第五位。随着人工智

① 刘幸：《广州人工智能产业规模明年或超1200亿》，《广州日报》2021年2月20日。

能产业培育引进力度的加大，一批龙头企业正从广州加速崛起。图普科技已经成长为国内最大的独立图像识别云平台，在互联网、商业智能、泛安防等领域快速落地应用。小i机器人利用全球领先的智能机器人技术和全球最大的智能机器人云服务平台，正在国内推动形成政务和税务服务大规模应用浪潮。广东讯飞启明依托科大讯飞的技术优势，在广州拓展教育、医疗、公安、城市大数据等方面的应用。在广州高新区，人工智能领域拥有明珞装备、瑞松科技、亿航、广电运通、广州数控、文远知行、创新奇智、麦伦科技等已入库人工智能企业130多家。其中，文远知行L4级自动驾驶成功试验，麦仑科技自主研发仙人掌智能系统在推广应用，明珞汽车是全球唯一一家实现数字化工厂虚拟制造与工业物联网大数据应用落地的智能制造企业。

（三）生物与健康产业

广州地区医疗资源丰富，拥有多家三甲医院，医学院校系统中的中山大学、暨南大学所辖医学院，南方医科大学、广州中医药大学、广东药科大学、广州医科大学等培养了大批医学生，医疗卫生系统所积累的诊断数据等也是重要的研究数据资源。可以说，广州开展医学医疗卫生、生命与健康研究，推动相关产业发展，条件得天独厚。广州上市公司中，与生物健康产业相关的公司不少，如广州医药集团、达安基因、金域医学、香雪制药等均为行业龙头。近几年来，广州针对重大传染病防治、恶性肿瘤、心脑血管疾病、免疫疾病、代谢类疾病等，重点开展中药、化学药、蛋白类大分子生物药等创新产品的研制。推进生物工程技术、医疗器械领域成果的转化与产业化。支持功能性食品、特殊医学用途配方食品、药妆的研发及产业化，促进生物与健康产业实现高端高效发展。根据《广州战略性新兴产业发展“十四五”规划》，2020年，作为广州三大新兴支柱产业之一的生物医药与健康产业增加值已达到1318亿元，计划于2025年实现2100亿元的目标。在2021年广东省科学技术奖获奖名单中，广州生物医药领域优势明显，共获得特等奖1项，一等奖13项，二等奖19项，占广州市获奖总数的21.3%。广东省科学院微生物研究所牵头完成的“中国食品微生物安全科学大数据库构建及其创新应用”获得科技进步特等奖。该成果有效解决了我国食品微生物安全“卡脖子”的重要科技问题，显著提升了防控效率，使微生物污染率下降90%以上。

在广州高新区，生物医药与健康领域集聚百济神州、诺诚健华、百奥泰、奇绩医药、达安基因、金域医学等企业超1000家。其中，奇绩医药的金蓉颗粒获得近年来区内企业首张新药证书，百济神州的替雷利珠单抗获批国内上市，百奥泰研制的格乐立成为国内获批的首个阿达木单抗生物类似药，洁特生物自主研发的3D细胞培养支架在生物实验室高端耗材方面打破国外医药巨头垄断。在生物制药领域，重点推进预防重大传染病、恶性肿瘤、心血管疾病等领域新型疫苗研发和产业化。支持用于重大疾病治疗的专利到期单克隆抗体药物等生物类似物研发。重点开展抗体、蛋白/多肽药物、治疗性疫苗等生物制药重大技术攻关。

在化学药领域，加强恶性肿瘤、心脑血管、代谢类等重大疾病的创新药物研发。推动口服缓控释制剂、长效注射用微球、纳米制剂等高端仿制药、化学创新药的研发。集聚资源，着力推动化学仿制药的一致性评价。

在现代中药领域，以保护岭南濒危稀缺中药资源为重点，建设一批药材种植基地，促进中医药可持续发展。加强中药制药关键技术研究和产业化，建立现代中药工程技术体系。加强名医名方开发及名优中成药的二次开发，促进具有显著中医药特色与优势的创新中药的发展。推动中药国际化发展，大幅度提高国际竞争力。

在生物医学工程领域，重点开展干细胞与组织工程、医学检验检测试剂和仪器技术攻关。加强生物医用材料技术研发。推动高端医学影像设备、新型医用诊断治疗康复设备研发。

在海洋生物领域，鼓励发展源于海洋生物的抗菌、抗病毒、抗肿瘤、抗氧化、抗骨关节病、降血糖、减肥及心脑血管、神经系统等高效海洋生物创新药物。

在生物农业领域，加强生物农药、生物肥料、新型兽（鱼）用动物疫苗和诊断试剂、动物用生物技术药物和中兽药、生物饲料添加剂的研发。

在大健康服务领域，加强可穿戴设备、精准医疗技术、生物技术服务与高端健康服务技术及产品、特殊医学用途配方食品、药妆的研发等。①

作为全国生物医药产业重镇的广州高新区，是全国最早组织起强大科研力量的地区之一。全区10多家中科院研究机构、200多家生物医药战疫企业，从诊断到药物研发，再到疫苗研究，全方位构筑防、检、治一体化的疫情防治体系。生物岛实验室率先开展磷酸氯喹“老药新用”研究，研发的新冠肺炎AI辅助诊断系统在国内外推广使用。呼吸疾病国家重点实验室成功构建国际上首个新冠肺炎非转基因小鼠模型。广州高新区交出亮眼科技战“疫”答卷的背后，是对生物医药、人工智能、新材料等战略性新兴产业的率先布局。以生物医药产业为例，全区打造以广州国际生物岛、广州科学城、中新广州知识城为核心的生物医药集聚区，聚集生物医药相关企业超过1000家。有如专家学者所评论，广州生物与健康产业之所以取得如此突出的成绩，首先得益于以钟南山院士领衔的国际一流研究团队。如广州呼吸中心已经成为亚洲最大的呼吸系统疾病诊疗研究中心、科技创新中心和人才培养中心等。国际顶级生物医药人才纷至沓来，其产生的人才外溢效应正在逐步显现。其次，广州的科技和产业的互促效应良好。广州已经成为我国生物医药产业发展的重要高地。集聚了阿斯利康、默克、百济神州等国际顶级医疗机构落户广州。在中新广州知识城、广州科学城和广州国际生物岛等构成了研发、孵化、中试、转化等产业化运营一体的产业链。同时，这些企业又很好回馈了生物医学科技创新的进一步深化。广州有生物医药产业发展最好的政策环境。近五年来，广州加强顶层设计统筹规划，出台了一系列有利于生物医药发展的政策措施，含金量十足。在科技创新、人才培育、财政扶持、金融支持、成果转化等方面营造了全链

① 《广州市科技创新“十四五”规划》（2022年1月），《广州市人民政府公报》2022年第7期。

条服务环境。这些基础性、保障性的环境大大刺激和鼓励了广州生物医药的健康快速发展。

（四）新材料产业

广州重点支持工程塑料、新型轻合金、特种橡胶、新型无机非金属材料、先进复合材料、功能材料、前沿材料、精细化工等细分领域的关键核心技术研发和产业化，做大做强新材料产业，实现新材料产业向高端化、规模化、集约型发展。截至2017年底，全市拥有新材料企业300多家、总产值2900多亿元，其中产值超百亿元企业有2家、超十亿元企业有25家、超亿元企业有120多家，形成了高分子材料、金属材料、电子信息材料等多个优势产业集群，集聚了金发科技、天赐材料、白云化工、广州聚赛龙、LG化学、陶氏化学、高氏涂料等一批新材料龙头企业。广州市黄埔区、广州开发区是新材料产业的重镇。2020年，广州市黄埔区、广州开发区新材料产业实现规模以上工业总产值超过770亿元，区内拥有221家规模以上新材料产业企业，金发科技、鞍钢联众共2家新材料企业产值超100亿元。在区内66家上市公司中，新材料产业上市公司有7家，占10%。广州市黄埔区、广州开发区已形成以新型高分子材料、先进金属材料等先进基础材料为主导，电子信息材料、先进石化化工材料等关键战略材料为增长点，前沿新材料为发展新动能的产业发展格局。区内新材料产业创新平台加速集聚，已初步形成国家级、省级、市级三个层次新材料领域的科技创新平台布局。全区拥有各类新材料领域科技创新平台84个，其中国家工程中心有8个，省级企业技术中心有25个。首个中乌平行实验室落户该区，成为全国知名的新材料产业创新示范基地。[①]在广州高新区，新材料领域快速发展，高端金属材料、高性能高分子材料领域产业集聚度较高，新能源材料、节

① 缪璟、何瑞琪、周翼、张钟晖：《广州新材料先进企业前20名单发布，这个区占半壁江山！》，《广州日报》2021年9月26日。

能环保材料等前沿新材料领域发展迅速，培育出金发科技、毅昌科技等代表性企业，建有华南新材料创新园、中新知识城碳纤维基地等专业园区，在“三条围”片区规划约1平方千米的中国新材料CID（中央创新区）。纳米产业崭露头角，出台“纳米10条”，引进广东粤港澳大湾区国家纳米科技创新研究院，在中新广州知识城规划1.1平方千米的纳米创新产业集聚区，正在建设千亿级纳米产业集群，打造“中国纳米谷”。①

在工程塑料领域，鼓励开发塑料合金、塑木材料、改性聚烯烃、改性聚苯乙烯等通用塑料工程化新材料。加快发展生物降解聚酯（PLA）、聚碳酸酯（PC）、聚甲醛（POM）、聚酰胺（PA）、聚对苯二甲酸丁二醇酯（PBT）、聚苯醚（PPO）和聚苯硫醚（PPS）等树脂及其改性产品。

在新型轻合金领域，重点支持发展高性能铝合金、镁合金和钛合金。积极开发高强韧、高性能铝合金铸件、板带材及型材。加快镁合金制备及深加工技术开发，开展镁合金在汽车零部件、轨道列车等领域的应用示范。积极发展高性能钛合金、大型钛板、带材和焊管等。

在特种橡胶领域，推进特种橡胶生产装置的建设，重点发展聚氨酯橡胶、氟橡胶及相关弹性体等产品。支持有机氟橡胶、硅橡胶材料等产品开发及产业化。积极发展专用助剂，强化为汽车、高速铁路和高端装备制造配套的高性能密封、阻尼等专用材料开发。

在新型无机非金属材料领域，面向建筑节能、平板显示和太阳能利用等领域，重点发展平板显示玻璃（TFT/PDP/OLED），鼓励发展应用低辐射（Low-E）镀膜玻璃、涂膜玻璃、真空节能玻璃及光伏电池透明导电氧化物镀膜（TCO）超白玻璃。

在先进复合材料领域，加快发展碳纤维等高性能增强纤维及其复合材料。研究开发纤维、颗粒增强的铝基、钛基、镁基复合材料和原位自生强化的钛合金、铝基中子俘获带材等。研制飞机、高铁车辆用碳/碳复合材料

① 广州高新技术产业开发区管理委员会：《广州高新技术产业开发区“十四五”发展规划（2021—2025年）》（2021年10月）。

刹车片、高温紧固件等。

在前沿材料领域，大力推广生态和环境友好型高分子材料、新型成像印刷显示材料、生物医疗材料基质、3D打印基质材料、新型光电显示及应用材料、纳米材料（石墨烯）等。

在精细化工领域，支持发展高端化妆品和日用化学品，特种涂料、油墨及胶黏剂。加快发展电子化学品、信息化学品、生物或医用化学品、高纯化学试剂、环保用化学品及新型表面活性剂、润滑剂、无卤阻燃剂等专用化学品。[①]

（五）新能源与节能环保产业

广州在新能源产业重点支持智能电网及分布式能源、生物质能、氢能、太阳能光伏、风电设备、核电装备等细分领域的关键核心技术研发及产业化，强化专业集聚及加快示范项目建设，实现新能源产业整体规模提升，形成新的经济增长点，也形成了一定的产业规模。在广州高新区，新能源领域产业链完善，获批国家新能源综合利用示范区，形成涵盖研发设计、能源装备生产、能源互联网等领域的完整产业链，拥有南方电网、协鑫等龙头企业和创新型领军企业，充电桩、加氢站加快布局，已建成2座加氢站。

在智能电网及分布式能源领域，大力发展天然气等分布式能源技术，重点支持分布式并网技术和设备研发，发展各类智能传感器，建设智能化变电站，发展包括固体绝缘开关、小型永磁真空断路器等关键设备及成套设备。

在太阳能光伏、风电及核电领域，大力发展太阳能光伏电站和风光互补发电系统，重点支持薄膜电池与新一代太阳能电池的研发与生产，发展

① 《广州市科技创新“十四五”规划》（2022年1月），《广州市人民政府公报》2022年第7期。

风力发电技术和设备、风光互补控制系统；鼓励发展压力容器、控制棒驱动机构、核级管道及配件、阀门、阀门驱动装置等核电设备。

在生物质能领域，大力发展生物质燃料，重点支持成型燃料、生物质液体燃料、生物燃气的技术研发，鼓励发展生物质能源供热技术、生物质燃料替代燃煤燃气技术及其应用示范。发展垃圾衍生燃料（RDF）利用、垃圾焚烧发电、污泥混烧设备、垃圾焚烧锅炉和烟气处理装备等。

在地热及太阳能热利用领域，重点支持地热利用、太阳能热利用、空气能技术研究及设备开发，大力支持地源热泵、空气能热水器及太阳能热水系统的推广和产业化。

在氢能领域，研究基于可再生能源的新型制氢发电技术、分布式制氢技术。推动甲醇/水制氢发电绿色能源建设，发展新能源交通工具充电桩、移动充电装置和新型复合动力系统；加快制氢燃料电池在城乡建筑分布式发电的应用。支持新型制氢系统与燃料电池系统的集成及相关核心部件的研发突破。①

此外，在节能环保产业，重点支持发展先进环保、高效节能、资源循环利用等细分领域的关键核心技术研发和产业化。

在先进环保领域，重点支持发展环境污染监测技术和设备、大气污染防治技术和装备、水污染防治技术和设备、固废处理处置技术和设备，以及环保服务等。

在高效节能领域，大力发展工业节能和建筑节能技术，重点支持企业加强节能冷却、蓄冷系统、高效供热等方向的技术研究和装备升级。鼓励进一步提升高压变频器、旋转式压缩机、磁性无阻电机等装备技术水平。促进企业持续提升LED器件、芯片生产及封装领域技术水平，鼓励开发LED路灯、液晶背光等应用封装技术。

在资源循环利用领域，发展废旧手机、电池、荧光灯、电器、电路

① 《广州市科技创新“十四五”规划》（2022年1月），《广州市人民政府公报》2022年第7期。

板等废弃物资源综合回收利用技术及平台建设，提高稀贵金属精细分离提纯、塑料改性和混合废塑料高效分拣、废电池全组分拣回收利用等装备水平。开发建筑垃圾综合利用的分选技术和设备，综合利用建筑垃圾生产新型墙体材料、再生混凝土、干拌砂浆等建材产品，发展混凝土骨料标准化生产技术。[①]

（六）节能与新能源汽车产业

近年来，广州重点支持节能与新能源汽车整车、车联网以及动力电池及其管理系统、驱动电机及其控制器、整车控制器等关键零部件核心技术研发及产业化，大力发展节能与新能源汽车智能化、低碳化和信息化核心技术，加大对纯电动汽车和节能汽车的推广和普及力度。广州在整车领域重点推动纯电动汽车、节能汽车和整车控制系统的产业化发展，建立基于大数据系统的智能网联汽车自主研发体系，推进智能网联汽车的研发。2021年，靠着广汽埃安的带动，广汽集团全年累计实现新能源车终端销量12.37万辆，同比增长119%（见表6-2）。小鹏汽车销量为9.81万辆，实现销量上的跃升，得益于自身的大力销售和研发投入。2021年第三季度，小鹏的销售、一般和行政费用环比增长近50%，销售门店增长71家。在第四季度，小鹏连续举办“科技日”“品牌焕新日”，更是帮助公司扩大了影响。

表6-2　2021年国内新能源汽车十大品牌（以市值计）

性质	公司	销量/万辆	统计时间	市值（截至2021年12月31日）/亿元
传统车企	比亚迪	60.38	1—12月	7805
	长城汽车	11.46	1—11月	4483

① 《广州市科技创新“十四五”规划》（2022年1月），《广州市人民政府公报》2022年第7期。

续表

性质	公司	销量/万辆	统计时间	市值（截至2021年12月31日）/亿元
传统车企	上汽集团	63.82	1—11月	2414
	吉利汽车	8.13	1—11月	1734
	广汽集团	12.37	1—12月	1580
新势力	蔚来	9.14	1—12月	3204
	小鹏汽车	9.81	1—12月	2738
	理想汽车	9.05	1—12月	2108
	威马汽车	4.41	1—12月	382（投前估值）
	哪吒汽车	6.97	1—12月	220（投前估值）
合计		195.54	—	—

近年来，广州大力加强新能源汽车相关技术的研发。在关键部件领域，推动动力电池、驱动电机、高效内燃机、先进变速器、轻量化材料、智能控制等核心技术的开发及产业化。培育燃料电池、超级电容及新型高能二次电池的研发。加快建立电动汽车的整车、关键零部件的检测平台和电动汽车公共服务平台建设。推进充（换）电站场和公共充电网络的建设，探索各类电动汽车充电服务的商业模式等。建立电动汽车的运行效果、能耗、安全监控平台。发展基于车联网的车载智能信息服务系统、智能辅助驾驶系统和自动驾驶系统，突破车联网应用、信息融合、车辆集成控制、信息安全等关键技术。①

① 《广州市科技创新"十四五"规划》（2022年1月），《广州市人民政府公报》2022年第7期。

（七）高端装备制造产业

广州已形成了涵盖上游数控机床与电主轴、减速器等关键零部件，中游工业机器人本体，下游细分领域系统集成与检验检测的智能制造产业体系。2019年，广州市智能装备产业实现产值约1310亿元人民币，成为广州高端装备制造业的重要组成部分及基础产业。[①]2020年，广州市重大装备工业（包含铁路、船舶、航空航天和其他运输设备制造、通用设备制造业、专用设备制造业、电气机械及器材制造业、仪器仪表制造业；不含汽车、电子、金属制品业、修理业）总产值为2646.5亿元。2022年3月，广州市制定的《广州市现代高端装备产业链高质量发展三年行动计划》以2646.5亿元为基数，提出了按年均增长7%以上估算，到2024年高端装备产业产值达到3500亿元的产业规模目标，并研制首台（套）重大技术装备产品超120台（套）和打造2～3个高端装备产业园。重点实施推动产业集聚、做强产业链条、抓好企业培育、聚焦核心技术突破、加快智能制造生态体系建设、加强金融要素支持、实施人才引培工程、支持行业组织发展8项任务，从龙头企业、核心技术、生态伙伴、新型金融、创新交流等方面推动高端装备产业高质量发展。[②]广州市支持智能制造装备、机器人、轨道交通装备和海工装备等细分领域发展，重点支持高档数控机床、智能专用装备与自动化成套生产线、精密和智能仪器仪表与试验设备、关键基础零部件及通用部件、智能控制系统、工业机器人、服务机器人、无人机等关键核心技术研发和产业化，引领和支撑装备制造业高端化发展，成为推动广州市产业转型升级、经济加速发展的重要引擎。

在智能制造装备领域，高档数控机床方向重点支持中高档数控系统、精密超精密加工中心以及伺服电机、精密丝杠、电主轴等关键零部件发

① 《广州推动高端装备制造业实现新突破、再上新台阶》，中国工业网，2020年8月7日，http://www.indunet.net.cn/staticpage/20200807/080722300.html.

② 《政策解读 | 广州市现代高端装备产业链高质量发展三年行动计划》，搜狐，2022年4月1日，https://www.sohu.com/a/534507225_626579.

展。精密和智能仪器仪表与试验设备方向重点支持智能化压力、流量、物位、成分、材料、力学性能等精密仪器仪表和科学仪器与环境、安全和国防特种检测仪器发展。关键基础零部件及通用部件方向重点支持高性能液压/气动/密封元件和大型、精密、复杂、长寿命模具，以及汽车用传感器、光纤传感器微机电系统发展。智能专用装备与自动化成套生产线方向重点支持3D打印设备、智能化成形和加工设备、自动化物流设备、智能化纺织成套设备、自动化印刷包装机械生产线和食品制造生产线发展。关键智能基础共性技术方向重点突破新型传感、模块化与嵌入式控制系统设计、先进控制与优化、系统协同、故障诊断与健康维护、高可靠实时通信网络、功能安全、特种工艺与精密制造、识别等共性关键技术。①在智能制造装备集聚的黄埔区，3年来智能装备产业规模进一步扩大。2018—2020年，智能装备及机器人规模以上企业增长36家，产业总产值同比增长34.8%。8家企业入选广东省机器人骨干企业，占广州市二分之一；15家企业入选广东省战略性新兴产业骨干企业（智能制造领域），占广州市近6成。全省建设的8大机器人技术支撑平台有3个在黄埔。②

在机器人领域，支持工业机器人、服务机器人和无人机产业发展，重点支持机器人系统集成、本体、减速机、控制系统、伺服电机和驱动、嵌入式操作系统发展，突破机器人控制与驱动、传感、远程离线编程系统、可靠性及系统集成技术。

在轨道交通装备领域，重点支持动车组及客运列车、城市轨道交通装备、工程及养路机械装备，以及通信信号装备、车地通信技术与装备、高速铁路列控系统和牵引传动系统、制动系统等关键核心零部件发展。

在海工装备领域，重点支持主力海洋工程装备、新型海洋工程装备、

---

① 《广州市科技创新“十四五”规划》（2022年1月），《广州市人民政府公报》2022年第7期。

② 何颖思：《广东8大机器人技术支撑平台，3个在广州黄埔》，《广州日报》2021年8月9日。

前瞻性海洋工程装备发展和关键共性技术攻关。[①]

十年来，广州积极出台政策，大力推进科技型中小企业、“专精特新”企业、高新技术企业、科技领军企业的梯次培育。2019年，广州全市高新技术企业增至1.2万家，总量位居全国第四（见图6-2）。广州市高新技术企业所创造的工业总产值、出口销售收入也逐年增加（见表6-3）。科技创新企业库在录企业突破30万家。国家科技型中小企业备案入库三年累计数超3万家，居全国第一。

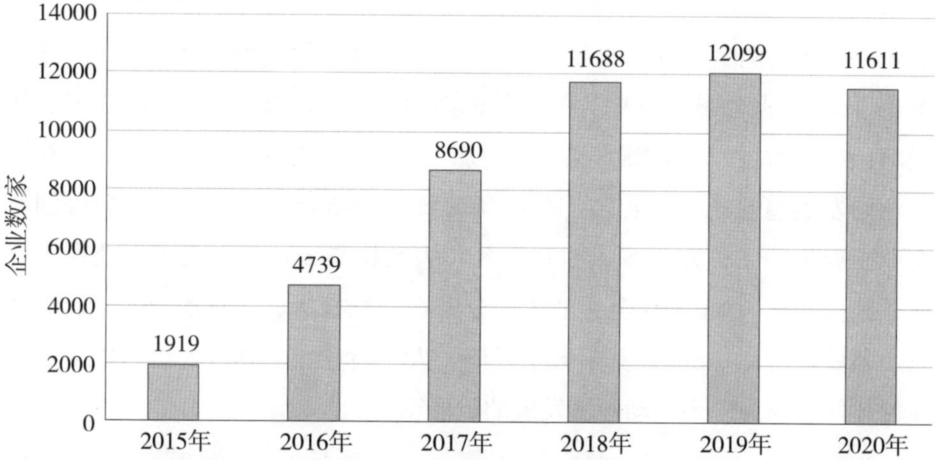

图6-2 2015—2020年广州市高新技术企业数

表6-3 2016—2020年广州市高新技术企业主要指标

年份	高新技术企业数/家	工业总产值/亿元	出口/亿美元
2016	4739	4832.13	754.20
2017	8690	5820.45	1058.87
2018	11688	8065.57	1258.36
2019	12099	8371.57	1284.66
2020	11611	9305.2	1253.07

① 《广州市科技创新“十四五”规划》（2022年1月），《广州市人民政府公报》2022年第7期。

产业创新平台引领作用突显，获批建设全国在新材料领域首个国家先进高分子材料产业创新中心、华南第一家生物材料出入境公共服务平台、全省首个区域细胞制备中心、全省首个印刷及柔性显示国家级制造业创新中心等重大创新平台。

2021年广州新增47家国家级“小巨人”企业，广州共有68家企业入选。[①]2022年2月，广州市科技创新企业协会发布2021年广州独角兽创新企业榜单，共有139家企业入榜，其中16家企业入选独角兽企业（见表6-4），63家企业入选未来独角兽企业，25家企业入榜种子独角兽企业，35家企业入选高精尖企业（见表6-5）。广州独角兽创新企业行业分布广泛，覆盖了6个行业领域，其中人工智能6家、信息技术4家、电子商务3家、物联网1家、新材料与新能源1家、企业服务1家。这些行业既与广州战略新兴产业的发展息息相关，也与广州传统商贸产业结合紧密。未来独角兽创新企业主要集中于信息技术、生物医药、大数据与云计算、人工智能四大产业，约占67%。种子独角兽企业主要分布在信息技术、生物医药、先进制造三个领域，占比达80%。其中数字经济、人工智能、生物医药是入榜企业主体群体，已成为广州驱动经济发展的重要动力。[②]

表6-4 2021年广州独角兽创新企业名单（排名不分先后）[③]

序号	企业名称	产业领域
1	广州小马智行科技有限公司	人工智能
2	云从科技集团股份有限公司	人工智能
3	广州文远知行科技有限公司	人工智能
4	广州致景信息科技有限公司	物联网
5	奥动新能源汽车科技有限公司	新能源与节能环保

① 刘幸、何颖思、廖雪明：《广州“小巨人”爆发“大能量” 2021年广州新增47家国家级“小巨人”企业 今年计划再培育70家》，《广州日报》2022年2月18日。

②③ 《再创新高！2021年广州独角兽创新企业榜单出炉》，广州市科学技术协会网站，2022年3月3日，https://www.gzast.org.cn/portal/gzkxgw/bwcx-details.action?id=78443.

续表

序号	企业名称	产业领域
6	广州速道信息科技有限公司	信息技术
7	广州市钱大妈农产品有限公司	电子商务
8	广州探迹科技有限公司	人工智能
9	广州极飞科技股份有限公司	人工智能
10	树根互联股份有限公司	信息技术
11	广州粤芯半导体技术有限公司	信息技术
12	广州华胜科技信息服务有限公司	企业服务
13	广州探途网络技术有限公司	电子商务
14	广东汇天航空航天科技有限公司	人工智能
15	广州市百果园网络科技有限公司	信息技术
16	广州市巴图鲁信息科技有限公司	电子商务

表6-5 2021年广州高精尖企业名单（排名不分先后）

序号	企业名称	产业领域
1	广东高云半导体科技股份有限公司	信息技术
2	广州科语机器人有限公司	人工智能
3	广州文远知行科技有限公司	人工智能
4	广州粤芯半导体技术有限公司	信息技术
5	广州锦行网络科技有限公司	信息技术
6	奥动新能源汽车科技有限公司	新能源与节能环保
7	广州智瓴生物医药有限公司	生物医药
8	广州新莱福磁材有限公司	新材料
9	广州麓鹏制药有限公司	生物医药

续表

序号	企业名称	产业领域
10	汇专科技集团股份有限公司	先进制造
11	广州程星通信科技有限公司	信息技术
12	树根互联股份有限公司	信息技术
13	广州博依特智能信息科技有限公司	信息技术
14	广州图普网络科技有限公司	人工智能
15	广州爱浦路网络技术有限公司	信息技术
16	广州优飞信息科技有限公司	信息技术
17	广州市格利网络技术有限公司	信息技术
18	中科天网（广东）科技有限公司	人工智能
19	广州广电运通智信息科技有限公司	信息技术
20	佰聆数据股份有限公司	信息技术
21	广州卓远虚拟现实科技有限公司	信息技术
22	广州市进德生物科技有限公司	生物医药
23	广州市达安医疗器械有限公司	生物医药
24	广州威佰昆生物科技有限公司	生物医药
25	广州永士达医疗科技有限责任公司	生物医药
26	广州派真生物技术有限公司	生物医药
27	广州华银康医疗集团股份有限公司	生物医药
28	广州安方生物科技有限公司	生物医药
29	广州赛奥碳纤维技术股份有限公司	先进制造
30	广州兰泰胜科技有限公司	先进制造
31	广州国睿科学仪器有限公司	先进制造
32	广州东焊智能装备有限公司	先进制造

续表

序号	企业名称	产业领域
33	广州华睿光电材料有限公司	新材料
34	广州南砂晶圆半导体技术有限公司	新材料
35	广东天物新材料科技有限公司	新材料

广州独角兽创新企业近3年营业收入平均增长率达66.66%，其中探途网络、粤芯半导体近3年增长分别超36013倍和25倍。“未来独角兽”创新企业近三年营业收入平均增长率为68.05%，其中平均增长率超100%的企业有30家，麓鹏制药、技象科技等企业近3年增长达2192倍和2157倍。种子独角兽企业近三年营业收入平均增长率为115.68%，其中裕芯电子近三年增长达615倍。2020年先后有7家榜单企业在国内外上市，占全市上市企业近三分之一，充分体现出独角兽榜单企业的发展强劲实力（见图6-3）。16家独角兽创新企业有12家是高新技术企业，平均拥有知识产权约271件。63家未来独角兽企业有48家是高新技术企业，平均拥有知识产权约91件。25家种子独角兽企业有22家是高新技术企业，平均拥有知识产权约75件。①

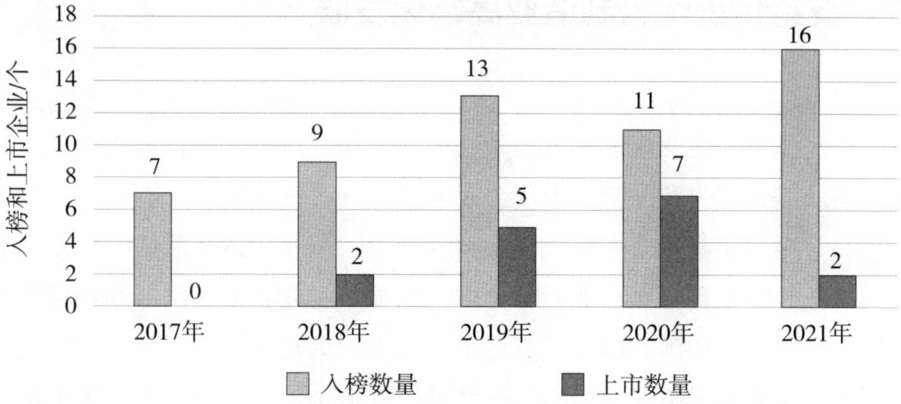

图6-3　广州独角兽创新企业历年入榜和上市数量

① 《再创新高！2021年广州独角兽创新企业榜单出炉》，广州市科学技术协会网站，2022年3月3日，https://www.gzast.org.cn/portal/gzkxgw/bwcx-details.action?id=78443.

广州市已聚集一批智能经济的头部企业，如小马智行、文远知行、云从科技、暗物智能等。麓鹏制药、智瓴生物、派真生物、越洋医药等生物医药产业在肿瘤医疗、精准医疗等领域都具有很强的竞争力。在FPGA（现场可编程门阵列）芯片、射频芯片、集成电路设计、国产软件方面，高云半导体、慧智微电子、裕芯电子、巨杉软件等一批科技创新企业快速成长。汇天航空航天是典型的知识、技术与资本密集的高科技、高附加值的战略性新兴产业，汇聚了总体设计、结构强度、综合航电、适航与安全性等多个领域的高新技术。入围榜单企业展现出良好的硬科技实力，28家生物医药入围榜单，数量都仅次于信息技术，其中2021年新增23家。由华睿光电、天物新材料等新材料企业领衔，达到国际先进水平。巨湾技研、奥动新能源等新能源领域呈集聚态势。粤芯半导体、高云半导体、南砂晶圆半导体、赛特智能、裕芯电子、致能科技等芯片领域企业再崛起。致景科技、树根互联、博依特智能、东焊智能装备、汇专科技等工业互联网与智能制造企业表现抢眼。汇天航空航天占据颠覆性赛道。[①]

二、支持传统优势制造业高端化发展

广州传统制造业规模较大，如汽车、石化、造船等产值堆头不小。广州制造业综合实力和配套能力居全国前列，拥有汽车制造、石油化工、电子产品、电气机械及器材制造业、电力热力生产供应5个千亿级产业，船舶、冶金等21个百亿级产业。在全国一线城市率先获批工信部制造强市战略试点示范城市和国家服务型制造示范城市，成功创建全国智能网联汽车与智慧交通应用示范区和中国软件名城，打造全省首个4K电视应用示范社

① 《再创新高！2021年广州独角兽创新企业榜单出炉》，广州市科学技术协会网站，2022年3月3日，https://www.gzast.org.cn/portal/gzkxgw/bwcx-details.action?id=78443.

区和工业互联网产业示范基地，“两化融合”发展水平、绿色制造指标居全国前列，已经成为名副其实的国家先进制造业重要基地。十年来，广州加快推动移动互联技术、智能制造技术、绿色制造技术等高新技术向传统优势制造业渗透。通过科技创新支撑传统优势产业改造升级，如发展新能源汽车、绿色制造、改进生产流程、引进机器人生产线等，进而提升产品质量、提高生产效率，制造业向高质量发展方向稳步迈进。2019年，广州市政府出台《关于落实广东省降低制造业企业成本若干政策措施的实施意见（修订版）》（即“降低制造业成本59条”）等政策措施，推进“一带一路”枢纽城市建设，设立企业“走出去”综合服务基地，各种新业态发展居全国城市前列。

其一，推进智能制造。推进制造过程智能化，鼓励传统制造业企业运用智能制造技术，实现生产自动化、数字化、网络化和智能化，加快推动工业机器人在汽车制造、装备制造、纺织服装等行业的推广应用，着力推进重点领域“云端+终端”工业大数据平台、工业操作系统及其应用软件、智慧工业云与制造业核心软件等研发与应用示范，提高生产效率和产品质量。提升产品智能化水平，在汽车、电子产品、轨道交通装备、医疗装备、数控机床、电梯等制造领域实施以信息技术深度嵌入为代表的智能装备试点示范项目。

其二，推进“互联网+”。推动信息化与工业化深度融合，充分利用移动互联网、物联网、云计算、大数据等技术与传统优势产业结合，深化信息技术集成应用，提高汽车、石化、电子信息、装备制造等支柱产业和轻工食品、纺织服装等其他传统优势产业的技术含量。实施“互联网+制造”示范试点，支持企业面向产业链关联配套企业建设智能互联工厂，搭建制造需求与制造资源高度优化匹配的协同开发/云制造平台。

其三，推进绿色制造。支持节能环保、清洁生产、资源再生利用等技术、工艺和生产装备的研发创新和在传统优势产业中的推广应用，引导传统企业建立绿色化设计和生产体系。推进资源高效循环利用，支持企业强化技术创新和管理，增强绿色精益制造能力，提升资源再生利用产业技术装备支撑能力，实施电机能效提升工程，推动资源利用方式向绿色低碳、清洁安全转变。推进实施低碳重大项目、园区重大工程，采用绿色制造技术改造提升传统产业，大力推行清洁生产，提高资源能源利用效率。①

三、驱动现代服务业创新发展

广州服务业发达，近几年第三产业占比均达到70%，会展、物流、金融服务等行业在国际经济中有一定影响力，在广州经济社会发展中起着重要作用。近几年来，广州重点支持科技服务业、信息服务业、电子商务、金融保险、新型物流、会展服务等领域新技术、新业态、新模式的研发创新。

一是科技服务。重点发展研发设计、科技中介、检验检测认证、知识产权服务等业态，依托广州高新区国家科技服务试点区域，打造集科技创新、成果转化、技术服务于一体的科技服务业集聚区，重点建设广州国际创新城、广州高新区科技服务集聚示范园区。依托黄埔区、番禺区、南沙区，建设国家检验检测认证高技术服务集聚区，重点推进中新广州知识城知识产权服务集聚区、国家检验检测高技术服务业集聚区（广州）的建设。依托教育城和广州生产性服务业示范园区，在增城打造新型研发机构孵化集聚区。推动以技术、专利、标准为纽带的科技服务联盟建设。

二是信息服务。抢先发展大数据、云计算等新业态，提升发展移动互联网、应用软件等特色优势业态。依托国家超级计算广州中心，加快建设大数据等新业态集聚区，推动天河软件园（国家软件产业基地）、国家数字家庭应用示范产业基地、广州移动互联网（越秀）产业园等信息技术服

① 《广州市科技创新“十四五”规划》（2022年1月），《广州市人民政府公报》2022年第7期。

务业基地不断发展壮大。

三是电子商务。广州电子商务发展迅猛，2021年广州市实物商品网上零售额达2209.07亿元，占社会消费品零售总额比重从2019年的13.9%提高到2021年的21.8%。2020年，在原先已有2个国家电子商务示范基地、12个省级电子商务示范基地、10家国家电子商务示范企业、1家国家线上线下融合发展数字商务企业、28家省级电子商务示范企业的基础上，新增2家国家数字商务企业。2021年，琶洲人工智能和数字经济示范区获批国家电子商务示范基地。越来越多的头部电商公司集聚广州发展，涌现出一批本土优秀电商企业分布在数字商务、上市公司和中国民营500强队列。[①]近几年来广州重点发展电子商务服务平台，发展移动电子商务、跨境贸易电子商务，深化企业电子商务应用，集中资源打造琶洲互联网创新集聚区、花地河电子商务集聚区。

四是金融保险。加快推进信息技术在银行业、保险业、信托业、证券业、租赁业等领域的应用，积极发展电子商务、网络银行、网上交易等，不断提升金融保险业的创新能力。抓住大数据时代金融业发展的新机遇，将互联网金融产业作为广州区域金融中心建设新的重要突破口，推动互联网金融产业实现快速、健康、创新发展。

五是新型物流。大力推广现代物流技术装备，重点推进物流公共信息平台和货物配载中心建设，实施多式联运发展、甩挂运输服务及相关绿色物流示范项目的扶持推广应用，推广集装箱电子标签、托盘和货架电子标签等。深入推进物流业与制造业联动发展，推动制造企业构建深度感知的智慧化仓储管理系统、基于互联网和移动互联网的末端物流配送体系、智慧化物流分拨调配系统、互联互通的智慧化物流信息服务平台等于一体的智慧物流体系。

六是会展服务。近年来，广州重点打造琶洲国际商务会展核心功能

① 苏梦茹：《广州电商两年间发展迅速，社零占比跃升至21.8%》，南方网，2022年2月25日，https://economy.southcn.com/node_f3202550a3/b90637bfa9.shtml.

区，完善广州国际展览品监管仓、物流转运中心，优化展馆周边地区交通配套设施，推动琶洲港澳码头、航站楼建设，支持广交会做大做强。着力办好广州国际汽车展、汽车零部件展、中国国际中小企业博览会（简称中博会）、广州博览会（简称广博会）、留交会、中国（广州）国际金融交易·博览会（简称金交会）等品牌会展。结合国际贸易中心建设，努力打造全国领先、功能齐全、服务一流的网上会展，着力培育具有国际竞争力的大型会展企业。①

四、促进文化科技融合

技术进步是全球文化产业发展强盛的内生增长引擎。中国文化产业起步相对较晚，正处于由高速增长向高质量发展的转型时期。我国文化科技融合特征明显，连续三年文化新业态保持超高速增长，2021年前三季度，更是增长26.1%。但文化科技融合的创新短板也比较明显，必须紧抓数字经济这一重要机遇，加快促进文化科技融合，推动我国文化产业实现高质量发展。要从保护和尊重内容价值这个本源做起，坚持内容为王，着力提升文化科技的硬实力，将文化与科技融合作为中国文化产业实现跨越式高质量发展的关键着力点。广州是具有前瞻性的创新城市，在文化产业的创新发展方面处于领先地位。文化产业创新、协同、融合、开放发展，发展优势明显、发展态势良好，文化产业及相关产业的增加值年均增速达13%。2020年，广州全市文化产业营业收入达到4135.28亿元，文化产业支柱性地位进一步提升，与城市发展各方面互动融合程度不断深化。动漫游戏、数字音乐、网络直播等若干领域已经处于全国领先地位，有力推动城市文化

---

① 《广州市科技创新“十四五”规划》（2022年1月），《广州市人民政府公报》2022年第7期。

综合实力出新出彩。[①]

其一，促进科技与文化融合创新发展。实施文化与科技融合重点专项。组织开展对原创动漫、数字游戏、数字新媒体等文化领域共性关键技术研究和关键系统装备研究，加大对科技文化企业的扶持力度，推进广州高新区国家级文化与科技融合示范基地建设。实施一批科技与文化融合重点项目，支持一批科技成果向文化企业转移，提升一批文化科技企业研发能力和技术应用水平，创建一批文化科技公共服务平台，形成一批科技与文化融合集聚区。实施文化科技企业研发能力提升行动。支持文化科技企业设立研发机构，取得自主知识产权的核心专利技术。鼓励大学科研院所与企业共建研究机构，加速科技成果向文化产业转移。支持文化科技企业加大研发经费投入，提升企业创新发展能力。

其二，推动文化创意产业创新发展。加快文化产业转型升级，发展壮大新闻出版、广播电视电影、音乐、动漫、创意设计、演艺和版权等优势产业，鼓励传统重点行业与现代科技手段充分融合，推进文化创意产业发展。实施“互联网+”战略，培育文化产业与科技双向深度融合的新型业态，积极发展IP（知识产权）、移动互联网、新媒体、网络视频、动漫网游、网络社区、数字音乐、数字出版等文化产业新业态。推动文化产业在研发模式、生产模式、融资模式、渠道模式及平台模式等方面商业模式的创新。提升发挥现有各类文化创意产业园区作为孵化器和创客空间的作用，延伸孵化服务功能，为文化创客群体提供研发、展示、交流分享、预孵化、创业辅导和资金对接等综合服务。[②]

广州依托广州人工智能与数字经济试验区琶洲核心区的优势，推动网络直播、数字出版、数字媒体等新型业态发展，形成数字文化产业集群。聚焦数字文化装备领域，攻克一批关键瓶颈技术，推动数字文化装备向“高精尖”方向发展。利用数字技术、网络技术等高新技术，加快推进

---

① 吴波：《2021广州文化企业30强发布》，《广州日报》2021年12月5日。

② 《广州市科技创新“十四五”规划》（2022年1月），《广州市人民政府公报》2022年第7期。

以文化创意内容为核心，以数字技术为依托的数字文化产业发展。提升动漫、游戏、电竞、创意设计、网络文化等新兴文化产业发展水平，培育新型文化业态。2021年，广州文化产业交易会评出“广州文化企业30强”（见表6-6），广州网易计算机系统有限公司、广州虎牙信息科技有限公司、广州珠江钢琴集团股份有限公司等企业，就是将文化与科技较好融合、走数字化道路的突出代表。

表6-6　2021年广州文化企业30强

序号	企业名称	序号	企业名称
1	广州网易计算机系统有限公司	16	广州励丰文化科技股份有限公司
2	广州虎牙信息科技有限公司	17	广州山水比德设计股份有限公司
3	广州珠江钢琴集团股份有限公司	18	广州凡拓数字创意科技股份有限公司
4	广东省广告集团股份有限公司	19	广州趣丸网络科技有限公司
5	广州酷狗计算机科技有限公司	20	珠江电影集团有限公司
6	广东广州日报传媒股份有限公司	21	广州漫友文化科技发展有限公司
7	广州新华出版发行集团股份有限公司	22	广东南方新媒体股份有限公司
8	广州极尚网络技术有限公司	23	广东省出版集团有限公司
9	广州塔旅游文化发展股份有限公司	24	广州欧科信息技术股份有限公司
10	广州市迪士普音响科技有限公司	25	火烈鸟网络（广州）股份有限公司
11	广州市浩洋电子股份有限公司	26	广州百田信息科技有限公司
12	广州诗悦网络科技有限公司	27	广州市美术有限公司
13	广州荔支网络技术有限公司	28	广州有好戏网络科技有限公司
14	广州游爱网络技术有限公司	29	广州酷旅旅行社有限公司
15	中国广电广州网络股份有限公司	30	广州市锐丰文化传播有限公司

五、支撑城市社会发展和现代化治理

十年来，广州在支撑社会发展和城市治理的科技创新方面着力尤多，如每年均组织开展民生科技重大专题，建设一批国家级医学科技公共平台、支撑平台、临床医学研究与转化中心和示范基地。广州国家实验室也已挂牌运作。

（一）提高医疗健康水平

推进健康医疗协同创新重大专项实施，加快健康医疗新技术创新及临床应用，在部分重大疾病综合防治、部分临床诊疗新技术应用等领域取得突破。推进云计算、大数据和移动互联网在医疗管理领域的应用，建立全市居民电子健康档案资源库，构建区域医疗卫生信息共享与服务平台。

在重大疾病综合防治领域，支持开展心脑血管疾病、呼吸道疾病、免疫系统疾病、重大慢性疾病、传染病、神经精神性疾病的早期筛查、早期诊断、创新救治及康复护理等技术的规范化、标准化研究。支持应用精准医疗技术、干细胞技术等手段治疗重大疾病的研究。支持运用中医药或中西医结合手段开展综合防治疑难重大疾病及其并发症的研究。支持岭南地区潜在新发传染病及常发慢性病的预测预警研究。

在医疗设备和医疗材料领域，重点支持发展高端医学成像技术和设备，鼓励发展生物膜材料、软组织填充材料、诱导组织再生人体修复材料，支持骨关节等外科植入体、微创耗材、特殊功效医疗性耗材等医用耗材研发。

在医疗服务与外包领域，鼓励发展合同研究组织（CRO）和合同生产组织（CMO），支持发展药物临床前研究、药物临床试验检测、药物安全性评价等相关服务，重点关注化学药外包和生物制药外包两大领域。通过结合物联网、云计算、现代通信等先进科技，建立智慧医疗平台，完善一键式家庭医生智能服务终端。重点研究常见病和多发病的监控、预防、诊疗和康复技术，研制小型诊疗和移动式医疗服务装备以及远程诊疗和技术服务系统。

（二）保障公共安全

深化完善数字城管社会治安的视频监控应用。积极引导物联网与消防器材、地下管网、重要燃气设备等相结合，全面推进城市智能交通、智能电网、智能水网、智能安全供气等工程建设。搭建覆盖公共饮食环境的饮食安全职能监控系统试验平台及监控端。

在社会治理方面，加快社会治安防控网、平安建设信息化综合平台建设，构建网格化、智能化的社会治安防控体系。利用视频检索、人像对比、轨迹追踪、智能预警等技术，开展社会舆情、治安动态和热点敏感问题在线监控分析，提升对社会治安形势掌控与应急处理能力。在工商、税务等执法部门推广移动办事、网上查证、在线审批等业务。

在城市管理方面，对道路、工厂、车站、学校等主要公共场所和公共交通、水电气、给排水等市政设施，加强智能感应、环境感知、远程监控等技术手段建设，实现对资源、能源和环境的实时监控管理。

在应急管理方面，利用互联网推进突发事件信息管理和风险隐患排查模式创新，提升应急监测预警能力。加强应急医院建设，利用单兵视频系统、数字化移动救护单元等互联网应急救援装备，提升对救援人员、救援物资、救护车和救援现场的快速指挥、调配与专业指导水平。在城镇社区和农村逐步建立基于健康小屋的应急医学监测网络，提高对突发公共卫生事件的监测、预防和风险评估能力。[①]

---

① 《广州市科技创新“十四五”规划》（2022年1月），《广州市人民政府公报》2022年第7期。

（三）改善城市生态环境

支持生活垃圾减量化、资源化、无害化处理技术研发。支持节能建筑材料、电梯、LED照明、空调和供水等节能技术的研发与应用。推进绿色工业技术的开发利用。支持污染减排、水环境污染防治、大气环境污染防治、环境监测、清洁生产等技术的研发和推广应用。支持空气净化技术、城市噪音控制技术、土壤和水环境的生态修复技术、饮用水安全保障技术及检测技术、城市环境生态调控技术、城市与城镇群污染防控技术、智能家居安全监控技术等研发应用。

加快发展风能、太阳能、海洋波浪能、潮汐能等可再生能源智能电网。发展智能电表、智能燃气表等智能计量仪器。实施电机、注塑机节能增效智能化改造工程，推进工业园区循环化改造。发展节能低碳的智能高效交通系统。南方电网获批国家技术标准创新基地（直流输电及电力电子技术），构建了特高压混合多端直流技术标准体系，在工程投运的同时累计培育出涵盖34项的技术标准集，全部建成后将创造十余项世界第一。①

完善环境质量、重点污染源、生态状况监测等全覆盖生态环境监测网络，建立生态环境监测大数据平台，逐步实现各部门监测数据联网、共享及统一发布。加强自动监控，加快建立生态环境预警体系。加强电力、钢铁、造纸、建材、水泥、石化、印染等行业减排监测信息技术应用，在高排放工厂、工业园区等重点场所安装智能传感器，实现减排效能在线监测。

（四）支撑完善城市综合交通体系

加强交通智能科技应用，加快智能交通建设，实现对营运车辆的实时监

① 刘灏：《三年磨一剑！黄埔区交出国家高端装备制造业（智能制造）标准化试点亮眼“成绩单”》，南方网，2021年8月9日，https://economy.southcn.com/node_07c7517b53/f4efdc695f.shtml.

控，构建公交车辆智能监控调度、出租车辆智能管理服务、危险货运车辆及重点营运车辆安全监管的交通行业智能监管体系。充分发挥“互联网+”的技术效应，构建“行讯通”信息服务平台。

加强移动互联网、北斗卫星导航、GPS（全球定位系统）、无线射频识别、IC卡电子证件等技术应用，推进市内公交、出租车、轮渡和数据互联互通。优化各类智能终端在公路收费站、渡轮、码头、城市公交线网等交通基础设施网络的布局与应用，加强对车辆、船舶等运载装备的卫星定位、智能监测和无线网覆盖，发展实时交通信息查询、实时精确导航、交通事故预警、道路快速救援等智能交通服务。加快城市公交管理服务信息平台，开发和推广应用交通信息服务软件。提升交通支付智能化水平。推进汽车电子标识、智能感知、导航定位、车载诊断系统等技术研发和应用创新，开展城市“潮汐车道”“停车诱导”等便民服务，推广广州行讯通系统，开展在线交通信息、出行路线规划等服务。建立综合运输公共信息服务大数据平台，完善行业监管系统，实现对车辆、船舶等运载装备运行状态的实时监测。利用交通大数据提升交通运输设施规划建设、安全运行控制、交通运输管理决策智能化水平。①

（五）发展都市型现代农业

广州虽然不是农业大市，但也有一定规模的都市型农业和广大的农村地区。在广州11个区中，涉农的有7个，全市行政村更是有1144个。近几年，在农业方面，广州已引进袁隆平、刘少军等23位院士和博士团队300多个。2020年，广州共有15个省级现代农业产业园，数量居全省第一。其中，2019年获批创建的有7个，2020年获批创建的有8个；从化区有6个，增城区有5

① 《广州市科技创新“十四五”规划》（2022年1月），《广州市人民政府公报》2022年第7期。

个，花都区有2个，番禺区和南沙区各有1个。[①]广州渔业生产迅猛，增速创24年以来最高，这跟科技赋能密不可分。南沙全国首个数字渔场开园，全国首个以鱼类为主的南繁基地开工，首届中国水产种业博览会举办。从化区与华南农业大学、广东省农业科学院签订合作协议，花卉产业园已培育出20多个具有自主知识产权的花卉新品种，科技成果转化率达90%以上。在2020年的第二十届广州蔬菜新品种展示会上，共有超1000个蔬菜新品种集中亮相，番茄展区展示393个番茄品种。

广州市深入贯彻落实省委、省政府关于发展“一村一品、一镇一业”富民兴村产业工作部署，培育一批主导产业突出、品牌特色明显、农民收入显著上升的专业村镇，为都市农业实现高质量发展发挥重要作用。2020年，新培育认定3个全国示范村镇、10个省级专业镇、102个省级专业村，数量居珠三角首位。累计创建6个全国示范村镇、12个省级专业镇、102个省级专业村、12个市级专业镇、108个市级专业村。广州的市级以上农业龙头企业达到254家，其中国家级龙头企业有11家，上市农业龙头企业有13家，数量居全省第一位。全市农民专业合作社达1349家，其中国家级示范社有9家，省级示范社有25家，市级示范社有52家。全市家庭农场达425家，其中省级示范家庭农场有8家，市级示范家庭农场有33家。[②]强化农业科技创新驱动，整合全市科技资源，依托科研优势发展现代种业。围绕优势动植物新品种选育与栽培、种苗快速繁育技术、质量检测技术以及优质抗病畜禽、水产种苗快速扩繁技术、农产品精深加工、食品安全检测技术、优质高效安全生态种养技术、农业病虫害防治、健康养殖、动植物重大疫病防控技术等开展科技攻关。构建农业科技创新平台和示范基地，提升农业龙头企业技术创新能力，建立农业龙头企业技术创新中心，完善和拓展农业产业链。推进农业生产智能化，加快智能传感器、卫星导航、地

① 徐雯雯、廖靖文：《广州大力培育现代农业公园 推进都市农业发展 在城央撞入“桃花源”》，《广州日报》2021年9月13日。

② 傅鹏：《广州“十三五”｜扎实推进乡村振兴，2020年农业增速创近26年新高》，腾讯网，2021年1月27日，https://view.inews.qq.com/a/20210127A0G6NO00.

理空间系统等技术应用，增强对温湿度、光照、土壤等农业生产环境的精确监测能力，提高测土配方施肥、疫病防控、防灾减灾等智能化水平。研发制造农药喷洒无人机、智能拖拉机、自动插秧机、自动收割机等智能农业机械，发展自动灌溉、自动施肥、自动喷药等智能农业生产模式。建设具有信息服务、生产调度、经营管理、资源利用等功能的农业大数据管理平台。建设国土、林业互联网服务平台，创新森林培育、森林碳汇、物种保护等工作模式，提升国土、林业管理智能化水平。推广船舶自动识别、捕捞作业系统、鱼群探测、卫星导航等海洋渔业系统应用。①

六、强化创新创业服务

近几年来，广州扎实开展研发设计服务。鼓励高校、科研院所、企业的研发设计团队面向社会开展专业化研发服务，承接研发外包业务。支持多种形式的应用研究和实验发展活动，鼓励运用现代信息技术培育云设计、虚拟实验与制造、研发众包、网络众筹等科技服务新业态。加快建设成果转化转移体系。建设一批具有技术评估、成果推介、融资担保、知识产权等专业性和综合性成果转化转移机构。建立“研发机构、企业、中介、经纪人”等多元化、多层次的技术产权交易体系。重点支持广州知识产权交易中心、广州技术产权交易中心、广州科技创新服务中心等平台建设。2020年，广州全市共登记技术合同22849项，同比增长8.42%；成交额为2256.53亿元，同比增长77.21%。其中技术交易额为1484.57亿元，同比增长52.25%。技术合同成交额首次在全国城市中排名第二，仅次于北京。②

---

① 《广州市科技创新“十四五”规划》（2022年1月），《广州市人民政府公报》2022年第7期。

② 叶青：《创新全链条发力 广州交出亮眼成果转化成绩单》，《科技日报》2021年3月22日。

广州技术合同成交额逐年迈上新台阶，反映出广州技术要素市场的流动性、活跃度，以及创新资源配置效率均在显著提高。广州技术市场50强企业，上榜企业包括广东华之源信息工程有限公司、中国能源建设集团广东省电力设计研究院有限公司、数字广东网络建设有限公司等50家企业，均为广州地区有代表性的科技创新企业，从事领域涵盖了电子信息、现代交通、先进制造、新能源、生物医药等广州重点发展产业相关领域。本次50强榜单企业的技术合同成交额总计超过1600亿元，占全市成交额超七成。其中，成交额超百亿元的企业有4家，成交额在10亿～100亿元的企业有25家。按分布区域，天河区有19家，黄埔区有13家，排名前两位。这两个区企业合计32家，占入榜企业总数超过60%。[①]

（一）大力加强科技服务机构能力建设

广州积极培育和扶植一批基础较好、能力较强、业绩显著、信誉优良的科技服务机构。引进一批国际科技服务机构。鼓励科技中介、行业协会、产业联盟等开展产业研究与决策服务。支持有条件的企业将研发中心、设计中心、检验检测中心等内设机构向社会提供科技研发、技术推广、工业设计、技术检测等专业服务。支持以龙头企业或研发机构为核心组建行业联盟或产业技术联盟，为行业或产业提供共性服务。在“引进来”“走出去”战略相结合下，广州促进科技创新资源双向开放和流动，深度融入国内国际双循环，跨国技术交易活动日益频繁。2020年，广州地区从境外引进的技术合同成交额达147.60亿元，同比大幅增长29倍。面向“一带一路”沿线、东亚周边国家和地区，广州重点在智慧城市建设、电子信息、智慧交通等高新技术领域提供科技创新服务。2020年，广州地区

① 方晴：《广州技术市场50强企业合同成交额超1600亿元》，《广州日报》2021年3月3日。

输出境外的技术合同成交额达266.31亿元，同比增长107.91%。[①]

着力促进知识产权服务。大力发展知识产权代理、信息、商用化、法律、咨询、培训等市场化服务，鼓励高校、科研院所、企业设立知识产权管理机构，逐步完善知识产权服务产业链。在中新广州知识城开展国家知识产权运用和保护综合改革试点。加快建设知识产权服务业集聚发展试验区。引导培育多元化知识产权金融服务市场，支持在线知识产权服务平台建设。发挥广州知识产权法院作用，争取新设商标、专利、版权知识产权快速维权中心。健全知识产权侵权查处机制，并将侵权行为信息纳入社会信用记录。[②]

（二）加速推动科技企业孵化器建设

广州着力实施科技企业孵化器增长计划，打造“众创空间—孵化器—加速器—科技园”一体化的科技创业服务链条，推动孵化器多元化、资本化、专业化、网络化发展。2020年广州市有国家级科技企业孵化器29家，孵化了众多科技企业，取得了突出成效（见表6-7）。

表6-7　2020年广州市国家级科技企业孵化器情况

序号	孵化器名称	所属区	孵化面积/平方米	在孵企业数/家	毕业企业数量累计/家
1	广州五行数字创意园有限公司	荔湾区	20783	65	54
2	广州市晟龙工业设计科技园发展有限公司	荔湾区	13267	69	37
3	广东羊城同创文化产业发展有限公司	越秀区	20000	45	24

① 叶青：《创新全链条发力 广州交出亮眼成果转化成绩单》，《科技日报》2021年3月22日。

② 《广州市科技创新“十四五”规划》（2022年1月），《广州市人民政府公报》2022年第7期。

续表

序号	孵化器名称	所属区	孵化面积/平方米	在孵企业数/家	毕业企业数量累计/家
4	广州市海珠高新技术创业服务中心	海珠区	24679	83	37
5	广州中山大学科技园有限公司	海珠区	20703	84	149
6	广州启盛科技企业孵化器管理有限公司	天河区	22800	90	66
7	广州市高新技术创业服务中心	天河区	10400	74	536
8	广州科信光机电企业孵化器有限公司	天河区	10648	55	33
9	广东宏太智慧谷科技企业孵化器有限公司	天河区	17747	65	54
10	广州市乐天企业管理有限公司	天河区	15480	62	39
11	广州万鹏孵化器投资管理有限公司	天河区	22287	96	44
12	广州市怡祥科技企业孵化器有限公司	天河区	16700	70	43
13	广州佳都汇科技企业孵化器有限公司	天河区	12383	36	43
14	广东省机械研究所有限公司	天河区	13239	41	18
15	广东省现代农业装备研究所	天河区	12000	52	18
16	广州金发科技孵化器有限公司	天河区	18000	60	37

续表

序号	孵化器名称	所属区	孵化面积/平方米	在孵企业数/家	毕业企业数量累计/家
17	广东金颖农业科技孵化有限公司	天河区	10554	32	16
18	广州润禾科技企业孵化器有限公司	天河区	11790	37	32
19	广州市至德科技企业孵化器有限公司	白云区	42000	122	89
20	广州嘉溢科技企业孵化器有限公司	白云区	35698	118	168
21	广州火炬高新技术创业服务中心	黄埔区	394420	183	452
22	广东拓思软件科学园有限公司	黄埔区	45000	70	153
23	广州国际企业孵化器有限公司	黄埔区	66403	99	99
24	中国科协广州科技园联合发展有限公司	黄埔区	32200	105	336
25	冠昊生命健康科技园有限公司	黄埔区	26378	47	29
26	广州视联投资管理有限公司	黄埔区	32000	79	67
27	广州华南新材料创新园有限公司	黄埔区	65524	129	102
28	广州瑞粤科技企业孵化器有限公司	黄埔区	23000	56	27
29	广州国际生物岛科技投资开发有限公司	黄埔区	77091	53	19

积极鼓励、支持广州地区高校、科研院所投资建设孵化器，在广州高校、科研院所集中的区域，结合城市更新和大学校园规划调整，建设科技创业示范基地。支持企业投资建设覆盖产业创新链条的垂直孵化器，已有多家企业建设运营了专业性强的孵化器。引导支持国有科技企业孵化器改革创新。加快广州科技创新创业服务中心建设，将其建成集国际青年创新驿站、科技创新创业服务平台、科技成果转化服务平台于一体的综合性科技创新创业服务载体。引导和支持孵化器建立和完善服务体系，引进专业服务机构，搭建专业公共技术服务平台，提升孵化服务质量和水平。大力发展“创业导师+专业孵化+天使投资”的孵化模式，鼓励孵化器以自有资金配套支持创业导师工作。广州也尝试提出引进国外科技创业孵化资源，在生物制药、移动互联网、智能制造等领域，建设优势突出、资源集聚、服务齐全、机制创新且具有国际影响力、集聚力的国际科技企业孵化器，汇聚一批国际科技创业项目。积极对接国（境）外科技创新资源，合作建设一批孵化基地。①

（三）着力打造众创空间

支持社会资本参与众创空间建设，加快发展“互联网+”创客网络。培育品牌化、专业化、国际化、连锁化众创空间，建设多家在全国以至国际具有较强影响力的特色众创空间（见表6-8）。支持各类科技园区、孵化器、创业基地等加快与互联网融合创新，搭建全链条、综合性服务体系，打造线上线下相结合的大众创业万众创新载体。支持创客空间、创业咖啡、创新工场等新型众创空间发展，支持各类线上虚拟众创空间发展，推进基于“互联网+”的创新创业活动，为创新创业者提供跨行业、跨学科、跨地域的线上交流和资源链接服务。探索创业券等政府支持众创、众包、

① 《广州市科技创新“十四五”规划》（2022年1月），《广州市人民政府公报》2022年第7期。

众服、众筹新模式。①

表6-8 广州市科技企业孵化器及众创空间情况

类别	指标	2018年	2019年	2020年
科技企业	总家数/家	284	320	350
	面积/万平方米	538	583	587
孵化器	在孵企业数/家	9445	10756	12042
	毕业企业数/家	765	949	1195
众创空间	总家数/家	179	213	244
	面积/万平方米	30	35	38
	常驻初创企业/家	14344	4759	5525

（四）健全创新创业孵化服务平台

完善创业孵化、人才培训、质量监测、知识产权、企业融资等中小微企业技术创新公共服务平台，促进本地创新产品的研发和规模化应用。支持引导中小型企业联合设立行业研发中心和研发联盟，增强自主知识产权的创造、应用和转化能力。依托公共就业人才服务机构，为创业者提供政策咨询、法律咨询、项目推介、开业指导、融资服务等一站式服务。提升科技创新平台服务能力，推进科技创新平台资源共享，构建网络化、特色化、专业化的科技创新平台服务体系，编制、发布科技创新平台及其服务目录，实施科技创新平台年度共享服务评估制度。产业创新平台引领作用突显，获批建设全国在新材料领域首个国家先进高分子材料产业创新中

① 《广东省人民政府办公厅关于印发广东省“互联网+”行动计划（2015—2020年）的通知》（粤府办〔2015〕53号）。

心、华南第一家生物材料出入境公共服务平台、全省首个区域细胞制备中心、全省首个印刷及柔性显示国家级制造业创新中心等重大创新平台。

2021年11月30日，工业和信息化部连续发布了《“十四五”信息化和工业化深度融合发展规划》《“十四五”软件和信息技术服务业发展规划》《“十四五”大数据产业发展规划》。随着新一代信息技术的快速发展和广泛应用，人类掌握数据、处理数据的能力实现质的跃升，万物数字化构建现实世界的数字空间映像已成为可能，为大数据产业发展带来了新的发展机遇。

有学者对广州市科技创新对经济增长贡献率进行研究认为，从整体上看，按要素对经济增长贡献率均值大小排序分别为科技创新、资本和劳动力。从时间序列上看，2013年之前，科技创新对经济增长贡献率的大小基本上在50%附近波动，资本贡献率和劳动贡献率变化相对稳定。2013年之后，资本贡献率有所提升，随着经济增长模式的改变，科技进步贡献率呈现出“V型”变化趋势，说明以自主创新为主的科技创新对经济增长的推动作用不断加强。

2013年以后，造成广州科技创新贡献率发生变化的主要原因有两点：一是随着我国经济增长进入新常态，制度性因素为科技创新活动提供发展空间开始变少，经济发展模式的转变使得经济增长对新技术的要求更高了；二是经济增长方式从原来依靠外资技术外溢性带来的新技术开始向更多依靠自主创新的生产模式转变，而受诸多因素影响，以自主创新为主的新技术对经济增长的带动作用在短期内发挥出的作用相对有限，但对经济增长的贡献作用呈不断增强趋势。①

毫无疑问，科技创新对广州经济发展的贡献显著。但与北京、上海、深圳相比，广州高新技术企业、世界500强企业、上市企业家数和总体实力还存在明显距离，需要不断努力、迎头赶上（见表6-9）。广州既需要有铺

① 安永景、陈刚、蔡沐阳、尹涛：《广州市科技创新对经济增长的贡献率分析》，《科技管理研究》2021年第15期。

天盖地的中小科技企业，更需要有顶天立地的大型高新技术企业。

表6-9　2020年国内主要城市创新企业分布情况①

创新企业类别	广州	北京	上海	深圳	杭州	天津
高新技术企业/家	11611	28750	17012	18650	7711	7420
财富世界500强企业/家	3	55	9	8	4	0
中国民营企业500强/家	15	14	16	25	36	9
国内上市企业/家	117	380	343	333	161	62

① 广州市科技局、广州市科技发展研究中心：《广州市2020科技创新发展数据汇编》（2021年12月）。

第七章

强化科技金融支撑

高新技术产业（科技创新）是高投入、高风险、高回报的行业，离不开坚实的金融支撑。科技金融是促进科技开发、成果转化和高新技术产业发展的一系列金融工具、金融制度、金融政策与金融服务的系统性、创新性安排，是由向科学与技术创新活动提供融资资源的政府、企业、市场、社会中介机构等各种主体及其在科技创新融资过程中的行为活动共同组成的一个体系。[①]科技金融包括科技财力资源、创业风险投资、科技资本市场、科技贷款、科技保险和科技金融环境等方面。[②]广州较早认识到发展科技金融的重要性，着力完善“创、投、贷、融+联动服务”科技金融链条，积极促进科技金融创新发展，提升科技金融支撑服务能力，构建日趋成熟的科技金融生态圈。科技金融的渠道主要有两种：一是政府资金建立基金或者母基金引导民间资本进入科技企业；二是多样化的科技企业股权融资渠道，包括政府扶持、科技贷款、科技担保、股权投资、多层次资本市场、科技保险以及科技租赁等。

十年来，广州制定出台了《广州市促进科技和金融结合试点方案》等多个文件，实施创业投资引导资金、科技贷款风险准备金等多项政策措施。设立广州市创业投资引导基金，并与国内知名创投机构合作设立红土科信等子基金，直接吸引过百亿元社会资金，取得近九倍的放大效应。新投入项目、投入资金逐年增长，有效撬动社会资本投资，放大效应近百倍。广州发起举办粤港澳大湾区创投峰会、广州创投周、广州科技金融服务周等活动，搭建好科技企业与资本对接平台。创新实施“以投代评”“以赛代评”项目形成机制，举办首届“直播带货”专业赛，首创“创投硕士班”。至2020年底，广州市科技成果产业化引导基金已落地运营8只子基金，实缴总规模超过28亿元，荣获“2020年中国政府引导基金30强”（由清科集团发布）。市科技型中小企业信贷风险损失补偿资金池推动银行贷款超过300亿元。安必平等6家企业在科创板上市。2021年7月，广州又新颁

① 赵昌文、陈春发、唐英凯：《科技金融》，科学出版社2009年版，第5–6页。

② 赵昌文、陈春发、唐英凯：《科技金融》，科学出版社2009年版，第50–54页。

布《广州市人民政府办公厅关于新时期进一步促进科技金融与产业融合发展的实施意见》，对未来五年全市科技金融工作进行了系统谋划，提出了32条具体举措，着力挖掘和培育科技型中小企业。

一、推动创业风险投资快速发展

风险投资是经济发展的助推器，也是经济转型升级的加速器。在创新驱动发展战略的指引下，广州科技创新整体水平有了显著的提高，同时也推动了风险投资业的快速发展。风险投资为科技企业提供多元化的资本支持和增值服务，促进企业快速发展。反过来，中小型科技企业数量增多，为风险投资机构提供了更加广阔的挑选空间和投资机会。广州市积极培育和发展创业及股权投资机构，创投市场的发展十分活跃。

十年来，随着产业转型升级进程的加快，给广州的创投行业带来了巨大的市场需求和动力。广州市政府针对这一现状全面推行技术创新发展战略，致力于将广州市打造成为国际风险投资中心。提出要积极培育国内知名的创投企业，积极促进股权投资市场规范发展，促进科技、金融与产业融合发展。设立科技企业孵化器天使投资引导基金和科技成果转化引导基金，吸引一批境内外创业投资机构和资金，重点面向种子期、初创期企业提供投融资服务。在具备条件的区域建设特色小镇基金，集聚一批境内外优质私募基金公司。推动广州金融创新服务区建设科技金融一条街，提升服务科技企业的能力，支持建设创新创业金融街（园区），重点集聚与创新创业密切相关的私募股权投资机构、互联网股权众筹平台、网络小额贷款、网络金融大数据挖掘与评估、企业信用评价等互联网金融从业机构，推动金融新业态服务支持科技创新发展。由此，广州各区也相继颁布一系列风投创投优惠扶持政策。黄埔区率先推出“风投10条”，设立风投引导基金，投资额度高达100亿元，期望风投机构致力于投资区内科技企业。随后，海珠区政府通过政策红利等机制，促使广州创投小镇和中国风投大厦扎根于海珠区，致力于将海珠区发展成为国内风投中心。荔湾区也不甘落后，在2017年11月举行的新三板发展论坛中，新三板智库联盟和风投创投中心应运而生。

在21世纪初，广州市创投机构处于发展初期，数量不多，但此后增长速度惊人。从2012年的100多家，激增到2017年的1700家，资金的管理总规模高达3600亿元。截至2017年底，广州市创投机构的投资项目占全部项目的24.5%，投资金额占全部投资金额的21.2%。根据私募通数据库的相关统计数据，从2008—2017年，广州市创业投资企业（备案）的数量由最初的5家增加至81家，创投企业数量的年均增速为32.1%。从2008—2017年，广州市创业投资企业（已备案和未备案）的投资项目的数量从5个增加至123个，年均增速为37.7%。[①]广州市创业投资引导基金以“政府引导、市场运作、科学决策、严格管理”作为行政指引，颁布了《广州市创业投资引导基金实施方案》和《广州市创业投资引导基金施行细则》。创业投资引导基金将重点放在鼓励和扶持的产业领域开展投资活动上，协助广州市产业的转型升级。自开始运营以来，整体运行情况良好，并未出现重大投资失败等事件。

2008年至2017年十年间广州创投企业组织形式有如下特点：

第一，公司制。根据清科研究中心旗下私募通数据库的相关统计数据，在2008—2017年，广州市公司制创投企业的绝对数量保持快速增长，从2008年的4家增加至2017年的75家，公司制企业总数累计占比95%。在中国的创投行业中，公司制创投企业的数量占绝对优势。这种类型的创投企业在治理结构上与一般公司相似，投资者的知情权和参与权相对较大，因此更容易被投资者所接受，但是也存在双重课税的弊端。此外，因为投资者都有参与权，所以重大事项的决策效率往往不高。

---

① 秦倩：《广州市科技金融发展调研报告》，广东财经大学硕士学位论文，2018年；张雅婷：《广州科技金融发展策略研究——基于广州科技金融企业案例研究》，广东外语外贸大学硕士学位论文，2019年。

第二，有限合伙制。有限合伙企业包括普通合伙人（GP）和有限合伙人（LPO）。普通合伙人通常只有较少部分的出资占比，主要负责基金的筹资和经营管理；有限合伙人提供企业的绝大部分资本，通常不参与特定的管理工作。根据私募通数据库的相关统计数据，在2008—2017年，广州市有限合伙制创投企业的数量较少，其间累计增长10家。有限合伙制的创投企业可以规避双重课税问题，投资者有一定的参与权，这样可以缓解委托代理问题。其在创投企业的组织形式方面所占的比例也不断上升。但当前阶段在广州市的创投行业中，公司制创投企业的数量仍占据绝对优势。

第三，信托制。信托制是一种“利益共享、风险共担”的集合投资方式。信托制创投机构一般以合同的方式，发放基金份额，将闲散资金聚集在一起，形成一定规模的资金池，并委托专门的投资机构集中管理。机构遵循“集合理财、分散投资”的操作原则，将获取的资本增值部分以一定的出资比例进行分配，投资者在获取收益的同时，相应承担一定的风险。广州市信托制创投企业的数量较少。

第四，中外合作非法人制。所谓的非法人中外合作基金是政府部门为了与国际接轨而暂时设计的一个法律概念。按照规定，可以在中国境内创立以创投活动为经营方式的不具有法人资格的中外合资企业，投资者可在合作契约中依据国际惯例分配收益所得。在广州市的创投企业中中外合作非法人制企业数量较少。①

广州创投企业和投资项目经历了2012年的短暂下跌后，在2015年实现了快速大幅上涨。这主要是由于2012年以来，受国内外宏观经济环境影响，资本市场低迷不振，业内出现深度盘整，行业发展开始放缓。2014年，中国经济增速放缓，经济发展更加注重科技进步和改革创新。与此同时，A股IPO重新启动、多层次资本退出机制不断发展完善。2015年广州创投企业数量和投资项目创了新高。2016年，随着许多P2P平台的倒闭以及金融监管趋严，创投行业经历了“资本寒冬”。不仅创投企业的资金来源渠

① 秦倩：《广州市科技金融发展调研报告》，广东财经大学硕士学位论文，2018年。

道受限，同时融资企业的倒闭潮使得许多创投企业无法成功退出，创投企业数量和投资项目锐减。在此之后，资本市场的环境逐渐向好，相关法律法规不断完善，广州市的创投企业已经从早期的盲目急速扩张转向更加理性成熟的匀速扩张阶段，创投企业更加注重投资项目的质量和效益，整个广州市的创投行业呈现出规范发展的趋势。

广州创业风险投资的投资行业分布具有较大的差异。截至2016年底，广州市创业风险投资机构所投资的行业涉及26个，与2015年和2014年持平；消费品与服务、高效节能技术仍然是广州风险投资的重点领域，资金主要集中投资于金融保险业和医药保健业。与2014年相比，广州市风险投资机构在2015年全年的投资重点基本保持一致。金融保险业仍旧是广州市创业风险投资机构投资最多的行业，比2015年高出近3个百分点，达14.7%。

广州创业风险资金主要集中于科技型企业的成长期，占比74%以上。从创投项目的增长趋势来看，2017年处于种子期的科技企业增速约为21%，比上年度同比增长了约3.5%。这表明了广州市的创业风险投资正在逐步加大对种子期科技型企业的重视。在投资金额方面，资金主要用于初创期、扩张期和成熟期，投资金额累计126.5亿元，占总投资金额比重为96.5%。广州市的创业投资资本主要来源于政府及国有企业、金融机构以及外商投资机构等。此外，以地方政府机构创立的国有独资创投机构也做出了重要的贡献。

在21世纪前10年，广州风险投资引导资金来源于政府财政拨款约占45%；而大中型上市企业和优质的民间企业资金流向风投机构。此外，一些上市企业和大型民营科技公司通过自筹资本也在进行创投活动和企业兼并的尝试。这部分资金也逐渐成为广州市风险投资资本的重要来源，2017年大约占比27.6%。①

近年来，广州着力完善股权投资基金体系，建立覆盖种子期、成长

① 秦倩：《广州市科技金融发展调研报告》，广东财经大学硕士学位论文，2018年；张雅婷：《广州科技金融发展策略研究——基于广州科技金融企业案例研究》，广东外语外贸大学硕士学位论文，2019年。

期、成熟期以及并购重组等全生命周期的风投创投基金体系，将广州市科技成果转化引导基金调整为广州市科技成果产业化天使母基金，设立天使投资子基金，推动粤港澳大湾区科技成果转化基金运营。激发科技创新创业活力，举办了中国创新创业大赛（广州赛区），搭建大赛专有系统，自主开展大赛，增设龙头企业专业赛和引资引智专业赛。依托大赛探索“以投代评”与“以赛代评”相结合的联动机制创新，将符合条件的获得风投创投机构投资的参赛科技企业直接纳入广州赛区决赛，更好地发掘培育科技企业。围绕中国创新创业大赛（广州赛区）企业、科技计划人才项目等，探索利用市级财政科技经费开展天使股权直接投资。鼓励龙头科技企业等社会资本围绕重点产业领域设立细分行业子基金。培育引进一批行业影响力强的创投风投机构，鼓励在穗机构与港澳资本联合成立创投基金。

二、大力发展科技信贷市场

十年来，广州努力强化科技信贷支持作用，成立全省首家科技支行，开发“科技通宝”等授信产品，省、市、区、镇四级联合设立科技贷款风险准备金专项资金6500万元，引导银行机构加大扶持科技型中小企业创新发展。市、区联合设立600万元的科技保险保费补贴专项资金，为15个试点险种提供保费补贴。省、市、区联合设立广东华南科技资本研究院，建立民间金融街、博士俱乐部等7个科技金融服务平台，开通广州市科技金融服务网。

为有效解决科技型中小企业“融资难”“融资贵”问题，引导和鼓励金融机构加大对科技型中小企业信贷支持力度，同时进一步创新财政支持科技创新方式和放大财政资金效用，广州市于2015年探索成立了由多家合作银行联合为科技型中小企业提供科技信贷服务的科技型中小企业信贷风险损失补偿资金池。2015年9月，广州市科技创新委员会颁布《广州市科技型中小企业信贷风险补偿资金池管理办法》。在起步期，政府向资金池投入财政资金4个亿，利用10倍的金融杠杆，以获取合作银行40亿的信贷资金支持。广州市科学技术局以企业法人形式设立广州市科技金融综合服务中心，受托管理广州市科技型中小企业信贷风险损失补偿资金池（以下简称“资金池”）。综合服务中心作为资金池的主管和运营机构，中国银行、中国建设银行等八家银行为池内合作银行，共同支持信贷工作。按照资金池指引规定，每家合作银行需向池内注入5000万元的启动资金，并提供不低于科技信贷风险补偿金10倍的信贷资金。每年，已经入池的科技企业向其申请的贷款总额不得超过两千万元，信贷资金的期限最长不超过两年，信用贷款额度不得低于贷款总额的50%。如果发生贷款违约事件，资金池将要承担一半的本金损失，剩余部分由合作银行一并承担。至2016年底，资金池已经帮助418家企业获得42.4亿元商业银行信贷，授信规模在全国范围内最大，有效地缓解了高新技术企业债权融资的难题，为广州市科技型中小企业的产业转型升级提供了经济支持。资金池通过风险共担方式引导银行资金向优秀科技企业发放科技信贷额度，建立财政资金与银行资金投向创新创业的联动机制。截至2021年12月31日，资金池共为6550家企业提供贷款授信达698亿元，累积发放贷款金额达504亿元，6年时间突破500亿元，科技信贷规模全国第一，杠杆撬动比例全国第一。[①]

近年来，广州市科技信贷呈现出平稳健康发展的良好势头，尤其是自资金池设立以来，广州市的科技信贷无论是规模还是质量都有着显著的提升。资金池的整体运行呈现出补偿大、效率高、范围广的特点。

第一，风险补偿程度大。针对池内发放贷款而产生的信贷违约损失，合作银行和风险补偿资金池各承担一半的风险损失，这对风险损失所能承受的规模起到了一个很好的扩大作用。截至2016年底，池内418家科技企业获得42.2亿元信贷支持，位居“北上广深”之首，政府出资规模在全国最

① 龙锟：《科技信贷规模、杠杆撬动比例均是全国第一！广州这个资金池厉害了》，《广州日报》2022年1月19日。

大、授信规模全国最大。

第二，信贷审批环节少，信贷资金发放高效。广州市科技信贷风险补偿资金池由广州市科技创新委员会和广州市财政局共同建立，广州市科技金融综合服务中心负责具体的运营和管理。对于符合条件的借款企业由市科技金融中心向合作银行出具推荐函，审批通过后，由市科技金融中心向合作银行出具风险池确认书并由合作银行发放贷款。在贷款发放环节，由市科技金融中心和合作银行负责审核管理，审批流程和环节少，大大提高了效率。

第三，风险补偿资金池覆盖企业范围广，涉及企业领域多。广州市科技信贷风险补偿资金池为广州市高新技术企业提供服务，对于资金池备案库内3年内无银行不良记录的中小企业均可以提供贷款。广州市已经建立起了首批4423家资金池备案库企业备案信息。截至2016年12月31日，已经有410家入池企业，包括高新技术企业、高新技术企业培育入库企业、科技创新小巨人、软件企业、省市创新基金入库企业、企业研发机构、省工程中心等企业和机构。涵盖了广州市较大范围的中小科技企业，涉及的企业领域较广。[①]

几年来，广州市科技型中小企业信贷风险损失补偿资金池还呈现出六大特点：一是规模增长明显，自2016年2月首笔贷款发放到2018年实现100亿元规模，2020年实现300亿元规模，2021年突破500亿元规模，6年间，资金池放款年均增长率达65%。二是硬科技一直是资金池重点支持方向，据统计，在6550家资金池企业中，其中3748家为IAB及NEM行业的企业，占比为57.22%。三是入池企业贷款利率逐年下降，2016年入池企业贷款利率普遍为6%～8%，2021年基本在4%～5%，解决企业“融资难、融资贵”效果显著。四是重点支持高新技术行业，高新技术企业有5190家，占比近80%。五是获信用贷款的企业数量多，有4835家享受资金池的纯信用贷款，占比

① 秦倩：《广州市科技金融发展调研报告》，广东财经大学硕士学位论文，2018年；张雅婷：《广州科技金融发展策略研究——基于广州科技金融企业案例研究》，广东外语外贸大学硕士学位论文，2019年。

73.83%。六是有效推动银行模式创新，广州地区的银行已成立37家科技支行或部门，形成具有自身特色的科技金融模式。[①]

广州大力优化科技信贷风险补偿运作机制，引导和鼓励银行增加科技信贷供给、适当降低资金池补偿门槛、扩大资金池覆盖面，拓宽科技型中小企业融资渠道。支持区级政府叠加市级科技信贷风险补偿资金池设立区级科技信贷风险损失补偿资金池，形成市、区联动协同效应。加强政府、银行、保险合作，支持银行机构有序开展投贷联动业务，创新“科技立项贷”“科技人才贷”等科技信贷产品；鼓励保险公司创新科技保险险种，为科技企业开展科技创新分担风险。争取国家支持设立一批科技金融专营机构，新设和发展商业银行科技支行、科技小额贷款公司、科技融资担保公司。引导金融机构创新和推广知识产权质押、产业链融资、投贷联动、股权质押融资等新型融资产品，探索开展高新技术企业信用贷款融资试点、信贷资产证券化试点等融资创新。鼓励商业银行创新运作模式，控股或参股设立投资管理公司，探索实施多种形式的股权与债权相结合的融资服务方式，实施投贷联动。鼓励保险机构、担保机构开展贷款履约保证保险、担保及再担保等业务。进一步扩大市科技型中小企业风险补偿资金池规模。

2022年初，科技部火炬中心与中国工商银行正式联合印发通知，同意在包括广州高新区在内的58家国家高新区首批实施科技金融创新服务“十百千万”专项行动，支持广州高新区等国家高新区与中国工商银行分支机构共建首批10家科技金融创新服务中心。2022年3月，广州高新区与中国工商银行广州分行签署了《高质量发展全面战略合作协议》及《金融支持创新驱动发展战略合作协议》。未来五年，中国工商银行广州分行将为广州高新区企业及重点建设项目提供不少于5000亿元的综合融资支持，双方将在科技创新、产业升级、国企赋能、绿色低碳、金融科技、民生保障等

---

① 龙锟：《科技信贷规模、杠杆撬动比例均是全国第一！广州这个资金池厉害了》，《广州日报》2022年1月19日；《广州产投属下市科技金融中心实现科技信贷突破500亿！》，澎湃新闻网，2022年1月20日，https://www.thepaper.cn/newsDetail_forward_16372614.

六大领域深化合作。[①]广州高新区设立国投大湾区科技成果转化基金，“专精特新”产业投资基金；引进总规模60亿元的中国科学院成果转化母基金。高标准设立黄埔人才引导基金，撬动约60亿元社会资本，打造覆盖人才项目初创期、成长期、成熟期等的全生命周期投资平台，提升人才创业服务。广州高新区设立区科技信贷风险补偿资金池，按照省、市、区的顺序进行科技信贷风险补偿，累计补偿最高可达项目贷款本金的90%。至2021年底，广州高新区科技信贷风险补偿资金池入库银行15家，269家企业获得了贷款，授信总额为15.03亿元，放款总额为4.73亿元。广州高新区已累计引进金融机构96家，发布金融产品超200种，促成融资额244亿元，初步建成民营及中小微企业信用信息及融资对接平台，创新设立首贷续贷服务中心，提高民营及中小微企业首贷、续贷可获得性，服务实体经济能力不断提高。[②]

三、积极发展和利用多层次资本市场

广州市政府持续加大扶持力度，鼓励科技企业通过主板、中小板、创业板、新三板、区域股权交易市场等多层次资本市场融资发展，推动科技型企业上市挂牌融资（见图7-1）。截至2021年12月底，广州共有203家企业在境内外资本市场上市。其中，共有12家企业成功登陆科创板，34家企业在创业板上市，4家企业首批在北京证券交易所挂牌上市（居全国第二位）。新三板挂牌公司累计502家。[③]

①② 叶青：《金融服务为科技创新“添柴”，广州高新区高质量发展动力十足》，《科技日报》2022年3月23日。

③ 李钢：《广州已有203家企业在境内外上市》，《羊城晚报》2022年1月19日。

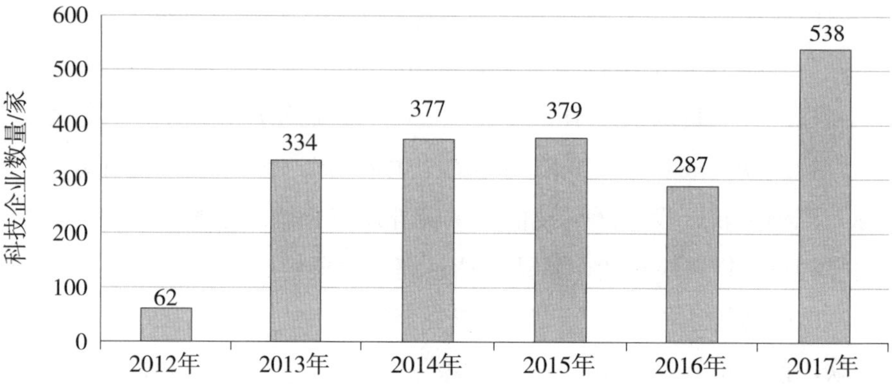

图7-1 2012—2017年在广州股权交易中心挂牌科技企业数量[①]

数据来源：choice金融客户端。

采取政府风险缓释基金、债券贴息等方式支持科技型中小企业发行私募债。支持设立科技并购基金或科技产业基金，促进高端技术成果在广州落地转化及产业化，形成产业集聚。实施上市挂牌“科创领头羊”工程，联合上交所南方中心、深交所广州服务基地、新三板华南基地、广东股权交易中心等机构，推动企业对接上交所科创板、深交所创业板、新三板创新层、广东股权交易中心“科技创新专板”，积极争取广州科技企业在境内外上市。同时，支持科技企业在银行间市场[②]、交易所市场、机构间私募产品报价与服务系统等平台发行债券。强化企业上市工作协作机制，充实科技型后备企业上市挂牌数据库。

新三板是中小科技企业合适的融资窗口。广州市科技企业在新三板市场正以爆发式速度迅速增长，挂牌科技型企业的行业结构在不断完善。广州股权交易中心致力于打造在服务覆盖面、服务效率等方面最具竞争力的区域性股权交易市场，实施“无门槛、有台阶”挂牌企业准入政策；以“平台+中介机构”为主要运营模式，积极利用证券公司、投资机构推荐、

① 秦倩：《广州市科技金融发展调研报告》，广东财经大学硕士学位论文，2018年。

② 银行间市场：由同业拆借市场、票据市场、债券市场、外汇市场、黄金市场等构成。银行间市场，有调节货币流通和货币供应量，调节银行之间的货币余缺以及金融机构货币保值增值的作用。

会计师事务所以及律师事务所等专业机构的共同参与，创新性地开拓“先挂牌、后收费”的盈利模式，实现了间接融资与直接融资渠道的无缝对接。[①]截至2017年底，广州市在新三板挂牌的企业共有429家。到2021年9月17日，广州市新三板挂牌公司累计502家。在挂牌公司256家，其中精选层有3家，创新层有49家，基础层有204家。[②]

2019年4月，广州市成立大湾区科技创新服务中心（广州）有限公司（以下简称大湾区中心）。该中心在广州市人民政府的支持和广州市科技局的指导下，由广州国资发展控股有限公司牵头，联合广东省创投协会等各相关机构共同组建成立。大湾区中心定位为“粤港澳大湾区的一站式科技创新服务平台”，着力打造“一体系、两联盟、三大数据库、四平台”的运营模式，即“打造粤港澳大湾区的一站式服务体系；打造粤港澳大湾区科技金融联盟和广州市科创板上市促进联盟；打造企业数据库，机构数据库，科技成果库；建立创新创业服务平台，成果转化撮合平台，投融资对接服务平台，上市并购平台”。先后承办了中国创新创业大赛（广东·广州赛区）、粤港澳大湾区创投50人论坛、广州创投周等重要活动。大湾区中心组建成立了全省首个粤港澳大湾区科技金融联盟及全市首个科创板上市促进联盟。同时，大湾区中心累计受托运营场地近10万平方米，包括运营6.6万平方米粤港澳大湾区（广东）创新创业孵化基地和2.2万平方米广州（国际）科技成果转化天河基地，受托管理广州市科技型中小企业信贷风险损失补偿资金池。近几年来，该中心围绕“创新、服务、投资、贷款、融资”等方面开展业务，以要素市场化的方式完善科技创新资源配置，推动粤港澳大湾区科技金融深度融合，成为国企混改的标杆。

---

① 截至2017年12月31日，广州股权交易中心主要通过与中证机构间报价系统的互联互通，实现广州股权交易中心的地方优势资源与中证机构间报价系统的全国优势资源对接，成功帮助1977家科技型企业挂牌股权交易中心。

② 龙锟：《广州累计有12家挂牌企业进入新三板精选层辅导备案》，《广州日报》2021年9月26日。

四、完善科技金融服务体系

广州着力建立和完善科技金融综合服务体系。依托广州市科技金融综合服务中心，全面推动建立和完善“一站式”科技金融综合服务平台，推动科技金融信用体系建设，开展科技信贷融资服务、创业服务、创业投资、科技金融信息对接、企业上市培育等科技金融服务，加快建设新三板委托服务机构。依托大湾区科技创新服务中心建设“科技金融智慧大脑”，搭建债权融资、股权融资、增值服务等信息服务体系，为科技企业提供线上线下一体化的“股权+债权”智能撮合匹配“一站式”服务。开展科技金融工作站、科技金融特派员试点工作，探索科技金融赋能孵化育成体系的“1+1”模式。探索通过科技金融服务券模式，引导科技金融服务机构为科技企业提供科技金融服务，推动科技创新融资服务体系逐步完善。支持科技金融协会、团体加强行业自律，资源共享，优势互补，搭建资金与企业的对接平台。鼓励广州高新区等建设科技金融信用体系示范区，发挥科技信用体系、科技成果交易、信息平台建设、科技金融统计、创新创业服务、“新三板”企业培训、股权融资等服务功能。①

十年来，广州持续不断努力追赶北京、上海、深圳等科技金融发达的领先城市，着力完善“创、投、贷、融、服”科技金融链条，取得了可喜成绩。但总体上仍处于国内第二方队前列，尤其与深圳相比差距较大。中国证券投资基金业协会公布的最新数据显示，截至2020年7月，深圳市共有4493家私募基金管理人，数量占比为18.37%，管理15113只基金，这一规模位列全国第二，仅次于上海（4654家管理人，24564只基金），略高于北京（4336家管理人，14913只基金）。从管理基金规模上看，深圳以1.85万

---

① 2007年以来，第一批科技保险创新试点城市（区）进入试点期，全国累计参保的高新技术企业总数超过1100家，累计科技保险赔付额度超过11.75亿元。2010年，广州市被批准成为科技保险创新试点的城市（区）之一，自试点工作开始以来，积极推动创新试点工作，科技保险产品类型日渐丰富，保险范围也逐步扩大。

亿元位列第三，规模占比为12.67%。[①]在风险投资规模和总体实力方面，广州本土风险投资企业发展不尽如人意。仅以深圳市创新投资集团有限公司（以下简称“深创投”）为例，深创投是于1999年设立的一家国有风险投资机构，现已发展成为以创业投资为核心的综合性投资集团，注册资本为100亿元，管理各类资金总规模约4266亿元。管理基金包括：150只私募股权基金，13只股权投资母基金，19只专项基金（不动产基金、定增基金等）。同时，该集团下设国内首家创投系公募基金管理公司——红土创新基金管理有限公司。截至2022年1月31日，深创投投资企业数量、投资企业上市数量均居国内创投行业第一位：已投资项目1420个，累计投资金额约819亿元；其中209家投资企业分别在全球17个资本市场上市，403个项目已退出（含IPO）。[②]相比之下，广州缺少实力雄厚、国内外影响力大的大型风险投资机构。在科技金融方面，广州还需要有更具震撼力的政策，下更大决心予以大力推动。

① 李明珠：《与特区共成长 深圳创投练就“硬核”投资本领》，《证券时报》2020年8月19日。

② 港湾财经：《金心异解开“深圳创新密码”22：“深创投”的“目标”？》，https://baijiahao.baidu.com/s?id=1726284670944127398&wfr=spider&for=pc.

第八章

培育和集聚创新人才

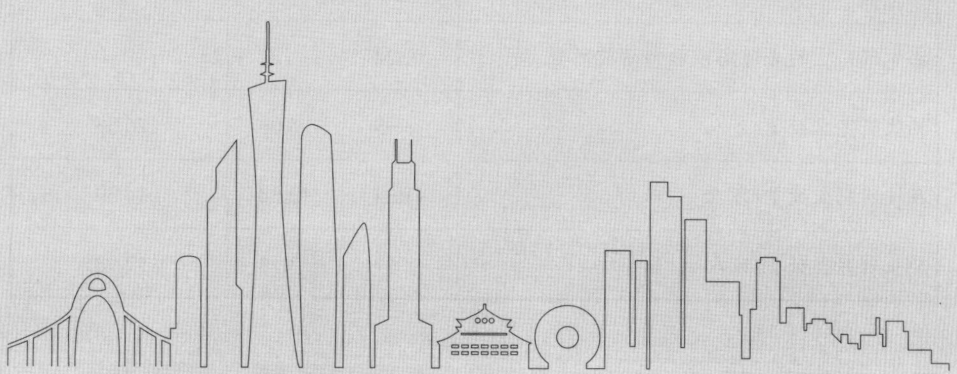

创新之要，唯在得人。广州的人力资源丰富，是人才资源大市，每年不仅拥有数量庞大的本专科毕业生，职业教育在校学生规模也远高于全国其他城市，能为广州科技创新活动提供高层次人才资源（见表8-1）。十年来，广州坚持全球视野、国际标准，以识才的慧眼、爱才的诚意、用才的胆识、容才的雅量，着力培养科技创新人才队伍，真心实意广纳海内外科技创新人才。围绕构建顶尖“智力高地”的目标，广州着力从全球引进战略科技人才、科技领军人才、青年科技人才和高水平创新团队，并提供完善的配套服务，让人才“引得进、留得住”，为科技创新、高质量发展提供强有力的人才支撑。通过全面推进国家创新型城市和科技强市建设，创立和修订《广州市科技创新条例》，发布科技创新“1+9”和集聚产业领军人才“1+4”政策文件，面向国内外聚集创新人才和产业领军人才。

表8-1　广州地区高等教育资源主要指标数[①]

指标	2019年	2020年	同比增长/%
普通高等院校/所	81	82	1.23
招收普通本科、专科学生人数/万人	35.63	47.32	32.81
普通高等学校在校学生数/万人	114.09	130.71	14.57
普通高等学校毕业学生人数/万人	28.68	30.52	6.42
培养研究生的普通高校和科研院所数/所	22	22	0
招收研究生数量/万人	3.95	5.00	26.58
在校研究生数量/万人	11.24	12.88	14.59
毕业研究生数量/万人	2.67	3.15	17.98

① 广州市科技局、广州市科技发展研究中心：《广州市2020科技创新发展数据汇编》（2021年12月）。

一、培育科技创新人才队伍

广州根据不同的人才类型制定不同的人才政策，尽可能将高校优秀毕业生资源留在广州发展，并引进各类行业急需的创新型拔尖人才，确保已有人才政策实施到位，加快有广州特色和优势的人才高地的形成。重视科技研发和科技生产一线急需的高层次科技人才队伍和高技能人才队伍建设，加强科技实用人才、紧缺技能人才和产业发展实用人才队伍的培养，为在创新实践活动中脱颖而出的人才提供良好的发展和创业环境。持续推动产学研领域深入合作，完善高校与企业在工程技术与管理人才中联合培养机制建设，制定和完善促进高校和科研院所领域科技人才资源向企业集聚的人才流动机制。智联招聘联合恒大研究院发布的《中国城市人才吸引力排名2020》显示，广州2016—2019年人才净流入占比（人才流入占比＝流入某城市的人才/全国流动人才总量）分别为0.3%、0.5%、0.5%、0.6%，持续稳定净流入。其中，2019年人才净流入占比，广州位列四大一线城市中最高。①

2016年，广州市发布了《中共广州市委 广州市人民政府关于加快集聚产业领军人才的意见》，此后又陆续配套印发了《羊城创新创业领军人才支持计划实施办法》和《广州市产业领军人才奖励制度》。自2016年起，按支持500名创新创业领军人才（含团队成员），每年支持1000名产业高端人才、2000名产业急需紧缺人才等方式吸引带动各类产业人才来穗工作。2019年，广州出台并实施“广聚英才计划”，以期发挥重大创新平台的“磁场效应”，多形式吸引诺贝尔奖获得者、发达国家院士、中国两院院士和国际一流战略科学家落户，引进了一批高层次创新人才。同时，坚持“高精尖缺”定位，依托省重大人才工程以及市级人才计划重点专项，聚焦前沿领域，造就一批符合产业发展导向、具有独立知识产权和自主创新

① 何颖思、何道岚：《广聚天下才，招才更稳才》，《广州日报》2020年11月5日。

能力、善于凝聚力量、统筹协调的国际一流科技领军人才和高水平创新团队。广州各区也分别出台类似政策，集聚产业领军人才，引进人才尤其是成批引进高水平创新团队，只是强度各有差别。如黄埔区的《广州市黄埔区广州开发区创新创业领军人才聚集工程实施办法》，对领军人才项目给予最高1000万元创业资助（按4：3：3比例分三期拨付）和1000万元投资奖励。

2019年，广州市委、市政府发布《关于实施“广聚英才计划”的意见》，提出了19项创新举措，全力集聚国内外“高精尖缺”人才，全方位优化人才发展环境，加快构筑具有高度竞争力、辐射力、引领力的全球创新人才战略高地。

一是着力培养具有国际竞争力的青年科技人才队伍。加强科教融合、产教融合，强化高等院校人才培养能力，发现一批创新思维活跃、敢闯“无人区”的青年才俊，打造高素质青年科技人才队伍。强化青年科技人才培育与项目、平台的耦合，持续向国家、省重大人才工程选送优秀青年科技人才，进一步加大科技计划对青年科技人才的支持力度，完善青年人才普惠性支持政策。优化提升“菁英计划”留学项目，面向海内外吸引优秀博士来穗从事博士后研究，在中新广州知识城加快建设全省首批、全市首家省级博士博士后创新示范中心。“菁英计划”至2019年累计投入约7800万元，共资助270人，培育了一批具有国际视野的青年人才，被喻为针对青年英才的“天使投资”。

二是加强高技能人才队伍建设。加强创新型、应用型、技能型人才培养，面向产业需求，完善高技能人才培养培训体系，推动校企联合培养高技能人才，支持企业设立高技能人才培训基地。实施知识更新工程、技能提升行动，推进现代学徒制和新型学徒制，加强职业教育“双师型”教师队伍建设，打造“实用型”人才队伍。促进技能人才评价多元化，广泛开展各种形式的职业技能竞赛和岗位练兵活动。

三是发挥人才政策叠加优势，打造融合世界水平的科学家、企业家和创新创业创造人才团队于一体的高层次、国际化人才体系，努力实现“塔尖更高、塔基更实”（见图8-1）。①

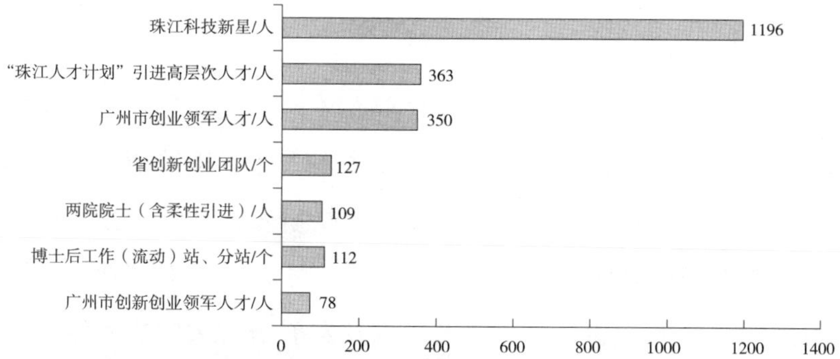

图8-1　截至2020年广州市科技创新高端人才情况②

在科技创新发展新阶段，广州进一步打造高质量科技创新人才队伍，构建国家科技战略力量重要组成部分。

一是加快引进培育基础科学研究人才。依托战略创新平台和“双一流”高校等优势科研力量，衔接基础研究科技计划，着力引进培育一批能够攻克重大科学问题、取得世界领（并）跑的重大原创成果、抢占基础研究和前沿技术发展制高点的国际战略科学家、高层次基础研究人才、青年科技人才及科研团队，不断提升创新策源能力。在广州工作的院士已经有110多位。

二是加快引进培育关键核心技术攻关人才。聚焦技术安全自主可控和抢占科技制高点目标，围绕重点领域打造一支掌握关键核心技术、集成攻关能力强、取得重大标志性成果、有效降低技术对外依存度、具有行业重要影响力和战略科技资源统筹配置能力的高层次关键核心技术攻关人才队

① 广州的人才名号有好多种。相关的财政支持主要有：广州市创新创业领军团队、广州市创新领军人才、广州市创新创业服务领军人才、广州市杰出产业人才、广州市产业发展和创新人才、广州市引才成绩突出企业、广州市产业领军人才承担项目资金配套、广州市企业人才培训补贴、广州市企业人才国际培训项目资助、广州市企业博士后国际培养计划等。

② 广州市科技局、广州市科技发展研究中心：《广州市2020科技创新发展数据汇编》（2021年12月）。

伍。遴选一批技术骨干，牵头参与国家、省、市重大关键核心技术攻关项目，助力打好关键核心技术攻坚战。广州已经引进多名创新创业领军人才和多支创新创业团队。

三是加快引进培育产业发展复合型人才。以推动形成具有国际竞争力的现代产业体系为目标，与广州市产业领军人才专项等衔接，发掘一批具有战略思维和创业能力的科技企业家，一批研发创新能力强、拥有自主知识产权、具有国际竞争力的产业技术研发人才，一批对产业技术进步具有较大贡献的中坚人才和急需紧缺人才以及发展潜力大的优质复合型技能人才，不断提升产业人才专业化、职业化、国际化水平，为产业创新发展提供坚实支撑。①

二、聚集高端创新人才

近几年来，广州持续优化创新人才政策、完善人才生态链，充分发挥政府引导作用，积极实施更开放、更灵活和更具竞争力的创新人才引进政策，鼓励企业、高校、科研院所等参与人才资源开发和人才引进。以“高、精、尖、缺”为导向，实施加快聚集产业领军人才、博士后培养工程、珠江科技新星计划、菁英计划、高层次金融人才计划等人才项目。发挥南沙全国人才管理改革实验区、广州开发区国家高层次人才创新创业基地、国家重大人才工程南方创业服务中心、中国留学人员广州科技交流会、羊晚腾讯创业基地等作用，加快集聚一批科学家、企业家和高技能人才。支持科学家参与国家和国际大科学计划，带动创新团队和领军人才迅速成长。积极运用国家自然科学基金、省自然科学基金等创新平台，培养

---

① 《广州市科技创新“十三五”规划（2016—2020年）》（2016年6月27日）；《广州市科技创新“十四五”规划》（2022年1月），《广州市人民政府公报》2022年第7期。

一批具有重大原始创新潜力的青年科学家。支持企业开展群众性岗位创新活动，培育高技能人才和“创新工匠”。

2019年6月广州出台的“广聚英才计划”，提出延揽国际顶尖战略科学家，实施团队带头人全权负责制，赋予其用人权、用财权、用物权、技术路线决定权、内部机构设置权和人才举荐权。通过实施“广聚英才计划”，广州已经成功引进徐涛、徐宗本院士等行业顶级科学家，在穗工作的两院院士达到了119名。其中，生物岛、南方海洋科学与工程等4家省实验室在徐涛、张偲、徐宗本、李家洋4位院士的领衔下汇聚37位院士、270个高层次人才团队。

广州着力组织实施“智汇广州”高端人才对接服务行动，吸引海内外高层次人才来穗开展联合攻关、成果转化等创新合作。实施科技人才绿卡制度，建立高端人才绿色服务通道，开展技术移民试点，对引进的海内外人才，实行特殊的居住政策；对符合条件的外国人才及其随行家属给予签证和居留等便利，对持有外国人永久居留证的外籍高层次人才在创办科技型企业等方面给予国民待遇，着力构建全球顶尖智力高地。2016年，广州开发区在全球建立10个海外引才工作站，达成合作意向的工作站来自悉尼、巴黎、东京、多伦多、硅谷、华盛顿、旧金山、纽约、伦敦、马德里，多为海外华人创办的从事人才培训、人才引进、留学中介等工作的机构，与海外高校、华人团体、企业协会、商会、知名高校校友会均建立广泛的合作关系。广州开发区充分利用上述机构掌握的人才资源库，通过定期开展人才交流活动等形式，向海内外高端人才介绍该区的创新创业环境，吸引人才到该区创新创业。①

创新事业呼唤创新人才，召唤着海外留学人员回国服务。海外留学人员是宝贵的创新资源，是广州推动科技创新的生力军。广州引进留学人员，觉悟早、行动快，1998年就搭建留交会这一全国性平台，同年出台政策给予来

---

① 《广州开发区在全球建10个海外引才工作站》，中国新闻网，2016年4月13日，https://www.chinanews.com.cn/gn/2016/04—13/7833002.shtml.

穗工作的留学人员以1万元的安家费补助，在留学生界中引起强烈反响。广州充分发挥中国留学人员广州科技交流会引才聚才的平台作用，推动实体展会和虚拟展会相结合，打通人才、项目、资本的线上线下即时沟通与对接服务，大力吸引海外留学人员到广州创新创业。多种因素叠加使广州成为引进留学人员的重要城市。2021中国海外人才交流大会暨第23届中国留学人员广州科技交流会于2021年12月中下旬在广州举行。走过22届的海交会，作为国家级引才引智平台，覆盖全球140多个国家和地区，吸引超过5万名海内外人才参会。大批海归人才通过大会来到广州，迈出理想的第一步并取得成功。不少人在广州创新创业，其中有些留学归国人员创办了科技企业并取得成功。如迈普医学的袁玉宇和徐弢通过海交会获得投资人青睐，企业由此成为全球生物3D打印技术的领导者；禾信仪器的周振通过大会落户广州开发区，10年时间打造全国领先的质谱仪器企业并掌握自主研发核心技术，使我国在质谱仪器领域不再受制于人。在广州的海外留学归国人员已经超过10万人，他们为广州科技创新发展作出了显著贡献。[①]时过境迁，当下的国内外政治经济环境等发生了一些新的变化，国内各大城市纷纷争夺留学人才，深圳、杭州、成都等城市迅猛崛起。相比周边城市和江浙地区大城市，今日广州留学人员政策力度不大、覆盖面不广，手续繁琐，吸引力逊色于京沪深杭等大城市，作用也在递减。需要评估现行政策，及时变通，重新制定有吸引力、竞争力、影响力的政策，重塑优势，跟上不断变化发展的形势，应对国内外城市间争取国际化人才的竞争与挑战。

广州积极建立全球招才引智体系。筹划建立广州南沙新区国际化人才特区，并将具体实施方案上报至广东省推进粤港澳大湾区建设领导小组办公室。解决本市产业领军人才、珠江科技新星等科技人员住房补贴1.23亿元。广汽集团入选2020年度国家引才引智示范基地（战略科技发展类）。先后举办《财富》全球科技论坛、小蛮腰科技大会、世界5G大会、海交会等国际化高层次会议活动。

① 何颖思、何道岚：《广聚天下才，招才更稳才》，《广州日报》2020年11月5日。

三、激发创新人才活力

广州着力健全人才激励机制，创新人才发展体制机制。几年来，一直努力探索建立与科技创新发展相匹配的人才培养、引进、使用、评价、激励、流动机制。按照新时代要求，坚决破除唯论文、唯职称、唯学历、唯奖项等观念，重业绩、重才干，在各类科研活动中规范人才“帽子”使用，防止出现“赢者通吃”现象。探索建立长期稳定支持机制，构建充分体现知识、技术等创新要素价值的收益分配机制，逐步推进形成科学合理的科技成果验收评价机制。力图建立以信任为前提的战略科学家负责制，赋予科技人员充分的人财物自主权和技术路线决定权。开辟优秀人才职称评定绿色通道，开展高层次、急需人才职称直聘试点，完善青年人才“举荐制”。

一是完善科技人员的考核评价和技术职务聘用制度。将专利创造和科技成果推广应用、产业化等指标作为科技人员考核评价和技术职务聘用的重要依据。广州正在推进对科技人员进行职称评审与岗位考核时，将发明专利转化应用情况与论文指标要求同等对待，技术转让成交额与纵向课题指标要求同等对待。同时引导高等学校、科研院所在现有职称评定、岗位聘用、科技成果评审体系中，增加专利、技术转让以及成果产业化等职称评定要素的比重。探索建立人才分类评价体系，改革完善职业资格管理制度，实施分级管理专项职业能力企业评价工作，推动评价标准和体系更加科学规范。逐步落实科技成果转化收益分配和科技人才个人所得税优惠政策。

二是优化创新人才发展生态环境。广州提出照顾“一老一少”的人才服务政策，对于引进的人才政策覆盖到家庭成员，让科技人才安心工作。打造更优人才政策体系，实施更加开放的引智引才政策，加大市财政对人才的普惠性支持力度，以制度环境和条件培育人才、吸引人才、成就人才。优化人才事业环境、生活文化环境和服务环境，建立科技人才服务联盟，建设中国广州人力资源服务产业园。健全人才综合服务保障体系，在教育、保健、交通、住房等方面优化提升服务质量，为创新人才搭建技术、项目、资本“一站式”对接平台。真正让科技创新人才引得进、留得住、干得好，潜心在广州干事创业谋发展。

三是树立有利于促进潜心致研的科研作风。通过培训、组建社团、交流学习等多种形式，加强科技创新人才的作风学风、科技伦理和科研诚信建设，加强科技计划全过程的科研诚信管理，实行科研诚信承诺制，建立健全科研信用分类评价制度，完善联合惩戒机制。切实加强科研诚信的教育和宣传，营造求真务实、诚实守信的科技创新生态，推动科学精神和科研诚信真正内化为科研人员的行为准则和精神追求。[①]

四、深化创新人才交流合作

近年来，在全球科技发展的激烈竞争中，频繁出现核心技术的“卡脖子”难题。以人工智能领域为例，中国存在着巨大的人工智能人才缺口，须大量引进海外留学生和人工智能人才，美国、英国、澳大利亚、新加坡和日本是中国海外人工智能人才的主要来源。来自这5个国家的人工智能人才占到了中国海外人工智能人才总量的83.80%。从世界发展的经验来看，无论是东京湾区、纽约湾区还是旧金山湾区，这三大世界湾区成功的经验都在于吸引并汇聚了大量的国际化人才，比例高达40%以上，显著地提升了区域乃至国家的整体发展水平。国际化人才的比重，对于重塑全球人才竞争格局至关重要。例如美国不仅是国际人才的最大输入国，也是国际人才竞争的最大赢家，美国一直从世界各国吸纳各领域人才。据统计，就职于硅谷的科研人员和工程师中大约有三分之一是国际移民。从1901到2010年一百多年来，每4个获得诺贝尔奖的美国科学家中就有一位是外国移民。人

① 《广州市科技创新“十四五”规划》（2022年1月），《广州市人民政府公报》2022年第7期。

才国际化水平还与地区经济发展水平呈正相关的联系。根据《2019年全球人才竞争力指数报告》，2019年全球人才竞争力排在前20名的国家和地区全都属于发达经济体，瑞士、新加坡、美国、挪威、丹麦、芬兰、瑞典、荷兰、英国、卢森堡位居全球人才竞争力前10名。①对广州来说，应当坚持大力引进国际化人才与自主培养国际化人才双项并举，其中要着重加强自主培养高层次国际化人才的能力。有了这一源头活水，才能够更好地汇聚和留住人才，持续性发挥人才优势，有效打造国际化的城市群，带动整个区域和国家的发展。

一是广州致力于创造开放环境，培养国际化人才。开放的环境，能够最大限度地激发人才的创造力与能动性，有利于吸收与融合一切有利于国家发展的先进技术、制度与经验。如今，中国的发展已经进入一个新的阶段，面临着新的形势与挑战，城市和所在高校更加需要以开放的环境，吸引和借鉴先进的经验，培养自己的国际化人才，持续发挥影响力。坚持引进国际化人才与自主培养国际化人才两条腿走路。广州高校可以探索借鉴国际一流大学的建制，采用与国际接轨的教材，从全球范围内全职引进一批具有在世界一流大学学习、执教或研究经历的专家、学者，建立国际化的师资和科研体系。这些专家、学者不仅能带来前沿的知识与技术，也能带来成熟的科研团队、管理经验与学术体系，在金融、大数据、人工智能、生物科学等领域打造一批具有影响力的科研平台。②

二是广州正在积极推进创新人才国际化。坚持科技人才“引进来”“走出去”并重，构建开放式科技创新人才培养模式。加快推进中新广州知识城国际人才自由港、南沙国际化人才特区建设，营造融通港澳、

① 徐扬生：《创造开放环境，自主培养高层次国际化人才》，《光明日报》2022年2月10日。

② 据统计，2016年，英国、新西兰、瑞士、澳大利亚、奥地利、卢森堡、比利时、加拿大、捷克、丹麦、荷兰等国家高等教育阶段的留学生占比皆超过10%。卢森堡最高，达到47.00%，新西兰为19.84%，英国为18.10%。见徐扬生《创造开放环境，自主培养高层次国际化人才》，《光明日报》2022年2月10日。

接轨国际的人才发展环境。积极建设国际科技和人才交流合作基地，推进广州开发区中央海外高层次人才创新创业基地建设。发挥“海交会”等国际化引智平台作用，依托中国创新创业成果交易会打造“青年创新成果广州交流会”，推动更大范围、更高层次开展创新人才交流。

三是广州也在尝试打造具备国际视野的企业家队伍。依托广州青年企业家发展领航计划等，做好培训、交流等工作，全面提升企业家的综合素质和经营管理水平，打造具有国际影响力、能引领产业创新变革的现代化国际化企业家队伍。强化企业家创新驱动发展意识，发挥企业家在科研方向和技术路线确定中的支撑作用，激励企业家不断打造新产品、开发新技术、培育新业态、创造新模式，推动与世界各国企业家交流合作、同台竞争，展现创新风貌，有力提升企业国际竞争力。

五、提升创新人才服务质量

广州积极加强人才环境建设，最大限度发挥人才政策、房价、生活成本、生态环境、制度环境等各类软环境对人才资源可能带来的“磁吸效应”。针对人才最关注的需求问题，广州重点突破，为人才在穗发展营造宽松、贴心的工作生活环境。积极创建让人才充分发挥自身聪明才智和创造力的综合环境，形成有利于关心人才、尊重人才，充分发挥人才作用的良好人文环境，为外来人才提供与本土人才平等发展的平台和环境，提升人才的创造性。

一是积极推动高校、科研院所和企业的人才交流互动。鼓励符合条件的企业优秀人才在高等学校、科研院所评聘职称、兼职、授课、培养研究生。支持企业建立高等学校学生实践训练基地，联合培养研究生。建立企业与高等院校、科研院所的人才联合聘用机制，允许科研人员兼职兼薪和离岗创业。

二是着力提升外国人才管理服务水平。立足于提升外国人才管理服务工作法制化、规范化水平，建立互联共享、高效便捷的外国人才管理服务体系。优化人才绿卡制度，探索实施外国留学生毕业后在穗创新创业制度，深入实施粤港澳大湾区个人所得税优惠政策。优化外籍和港澳台高层次人才认定程序，为外籍高层次人才申请永久居留证件提供便利，推进持永久居留证的外籍人员创办科技型企业享受国民待遇落实工作。探索技术移民试点，推进外国人才“一站式”服务，提供入境签证、永久居留、科技研发、子女入学、外汇使用、医疗保障等便利措施和绿色通道服务。

三是充分发挥人才服务机构作用。强化南方创业服务中心职能，发挥海外引才工作站作用，引进、扶持专业创新创业服务机构，完善创业辅导培训机制、创新资源对接机制、人才咨询服务机制和人才载体合作机制，建成华南创新创业创投资源的汇聚点、融合引才育才用才各项服务新平台。健全人才服务保障体系，妥善解决高端创新创业人才在居留、落户、医疗、保险、住房等方面的困难和问题，强化城市对科技创新高层次人才的吸引力。2016年广州在全国率先制定发布人才绿卡制度，对非广州户籍的8大类人才，在出入境和停居留、购房、购车、子女入学等9个方面提供市民待遇。自2019年底起，人才绿卡审核事权下放各区，人才绿卡政策更灵活。如南沙区扩大人才申报范围，将国内双一流高校研究生、港澳台一流大学本科生，南沙专才、南沙工匠，以及高级技师、副高职称等纳入政策支持范围。至2020年11月，广州全市累计发放人才绿卡7179张，其中来自境外的约占12%。住房方面，已有近700名高层次人才获批住房补贴。全市各区已筹集建设约2.5万套人才公寓，为在穗工作的中高层次人才解决住房问题。①

十年来，广州一直围绕大力培养引进使用服务创新人才出台了不少人才政策，也产生了一定的效果。在新的发展阶段，如何围绕创新链布局人

① 何颖思、何道岚：《广聚天下才，招才更稳才》，《广州日报》2020年11月5日；《广州市科技创新“十四五”规划》（2022年1月），《广州市人民政府公报》2022年第7期。

才链，一方面是用普惠政策聚集大量人才尤其是青年科技创新人才，不用过于担心出现“广种薄收”情况，而是着眼于储备人才；另一方面，用精准的“滴灌”形式，做好高质量的引进、培育、服务工作，助推高层次人才队伍的壮大发展，让广州涌现出更多的战略科学家、高层次研究人才、高级工程师、高级技术工人、科技型企业家和风险投资家，引领广州科技创新和高新技术产业发展。广州既需要铺天盖地的科技人员，更需要有顶天立地的各类“大咖”，真正形成粤港澳大湾区高水平创新人才高地。当下，尤显重要的是去除各种不合理限制，改革科技管理体制机制，持之以恒激发各类人才尤其是科技人员的创新活力，让体制内的人才迸发出持续不断的创新创造源泉。

第九章

建立健全科技创新生态体系

实际上，在支持鼓励科技创新的新发展阶段，政府最需要用力的地方，就是营造有利于科技创新的大环境：政策引导、建立健全良好体制机制、普及科学技术知识、形成创新文化，营造全社会鼓励、支持科技创新的良好环境。十年来，广州充分发挥市场竞争激励创新的根本性作用，营造公平、开放、透明的市场环境，营造鼓励创新和宽容失败的社会氛围。在科技计划项目实施和管理中，建立宽容失败的制度保障；对科技创新中重大决策事项和财政科技经费的使用，建立风险失误的免责机制；对高校、科研机构重大科技成果转化，建立风险失败的免责机制。深化行政审批制度改革，最大限度减少政府对微观事务的管理，简化企业商事登记流程。支持企业和机构举办科技创业论坛、创新创业大赛等活动，在全社会积极培养企业家精神和弘扬敢为人先精神，活跃广州创新创业氛围。

一、落实和完善科技创新政策

科技创新领域是最需要不断改革的领域，尤其需要更多的正向引导和激励，消减负面的干扰和阻碍，特别是去除对科技人员种种不合理的或明或暗的限制。只有破除体制机制障碍，才能最大限度解放和激发科技作为第一生产力所蕴藏的巨大潜能，更好地完成从科学研究、实验开发到推广应用的“三级跳”。近些年来，国家对科技创新出台了一系列政策，在要素、主体、完善机制、产业创新、区域创新、创新环境、开放创新等方面，就财政投入、税收优惠、金融支撑、科技成果转化、人才队伍等各个相关环节引导、支持、鼓励科技创新。近年来，广州着力构建科技创新政策体系，集聚创新人才、开放创新合作，加强创新文化建设。2020年，广州修订出台了《广州市科技创新条例》，将近年来行之有效的改革举措予以固化，成为“1+5+N”科技创新法规政策体系的纲领性文件，促进“负面清单”“以赛代评”“以投代评”“揭榜挂帅”等先行先试创新机制不断深化，在全社会营造鼓励创新、支持创新、宽容失败的创新生态。要拆除从科研成果到产业化的“篱笆墙”。2020年6月24日，广州市科技局发布了广州首个重点研发计划“揭榜挂帅”项目榜单，每个“揭榜挂帅”项目最高可得到1000万元的市财政资金支持。这个擂台，既促进产学研的合作，也让更多科创英雄同场竞技、公平竞争，着力解决制约产业发展的“卡脖子”技术难题。广州财政拿出真金白银，筑牢创新生态。广州大力创建国家营商环境创新试点城市，办好大湾区科学论坛、创交会、海交会、小蛮腰科技大会、《财富》全球科技论坛等高端创新活动，促进科技学术交流和创新创业经验共享，大力推动创新文化、创新精神、创新价值融入城市精神，着力营造“要创业到广州、要创新来广州”良好氛围。

党的十八大以来，国家陆续出台了《中共中央 国务院关于深化体制机制改革加快实施创新驱动发展战略的若干意见》《国家创新驱动发展战略纲要》《深化科技体制改革实施方案》《关于发展众创空间推进大众创新创业的指导意见》等政策文件，对科技管理体制改革作出明确指导。

十年来，为深入实施创新驱动发展战略，广州市积极贯彻落实国家、省促进科技创新的法律、法规和政策，进一步完善市科技创新政策体系，建立符合国际规则的支持创新产品和服务的政策，加大财政投入力度，通过科技计划专项进行引导，鼓励采用首购、订购以及政府购买服务等形式支持企业创新。2015年广州市委市政府出台了《关于加快实施创新驱动发展战略的决定》，2016年又出台《关于加快集聚产业领军人才的意见》，2019年广州市政府出台了《广州市进一步加快促进科技创新的政策措施》。广州市科技局、金融局、工信局等部门出台了一系列配套文件，予以具体实施。加大国家、省、市科技创新政策宣传力度，简化办事流程，优化政策优惠享受办理程序，确保国家财政税收优惠政策及时落地。建立科技创新政策评估机制，定期梳理财政、税收、人事管理等相关政策和制度，对阻碍科技创新的政策规定和制度进行修改。探索建立符合科技创新发展规律的财政经费使用、管理规则。持续加大政策供给，构建了“1+9”科技创新政策体系及系列配套政策举措，促进形成创新资源集聚、创新主体活跃、创新投入多元、创新机制顺畅、创新保护完善的良好创新生态。①

广州贯彻实施《广州市科技创新条例》，落实国家、省相关法规和政策，建立地方性法规和落实政策协调推进的良性机制。围绕创新发展规律配置相应政策，不断完善广州市科技创新政策法规体系，建立支撑科技自立自强的制度基础，形成“1+5+*N*”法规政策体系②。加强政策前瞻研究和协调审查，完善科技创新政策评估体系，对政策措施实行动态调整优化，及时开展科技创新政策立、改、废。

积极构建更加完善的政策体系（见本书附录《近十年来广州市科技创新法规和政策出台情况》）。“1+9”科技创新政策体系及配套政策措施，聚焦基础与应用基础研究、重大创新平台建设、高新技术企业培育、企业研发投入、科技金融融合、新型研发机构建设、孵化器和众创空间建设、人才培育等重点领域，进一步做好政策“加减法”，削减一批难以落地、效果不佳的政策；下放一批支持额度小、数量大的普惠性事项；优化一批围绕重点领域、重点方向的高含金量政策；定制一批聚焦创新发展痛点、亮点的拳头政策，形成疏密有致、精干高效的科技创新政策框架体系。实施更精准的政策供给。围绕广州市创新驱动发展的总体规划和布局，不断丰富政策内涵，建立市场导向的政策调节机制，强化利用金融手段撬动社会资本投入，沿产业链、创新链、资金链，将原始创新、产业引领、财税优惠、金融扶持、人才引进、知识产权等各种政策要素精准注入创新驱动发展的关键主体、关键环节。拓展国际化的政策视野。深化科技创新体制机制改革，以全球视野谋划政策设计，打破条条框框自缚自陷的怪圈，对标

① 李鹏程：《打通科创全链条 构建良好创新生态》，《南方日报》2019年8月9日。

② “1+5+*N*”法规政策体系：“1”指地方性法规——《广州市科技创新条例》；“5”指围绕“科学发现、技术发明、产业发展、人才支撑、生态优化”全链条创新发展路径5个方面配置的政策包，对《广州市科技创新条例》的相关规定予以落实；“*N*”指围绕主要政策配置的其他细化落实措施或管理办法。

国际科技创新顶尖地区，打开创新成果、人才、资金自由流动的通道，形成一批实施高效、指向精准、操作简便，对国际创新资源具有强大吸附效应的领先政策，打造全球科技创新政策高地。

近几年来，市、区两级均出台了一系列政策。2021年以来，广州开始执行“1+5+*N*”法规政策体系。

其一，在科学发现方面。一是加强基础与应用基础研究。2019年3月20日，广州市政府印发《广州市加强基础与应用基础研究实施方案》，着力构建以高水平实验室为龙头，以重大科技基础设施和创新平台为支撑的基础科学研究支持体系。2019年7月，广州市政府与广东省科技厅共同设立粤港澳大湾区（粤穗）开放基金，每年投入8000万元，共同支持粤港澳地区基础和应用基础研究。截至2019年7月，广州共有国家重点实验室20家、省重点实验室234家、市重点实验室165家。二是着力推动广东省实验室建设。通过“六个创新”（管理方式创新、项目投入创新、人力资源管理创新、资产财务管理创新、成果转化机制创新、人才培养政策创新），大力推进广州再生医学与健康广东省实验室、南方海洋科学与工程广东省实验室建设，启动人工智能与数字经济广东省实验室、岭南现代农业科学与技术广东省实验室建设。三是实施重点领域研发计划。加强广州市重点产业领域的关键核心技术攻关，聚焦新一代信息技术、人工智能、生物医药、新材料、新能源、海洋经济等重点领域，集中资源力量精准发力，组织实施若干重大科技专项，力争通过3至5年时间，突破一批前沿性、引领性关键核心技术。将采取自主选题和公开征集相结合的方式遴选项目，创新优化项目专家咨询评审机制和项目决策管理机制，大幅提高项目支持强度，单个项目财政支持经费1000万元以上。《广州市2021年预算执行情况和2022年预算草案的报告》显示，2022年市级财政安排82.5亿元支持科技创新。①

① 何颖思：《〈广州市2021年预算执行情况和2022年预算草案的报告〉书面提请人大审查》，《广州日报》2022年1月26日。

其二，在技术发明方面。一是大力推动科技成果转移转化工作。相继出台《广州市促进科技成果转化实施办法》及《广州市促进科技成果转移转化行动方案（2018—2020年）》，聚焦科技成果转移转化内生动力提升和市场化服务体系建设两条主线，协同国有机构和民营机构力量，加强能力建设、鼓励成果转化试点，培育技术转移人才，促进科技成果转化。选择五山—石牌高教区、环中大、环大学城等重点区域，打造集科技成果转化、科技企业孵化、科技金融服务于一体的一站式创新创业平台，建设开放式科技成果转化基地，促进高校和科研院所的科技成果落地转化，举办“广州高校院所成果转移转化常态化精准对接”系列活动。至2019年7月已组建168家产学研创新联盟，成员超过2500家。二是加强孵化育成体系建设。出台《关于促进新型研发机构建设发展的意见》，用于支持新型研发机构的启动建设运营、持续建设发展和对新型研发机构创新成果产业化奖励等。截至2019年7月，广州市已与中国科学院、清华大学、中山大学等单位合作共建近20家新型研发机构。全市范围内共有50家机构获得省级新型研发机构认定，累计孵化企业数580家。2019年上半年成果转化和技术服务收入55.76亿元。2018年9月，修订出台《广州市科技企业孵化器和众创空间管理办法》和《广州市科技企业孵化器和众创空间后补助试行办法》，着力提升孵化器和众创空间服务能力和水平。全市共有科技企业孵化器339家，其中国家级孵化器有26家；共有众创空间233家，其中省级众创空间试点单位有37家。2018年公布的国家级科技企业孵化器考核评价结果，广州5家获A类评级。广东省科技企业孵化器和众创空间运营评价结果中，广州市27家孵化器获评优秀，居全省第一，16家众创空间获评优秀。2019年度广州有16家国家级孵化器获评为优秀。①

其三，在产业发展方面。一是大力扶持培育科技创新企业。2019年3月12日，广州市科技部门联合市财政局、市统计局、市税务局联合印发《广州

① 《好消息！广州16家国家级孵化器获评2019年度优秀国家级科技企业孵化器》，《广州日报》2020年12月17日。

市企业研发经费投入后补助实施方案》，大幅度简化企业申报程序。截至2019年6月底，已有12748家企业申请研发费税前加计扣除，为企业减税额约102.75亿元。二是推动科技金融深度融合发展，发挥科技信贷风险补偿资金池作用。2019年5月24日，市科技部门出台新的《广州市科技型中小企业信贷风险损失补偿资金池管理办法》，在原来4亿元风险资金池的基础上，增加每年不超2亿元部门预算作为风险损失补偿资金，并将合作银行由原来的8家扩大至23家，并于同年6月22日对23家合作银行授牌。截至2019年7月，广州市科技型中小企业信贷风险损失补偿资金池共对1374家企业，累计授信189.9279亿元，累计发放贷款超过116.51亿元。其中，高新技术企业有1083家，占比78.82%；首次获贷企业有495家，占比36.02%；获得纯信用贷款的企业有880家，占比64.04%。成立科技成果产业化引导基金。出台《广州市科技成果产业化引导基金管理办法》，充分发挥财政投入的50亿元市科技成果产业化引导基金作用，引导更多社会资本投入科技创新，推动科技创新企业利用多层次资本市场发展壮大。截至2020年，全市共8家企业申报科创板被受理，方邦电子成功在科创板上市，百济神州、汇量科技、卓越教育成功在港交所上市。"金镶玉"政策体系不断丰富，出台四个"黄金10条"、两个"美玉10条"、"新基建10条"、"生物制药10条"、"港澳青创10条"、"纳米10条"、"5G10条"、"氢能10条"、"金融10条"、"区块链10条"、"民营及中小企业18条"、"海外尖端人才8条"、"瞪羚10条"、"工业互联网10条"等多项重磅政策，覆盖了一批战略性新兴产业。①

其四，在生态优化方面。一是推动先行先试。2018年3月，广州市政府出台的《关于珠三角国家自主创新示范区（广州）先行先试的若干政策意见》正式印发，由市科技部门牵头推动落地实施。着力促进创新要素集聚，营造开放、宽松、自由的创新生态，提升创新驱动发展的新动能，

---

① 广州高新技术产业开发区管理委员会：《广州高新技术产业开发区"十四五"发展规划（2021—2025年）》（2021年10月）。

具有突破性的意义。若干政策意见中的设立自创区生物材料进出口公共服务平台（华南生物材料出入境公共服务平台顺利通过验收并启动试运行）、健全出入境及居留（将自贸区高层次人才签证及居留政策扩展至自创区），支持、鼓励外籍学生和毕业生在广州创新创业（符合条件的外国留学生可在广州“双自”区域内开展兼职创业活动、可直接申请办理外国人就业手续和工作类居留许可）等政策已得到落实。二是加快集聚高层次创新人才。从2016年起，广州市财政每年安排经费用于产业领军人才资助、奖励和配套服务。实施羊城创新创业领军人才支持计划，对创业领军团队、创新领军团队、创新领军人才和创新创业服务领军人才给予经费资助。截至2019年7月，广州有在穗工作的诺贝尔奖获得者8人、两院院士98人、国家级高层次人才490人，发放“广州人才绿卡”5745张。[①]

广州市各区也相应出台推动科技创新发展的政策。如2016年广州开发区在原有科技政策基础上进一步完善和创新，出台了一个纲领性文件及八个配套政策的“1+8”科技创新政策体系，加快推进建设创新驱动发展示范区、国际创新资源聚集区。该纲领性文件为《广州开发区、黄埔区关于加快建设创新驱动发展示范区国际创新资源集聚区的决定》（以下简称《决定》）。该《决定》从完善创新创造和创业发展的良好生态环境，推动科技与产业、平台、金融、人才、知识产权、国际合作融合发展，提出了10个部分、34条政策，提出到2020年实现财政投入科技经费达到23亿元，全社会研发投入占地区生产总值比重超过4%，高新技术产品产值占工业总产值比重达到60%，发明专利实现倍增，高新技术企业超过1000家，上市企业达200家，高层次人才达200人。围绕《决定》，该区还从科技发展资金管理，科技、金融与产业融合，创客空间和孵化器等载体建设，大学生创业，瞪羚企业培育及知识产权保护和运用等出台了8个配套政策。这8个配套政策

---

① 陈伟赞、蔡林聪：《广州：“1+9”科技创新政策体系效益显著》，中国报道网，2019年8月8日，http:// cxzg.chinareports.org.cn/dfsc/2019/0808/13566.html.

分别是《区科技发展资金管理办法》《区瞪羚企业认定扶持办法》《区知识产权专项资金管理办法》《区促进科技、金融与产业融合发展实施办法》《区鼓励创业投资基金参股人才创新创业项目办法》《区进一步加快各类孵化器发展实施意见》《区创客空间认定和扶持办法》《区大学生科技企业扶持办法》。①

二、推动科技体制机制创新

为贯彻实施《广州市科技创新条例》，落实国家、省相关法规和政策，建立地方性法规和落实政策协调推进的良性体制机制，广州围绕创新发展规律配置相应政策，进一步推进“放管服”，做好科技创新体制机制的立、改、废，不断完善有利于推动科技创新的体制机制，建立起支撑科技自立自强的制度基础。

（一）健全科技创新资源配置的市场导向机制

健全技术创新市场导向机制，充分发挥市场配置创新资源的决定性作用，在主要面向市场的技术创新领域，加快建立由市场决定研发方向、技术路线、创新项目和经费分配、评价成果的有效机制。加快产业链、创新链、资金链、政策链互融互通。推进科技创新资源供给侧结构性改革，进一步优化财政科技资源配置，科研经费80%用于支持企业或企业牵头承担项目，80%的科研经费以后补助为主，对市场不能有效配置资源的公益性、基础性和重大关键共性技术研发项目以前期资助为主。加强对重点发展领域

① 冯海波：《广州开发区出台科技创新1+8政策体系着力建设创新驱动发展示范区》，《广东科技报》2016年4月8日。

和关系长远重大创新项目的支持力度。广州市科技局进一步优化科技计划体系，构建了分类有序的市财政科技经费“3+3”资助方式，即3种前资助方式，竞争性前资助、协议类前资助、定向组织前资助；3种后补助资助方式，政策性后补助、创新大赛后补助、绩效评价后补助。新的资助方式，显著改变了传统依赖专家同行评议的竞争性项目支持方式，充分发挥市场在资源配置中的决定性作用，进一步拓展创新大赛后补助、绩效评价后补助等创新评价机制。

（二）建立协同创新的有效机制

加强部省市联动，围绕解决制约地方经济社会发展的重大科技需求问题，建立协同创新统筹协调机制。进一步加强与中国科学院、中国工程院的合作，争取国家部委的支持，共建重大科技创新平台。创新产学研协同创新机制，推动广州产学研协同创新联盟建设，围绕战略性新兴产业重点发展领域，组建了多个产学研技术创新联盟。每年均组织实施产学研协同创新重大专项，联合开展重大技术攻关和重大科技成果产业化活动。依托行业领军企业、骨干科研院所、高水平大学，整合创新资源，推动建设一批产业共性技术研发基地。引入国防科工系统资源，探索军民融合协同创新机制，推动军工和民口科技资源互动共享。

（三）完善科技成果转移转化机制

改革高等院校、科研院所科技成果使用权、处置和收益权，高等学校、科研院所可自主决定对科技成果的合作实施、转让、对外投资和实施许可等事项，推动高等院校、科研机构成立技术转移综合管理服务机构，为科技成果转化提供相关服务。相关主管部门根据自身行业特点和行业科技成果转化需求，设立本行业的科技创新推广机构或成立科技成果转化综合管理服务平台。建立支持科技创新成果产业化的投资新机制，建立科技成果交易补助制度。打通科技成果转化“中梗阻”，充分体现广州科技成果源头供给丰富、转化通道畅通、供需两旺的局面，更多科研成果加速从实验室成果走向产品、商品。广州市在科技服务、大力推进科技成果转移转化方面也取得了显著成绩。近年来，着力建设华南（广州）技术转移中心和环华工、环中大、环大学城科技成果转化基地。2020年，广州技术合同成交额达到2256亿元，跃升至全国第2位，是2015年的8倍以上。中山大学中山眼科中心研发的全球首个具有逆转白内障功效滴眼液，以13.8亿元转让实现产业化。[①]2022年4月，《广州市促进科技成果转化实施办法》（以下简称《办法》）发布，其中涉及五大方面共29条内容。《办法》提出，支持工作成效明显的单位建设科技成果转化试点，市财政将给予每家不超过200万元支持。《办法》聚焦科技成果转化的体制机制改革创新，如推动高等院校等事业单位建立健全科技成果收益分配激励制度。科技成果转化净收入的70%以上，或者科技成果形成的股份、出资比例70%以上可以奖励给科技成果完成人（团队）。

（四）完善政府科技创新治理机制

政府科技部门转变管理职能，完善政府科技创新治理机制，是党的十八大以来科技管理体制改革的一个趋势。科技行政部门主要抓宏观统筹、抓政策规划、抓创新协同，强化预算编制和指南编制。科技项目评审、计划管理、资金分配、预算执行、绩效评价等具体性事务交由专业机构执行。广州市科技管理部门立足于以服务于科技人员的科研工作为导向，改革财政预算支持科技创新的方式，去除约束科技人员研发工作的制度障碍，在财政科技经费管理使用、项目结题验收、项目执行期技术路线调整等改革式创新领域走在全国前列。

---

① 方晴：《广州为企业发展打造最佳环境年营收百亿高企4年倍增至17家》，大洋网，2020年10月30日，https://news.dayoo.com/guangzhou/202010/30/139995_53628745.htm?from=timeline.

一是改革完善科研管理机制。建立健全对科技人员“友好型”而不是“防控型”的体制机制，深化落实“放管服”改革和“三评”改革，推动由研发管理向创新服务转变。着力建立符合科研规律、高效规范的科技计划项目管理制度，健全项目立项评估和决策机制。深入实施阳光再造行动，推进科技计划项目管理全流程信息公开公示，广泛接受社会监督。加快建设科研信用体系，推进科技报告制度。按照“责权利一致”原则，进一步完善下放管理自主权，推动科研项目管理简化优化，加快科技项目管理信息化建设。加强战略研究和技术预测，制定重点产业发展技术路线图。建立科技创新专家咨询委员会，从战略层面为广州市科技发展重大问题提供决策咨询。建立广州市科技专家库，充分发挥专家在科技评估、鉴定、验收及咨询等活动中的作用，提高科技管理决策水平。扩大科研项目经费使用自主权，在更大范围深化“包干制”和“负面清单”试点。完善团队遴选机制，探索推行多元化项目管理模式，优化分类考核评价体系。对技术研发、成果转化和产业发展类项目，建立市场导向的项目形成机制，深入探索“揭榜挂帅”制。健全科研资源统筹配置机制，加强项目、基地、人才、资金一体化配置。这些改革举措取得了明显成效，也得到广大科技工作者的理解支持和好评。

二是深化新型科研机构管理体制改革。构建完善新型的科研机构管理体制，推进重点科研院所加快完善内部制度建设，创新运行管理机制。进一步扩大高校院所、医疗卫生机构等在科研活动中的选人用人、科研立项、成果处置、编制使用、职称评审、薪酬分配、设备采购、建设项目审批等自主权。建立基于使命和创新绩效的新型科研机构评价考核体系，根据科研活动性质实施分类评价制度，健全保护创新的容错机制。

三是优化科技创新服务体系。加强科技服务业主体培育，吸引国内外知名科技服务机构来穗建设地区总部或设立分支机构。依托粤港澳大湾区科技服务中心等科技服务特色优势机构，着力提升创业孵化、技术转移、科技金融、知识产权等服务水平。加快科技创新高端智库建设，深入开展重大战略、科学数据、科技情报研究等先导性、基础性工作，进一步完善科技决策和咨询制度。①

三、深化开放合作

积极破除创新要素资源自由流动的体制机制障碍，着力构建开放型区域协同创新共同体，共建粤港澳大湾区国际科技创新中心。为推动资源开放共享，广州市财政每年投入6000万元支持穗港澳联合开展基础和应用基础研究。同时面向港澳地区有序开放重大科技基础设施，允许港澳高校、科研机构牵头或独立申报广州市科技计划。同步建立广州市财政科研资金跨境使用机制，推动人才、资本、信息、技术等创新要素跨境流动和区域融通。2021年8月，《广州市推进与港澳科技创新合作若干措施》印发实施，更进一步完善了穗港澳三地的科技合作机制。②

（一）共建广深港和广珠澳科技创新走廊

近几年，广州扎实贯彻落实《粤港澳大湾区发展规划纲要》，共同推进粤港澳大湾区国际科技创新中心建设，着力推动“双区”建设、“双城”联动，加快建设粤港澳大湾区国际科技创新中心广州创新合作区，支持以南沙科学城为主要承载区共建综合性国家科学中心，推进广州人工智能与数字经济试验区、中新广州知识城、广州科学城、天河智慧城、广州大学城—国际创新城、光明科学城、深港科技创新合作区、西丽湖国际科教

① 《广州市科技创新“十四五”规划》（2022年1月），《广州市人民政府公报》2022年第7期。

② 叶青：《打破创新要素流动壁垒 粤港澳科技合作驶上快车道》，《科技日报》2021年12月17日。

城、东莞松山湖科学城、中山翠亨新区、珠海西部生态新区和横琴粤澳深度合作示范区等对接合作，汇聚粤港澳大湾区高端创新要素，并在广州进行集成创新和成果转化。落实广深科技创新合作框架协议，加快共建人工智能与数字经济广东省实验室，深化天河区、南山区等区级科技合作，积极争取国家在广州布局重大创新平台。发挥广佛极点带动作用，推动产业关键技术联合攻关，共建广佛科技金融合作示范区。

（二）构建区域协同创新新格局

强化广州在珠三角城市群中战略支点作用和发展优势，加强穗莞、穗珠科技创新合作，共建珠三角国家自主创新示范区。构建广州、佛山、肇庆、清远、云浮、韶关创新创业生态圈，带动珠江东西两岸城市产业对接，引领珠江口东西两岸融合互动发展。加强与国内先进城市区域创新交流合作，推动与齐齐哈尔、赣州、兰州、南昌、海口、三亚等地在科技信息资源与专家资源共享、科技成果转移转化、科技创新人才培养等方面合作交流，形成合作共赢的良好局面。

（三）推动穗港澳科技创新联动发展

港澳地区部分高校有很强的研究能力，如香港大学、香港中文大学、香港科技大学、香港理工大学和澳门大学、澳门科技大学等高校科研能力较强，聚集了一大批国际科技创新人才。得益于建设粤港澳大湾区国家战略的实施推进，广州积极构建更加灵活的高效穗港澳科技合作机制，着力突破穗港澳三地制度层面的制约和障碍，推动形成创新要素流动畅通、科技设施联通、人员交流顺通的穗港澳科技创新合作体制机制。推动粤港澳联合实验室建设，加快建设南沙粤港澳全面合作示范区，大力推动南沙粤港深度合作园、黄埔穗港智造特别合作区等重大合作平台建设。积极建设粤港澳科技企业孵化器（众创空间）、港澳青年创新创业基地，支持广州市港澳青年创新创业服务中心建设。2019年8月1日，南方海洋科学与工程广东省实验室（广州）向香港分部依托单位——香港科技大学成功拨付3800万元科研经费。这是广州市首笔科研资金成功跨境拨付，实现了粤港澳大湾区科研资金的跨境流动。①

一是加快形成穗港澳常态化联络机制。进一步健全与香港中联办、香港创新科技署、香港海外学人联合会、澳门中联办、澳门经济局、澳门高教局科技厅等机构的联络，与港澳高校交流合作得到进一步加强和拓展，与香港科技大学、澳门大学、澳门科技大学等多所高校签订合作协议。开展“钱过境、人往来、税平衡”等政策创新，率先实现市级财政科研经费跨境进入香港，率先落实大湾区个人所得税优惠政策，率先实施境外高端人才资格认定，率先设立外国人工作许可、居留许可“一窗受理”服务窗口，采取措施缩短外国人工作许可审批时限。完成2019年度粤港澳大湾区个人所得税优惠政策补贴受理和发放工作，为1902位境外高端人才拨付财政补贴5.88亿元，为923位境外紧缺人才拨付财政补贴1.69亿元。试行科研人员出国（境）开展科研活动管理办法，科研人员跨境开展科研活动更加便利。出台《港澳籍专家入选广州市科技专家库条件（试行）》，首度征集港澳籍专家进入广州市科技专家库。随着粤港澳大湾区内人流、物流、资金流等创新要素障碍被打破，创新要素畅通流动起来，三地之间的科技合作不断走向深入。通过科技合作项目，广州累计投入财政资金逾2.67亿元，支持高校、科研院所和企业与港澳开展科研合作项目近200项。依托粤穗联合基金，支持粤港澳研究团队开展基础研究合作7项，资助经费达1600万元。②

二是大力支持港澳青年创新创业。对港澳青年来穗创新创业进行补助，最高资助可达450万元。设立总规模10亿元覆盖创业各阶段的港澳青年创业基金，已投资2家子基金。大力打造港澳青年创新创业基地，广州市23

①② 叶青：《打破创新要素流动壁垒 粤港澳科技合作驶上快车道》，《科技日报》2021年12月17日。

家粤港澳科技企业孵化载体已孵化创业企业（团队）1257家（个），其中港澳创业企业（团队）有228家（个）。设立首期规模10亿元覆盖创业各阶段的港澳青年创业基金；对已获得香港青年发展基金等资助且在广州开展应用研发的项目给予配套奖励；推动支持粤港澳科技企业孵化载体建设与发展。一系列政策的“保驾护航”，正让广州成为港澳青年创新创业的首选地。[①]

三是强化与粤港澳大湾区内地城市合作。大力支持深圳中国特色社会主义先行示范区建设，推动南沙科学城和综合性国家科学中心先行启动区联动协同发展，与深圳签署科技合作协议，已完成科技领域推进广深战略合作第一批重点项目。发挥广佛极点带动作用，落实广佛科技创新合作的工作方案。加强与其他粤港澳大湾区内地城市对接交流。国家超算广州中心已与东莞市合作共建超算分中心，积极共建综合性国家科学中心。

（四）深度融入全球科技创新网络

在当前日趋复杂的国际形势下，广州更加注重加强与世界主要创新型国家城市多层次科技交流合作，深化“一带一路”科技合作，推动中国—乌克兰材料连接与先进制造“一带一路”联合实验室建设，加快中新国际联合研究院、中以生物产业孵化基地等高水平国际研发平台建设。全面参与全球开放创新，在研发合作、技术标准、知识产权、跨国并购等方面搭建服务平台。发挥广州驻国外办事处作用，对接当地创新资源，吸引当地科技成果来穗转化产业化，推动符合广州功能定位的国际高端创新机构、研发中心等来穗落户。如争取了GE（美国通用电气公司）、美国冷泉港实

① 叶青：《打破创新要素流动壁垒 粤港澳科技合作驶上快车道》，《科技日报》2021年12月17日。

验室等到广州开发区落户（2017年8月）。[1]

不断深化国际科技交流合作。落实国家“一带一路”倡议，积极参与全球创新治理，支持在穗科研机构参与国际大科学工程“国际热核聚变实验堆计划（ITER）”，为和平利用核能和人类可持续发展作出了广州贡献。中乌研究院获批广东省首家“一带一路”联合实验室，是参照国家重点实验室建设的国家对外科技合作创新最高级别平台。

四、实施知识产权和技术标准战略

近年，广州重点建设国家知识产权局专利局专利审查协作广东中心和国家专利导航产业发展实验区，推进知识产权和技术标准的转化实施和产业化，引导和鼓励全社会重视知识产权和技术标准的创造与保护。开展产业质量优化行动，推进实施广州标准体系框架及标准修订路线图计划，完善广州标准体系，支持组建区域、产业标准联盟，推进广州国家技术标准创新基地建设。支持企业实施知识产权战略，建立健全知识产权管理制度，培育知识产权优势企业和示范企业。加快知识产权服务业集聚发展试验区建设，开展国家级知识产权运用和保护综合改革试点，实施国家知识产权区域布局试点和重点产业专利导航计划，推进重大经济科技活动知识产权评议，完善有利于开放式创新的知识产权政策导向机制，推进广州地区知识产权蓬勃发展。2020年，广州专利申请量达到24.8万多件，专利授权量达到15.5万多件，其中发明专利授权量达1.5万多件（见表9-1、图9-1）。

---

① 陈思勤：《又一最TOP创新力量来了！美国冷泉港实验室牵手广州开发区》，南方Plus，2017年8月18日，http://static.nfapp.southcn.com/content/201708/18/c619873.html?from=timeline.

表9-1　2015—2020年广州专利申请受理量及授权量①

指标	2015年	2016年	2017年	2018年	2019年	2020年
专利申请量合计/件	63366	99034	118332	173124	177223	248439
发明/件	20087	31850	36941	50169	46643	52644
实用新型/件	24778	41472	53397	79598	81728	121174
外观设计/件	18501	25748	27994	43357	48852	74621
专利授权量合计/件	39834	48313	60201	89826	104813	155835
发明/件	6626	7668	9345	10797	12221	15077
实用新型/件	17259	22910	32179	51307	54746	83462
外观设计/件	15949	17735	18677	27722	37845	57296

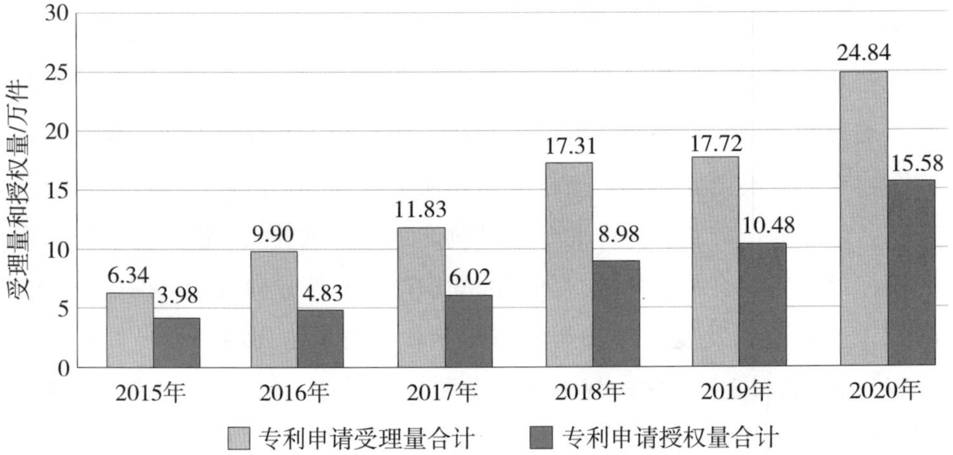

图9-1　2015—2020年广州市专利申请受理量和授权量②

①② 广州市科技局、广州市科技发展研究中心：《广州市2020科技创新发展数据汇编》（2021年12月）。

截至2020年底，广州市拥有有效发明专利7.1万件，每万人发明专利拥有量达到38.1件，是全国平均水平的2.4倍。广州市拥有注册商标151.4万件，中国驰名商标143件。5072家企业实施知识产权管理规范国家标准，数量位居全国第一。知识产权运用效益明显增强。组建知识产权质押融资风险补偿基金、重点产业知识产权运营基金。“十三五”期间，实现专利权质押融资160亿元，商标质押融资6.7亿元。发行全国首支纯专利知识产权证券化产品，推出知识产权保险产品18类，落户全国首单知识产权海外侵权责任险。成功举办粤港澳大湾区知识产权交易博览会。知识产权服务能力显著提高。广州市开发区获批建设国家知识产权服务业集聚发展试验区，越秀区、天河区获批建设省级知识产权服务业集聚发展示范区、试验区。广州市拥有知识产权服务机构3000多家，全国知识产权服务品牌机构10家，高校国家知识产权信息服务中心3家，世界知识产权组织在华技术与创新支持中心（TISC）3家。①

建设全球知识产权高地。在重点领域和关键环节实施高价值专利培育工程，推动形成一批具有较高实用价值的自主知识产权。完善知识产权多元保护体系，加强与国际知识产权保护体系高标准创新规则衔接，深化中新广州知识城知识产权运用和保护综合改革试验，加快建设国家级知识产权保护中心和运营中心。依托国家知识产权大数据中心和公共服务平台，加强知识产权公共服务基础设施建设，构建便民利民的知识产权公共服务体系，支持更多优质市场服务资源形成知识产权服务供给合力，更好满足市场主体多样化的创新需求。2021年，广州知识产权创造效益持续提高，全市专利授权量达18.9万件，同比增长21.6%；发明专利授权量达2.4万件，同比增长60%；PCT国际专利申请量达1900件，同比增长6.4%；每万人口高价值发明专利拥有量达20件。全市商标申请量达48.56万件，注册量为39.5万件；有效地理标志保护产品共11个，地理标志商标共13件。

积极实施战略性新兴产业集群知识产权高质量发展计划，强化知识产

① 《广州市市场监督管理“十四五”规划》（2022年4月18日印发）。

权专项资金政策引领作用，在10个知识产权密集型产业的龙头企业、科研机构和3个重点高校推动建立17个高价值专利培育中心，培育30个高价值专利组合。5488家企业实施知识产权管理规范国家标准，居全国城市首位；全国第一个知识产权保险中心、全市首批10家科技园区知识产权质押融资服务工作站相继挂牌成立；天河区获得第二十二届中国专利奖全市唯一金奖；白云区入选“中国创新百强区”，成功申报国家知识产权强县工程试点项目。2021年，全市知识产权质押融资金额突破百亿元，融资项目和融资金额均居国内前列；发行国内第一支纯商标知识产权证券化产品，落地国内第一单风险补偿基金+保险+银行的“541”模式[①]质押融资贷款，开创了国内相关领域先河。

2021年初，广州市印发了《关于强化知识产权保护的若干措施》，从总体目标、强化机制建设、拓展方法举措、优化工作流程、加强统筹协调5个方面提出25项具体举措，打造广州知识产权司法保护、行政保护、仲裁调解、行业自律、社会共治新模式。在打造高效快速处置机制方面，广州积极开发投诉举报快速处置平台，推出“公证云”电子数据保全保管平台及“公证签”电子合同签约平台，促进知识产权案件办理质量齐升。在跨部门跨区域保护衔接机制方面，广州市市场监管局联合市公安局、市检察院印发《关于加强和完善广州市知识产权行政执法与刑事司法衔接工作机制的意见》，有效解决有案不移、有案难移、以罚代刑问题。同时，广州市市场监管局与广州市中级人民法院、知识产权法院分别签署合作协议，建立“建议巡查服务”机制，加强多部门联动，共同推动诉调对接工作。

为助力在穗企业“出海”顺利发展，广州市市场监管局积极建立海外知识产权维权援助体系，并推动知识产权海外侵权责任保险工作落地落实。在该局的推动下，广州落地全国第一家粤港澳大湾区知识产权中心，

① “541”模式：指由风险补偿基金、保险公司、合作银行分别按照50%、40%、10%的比例，对知识产权质押贷款可能带来的本金损失进行风险分担。

知识产权海外侵权责任险累计保额达6160万元，实现国内第一例赔付。积极加快推进中国（广州）知识产权保护中心建设，率先建立统一的专利侵权纠纷行政裁决案件书面审理机制，发布全国第一个《专业市场知识产权保护与纠纷处理规范》团体标准，打造全流程展会知识产权保护“广州模式”。数据显示，2021年，广州市两级市场监管部门办结专利案件1974宗，同比增长24%；办理商标案件1557宗，同比增长45%。全市立案查处虚假宣传、仿冒混淆、不当有奖销售等各类不正当竞争案件113宗，罚没金额共计1871.8万元。查办的一宗侵犯注册商标专用权案入选国家知识产权局年度商标行政保护十大典型案例。广州还入选全国知识产权领域第二批以信用为基础的分级分类监管试点城市。广州开发区推动中新广州知识城开展知识产权运用和保护综合改革试验成效显著，发布20项全国、全省首创清单，有力支撑了知识产权强市建设。广州市会展和数字经济知识产权保护中心落户海珠区。从化区地理标志保护工作取得明显成效。

2021年，广州进一步优化知识产权公共服务，依托中国（广州）知识产权保护中心，升级改造市级知识产权公共服务平台。成立广州市第一个综合性知识产权社会组织——广州市知识产权发展联合会。国家知识产权局商标业务广州南沙受理窗口，成为首批香港特别行政区知识产权问询点。截至2021年底，全市拥有专利代理机构241家，商标代理机构3796家。其中，国家知识产权分析评议服务示范机构有9家，专利导航服务基地备案机构有11家，全国知识产权服务品牌培育机构有11家，高校国家知识产权信息服务中心有4家，世界知识产权组织在华技术与创新支持中心（TISC）有3家，国家知识产权信息公共服务网点备案单位有4家。

广州市将知识产权工作融入中心工作，重点任务同谋划、同部署、同推进，促进知识产权与创新资源、金融资本、产业发展有效融合，强化知识产权保护，激发创新活力。推进知识产权强国建设示范城市建设。完成《广州市知识产权强市建设纲要（2021—2035年）》《中新广州知识城深化知识产权运用和保护综合改革试验实施方案》编制工作。积极创建国家知识产权保护示范区。广州市将全面启动知识产权保护示范区建设工作，努力将广州打造成知识产权诉讼优选地、专业领域知识产权保护标准策源地、产业知识产权保护示范地以及知识产权文化传播特色区。全力推动电子商务、专业市场知识产权保护，开展广州市非物质文化遗产、老字号等知识产权重点保护等。①

五、统筹推进全民科普工作

广州市科技局负责统筹全社会科普工作，科技协会等单位则是开展科普工作的主力。广州市有关部门积极做好全市科普工作的综合协调、政策引导和监督检查。加强科普组织体系、基础设施和能力建设，着力构建市、区、街（镇）三级支撑，发动全社会参与，构建科普平台、科普产品、科普活动、科普队伍、科普传播渠道为主的全方位科普工作体系，形成“大科普”工作格局。

加快推进科技资源科普化，推动科研活动与科普活动相结合，支持科技工作者结合本职工作开展科普作品创作、科普研究，开发科普资源，传播科研成果。统筹好广州科技开放日，推进广州地区科技资源向公众开放。提升科普服务能力，高标准、创新式推进广州科学馆建设，打造成为国内一流、具有国际影响力的公众创新课堂。继续推进市科普基地认定工作，鼓励社会力量兴建或者参与经营科普场馆，引导企业依托自身发展特色合理规划建设各类主题性科普场馆，加强科普专业人员培养，提升科普基地服务能力。加强传统媒体和新媒体科普宣传力度，推进广州科普联盟建设，促进全市科普资源共建共享。推进科普“四进”和科普经常性、群众性活动区域、行业全覆盖。加强青少年科技创新和知识产权意识的教育

① 何颖思、朱少勇：《担当作为 锐意创新 广州：全力打造引领型知识产权强市》，《广州日报》2022年4月25日。

和培养。

创新科普内容和形式，推进科普由体验互动式向创新教育式转型，弘扬科学精神，传播科学思想，强化创新思维和方法。发展壮大科普志愿者队伍，搭建科普工作者交流平台，引导社会力量参与科普工作。奖励在科普工作中作出突出贡献的组织和个人。大力促进科普内容创作，形成一大批科普原创作品。打造广州科普活动品牌，以公众需求为出发点，以创新方式举办广州科技活动周、珠江科学大讲堂、海峡两岸及香港澳门科普交流、科普讲解大赛等具有广泛影响力的科普活动，并取得良好效果。

六、加强创新文化建设

所有的创新活动都根植于特定的文化土壤。正如德国社会学家马克斯·韦伯所说，“任何一项伟大事业的背后都存在支撑该事业的无形精神文化气质”。斯坦福大学李钟文等人编著的《硅谷优势——创新与创业精神的栖息地》一书认为“硅谷不是计划造出来的，发展高科技，资金固然重要，但更重要的是能充分发挥人的创造力的体制和文化”，正是别具一格的创新文化、创新精神将硅谷打造为创新的“栖息地”。[①]创新文化可以定义为以“创新”为内核的文化体系，具有兼容并蓄的开放性、互信合作的主体协商性、敢为天下先的开拓创造性、宽容失败的包容性等特征。创新文化的核心价值是以严谨缜密的方法追求和捍卫真理为代表的科学精神，诚实守信、相互尊重、公开与质疑等为特征的道德理念，以及崇尚创新、

① 李钟文、威廉·米勒、玛格丽特·韩柯克、亨利·罗文：《硅谷优势——创新与创业精神的栖息地》，人民出版社2002年版，第3-4页。

宽容失败的创新精神，决定了创新活动的价值导向和文化土壤。[①]

党的十八大以来，我国创新文化建设已经取得了显著成就。而在广州，鼓励创新、宽容失败亦已为社会所认识，并逐渐形成共识。

（一）厚植创新文化土壤，营造全社会包容理性的舆论氛围

广州努力打造全国科普工作标杆，创新性开展科普工作，推动已开展多年的科技活动周、科普讲解大赛、科技开放日、科普嘉年华、珠江科学大讲堂等科普活动多维广域覆盖。支持有关行业主管单位和社会力量建设或申报认定一批布局合理、管理科学、运行规范、符合需求的科普基地。广州市现有市级科学技术普及基地188家，已基本实现全市各区多领域覆盖，长期为社会公众提供开放服务，成为广州市科普工作的主阵地。全市科普基地2021年累计开展科普活动超过1.6万场次。2022年3月广州市政府印发了《广州市全民科学素质行动规划纲要实施方案（2022—2025年）》[②]，依托“互联网+”等新媒体模式，鼓励反映时代科学主题、内容新颖实用、形式鲜活生动、群众喜闻乐见的科普原创作品。加强科普人才队伍建设，提升科普品牌策划、科普活动组织、科普基地运营管理等全方位能力。大力加强创新文化教育基础设施建设，努力建立完善创新中心、体验中心等新型创新文化载体。在现有博物馆、图书馆、文化馆等公共文化基础设施中增加科技创新要素。加强科技史和本土科技成果、科技名人等内容的展览展示，重视科技创新相关的纸媒、新媒体等多元渠道建设，培养创新文化传播人才。增加科技创新要素在正规教育、社会教育、家庭教育中的比重。鼓励扶持有条件的媒体、高校、科研机构、企事业单位、学

---

① 任福君：《面向2035的中国创新文化与创新生态建设的几点思考》，《中国科技论坛》2020年第5期；任福君、刘萱、马健铨：《面向2035创新文化建设的进一步思考》，《科技导报》2021年21期。

② 李鹏程：《全市覆盖！广州市级科学技术普及基地188家，你打卡了吗？》，《南方日报》2022年3月30日。

会协会等建立创新文化与科学文化教育研究基地。鼓励大学、科研机构、企业等主体研究创新文化，通过学术研究启发创新实践。着力提高市民创新意识和创新能力，重点培养青少年的创新意识和创新能力，为青少年的梦想插上科学的翅膀。加大各类媒体报道科技创新的力度，保证媒体对科技创新的报道的数量和质量，采用公众喜闻乐见的传播方式，注重对科技热点问题的追踪与关注。同时宣传科技界正面案例和反面典型，滋养全社会以创新为己任的文化氛围和民族自信，营造健康的创新文化氛围。保障科技类报道内容的真实性、客观性和准确性。建立有效的内容纠错机制，及时发现并纠正有误的报道。多年来，广州积极促进公众参与科技创新，通过创新实践让公众对科技创新和科技工作有浓厚的兴趣、正确的认识和端正的态度，使科技工作成为极具吸引力的职业。

（二）充分弘扬科学家精神，让科学精神深入人心

持续不断大力弘扬科学家精神和企业家精神，广泛宣传科技工作者勇于探索、献身科学的生动事迹，营造鼓励创新、宽容失败的创新环境。深入研究提炼形成以科学家精神为引领的具有广州特色的创新精神价值体系，倡导符合创新运行规律和中华文化精髓的创新文化。推进科学家学术成长资料采集工程，深入总结、继承和发扬科技工作者凝结的宝贵科学家精神和爱国主义情怀，大力表彰有突出贡献的科技工作者，树立优秀科学家典型，广泛而深入地开展学习优秀科学家活动，打造科学界优良的精神面貌。强化科技、教育、宣传等部门的联动，充分发挥科技社团在科学共同体中的协同作用，加大科学家事迹的宣传力度，让科学家精神成为科技工作者共同遵循的价值引领，在全社会形成崇尚科学、尊重科学家的良好氛围。一直以来，广州将弘扬科学精神作为提升公民科学素质的重要内容，公民科学素质提升的重点从强化传播科学知识向传承科学精神转移，让社会公众特别是广大青少年理解科学、热爱科学、支持科学、学习科学、参与科学。广州一些较有特色的科普基地，如广东科学中心，成为青

少年喜欢“打卡”的地方，一到节假日，人头涌动。

（三）不断加强科研诚信源头治理，强化科技监督共治

深入学习贯彻落实习近平总书记关于作风学风建设的指示精神，全面落实《关于进一步弘扬科学家精神加强作风和学风建设的意见》等系列文件，不断完善科研诚信建设的制度体系和工作机制。推进科研诚信教育制度化，预防为先，惩治为后，将科研诚信教育列入本科生、研究生的必修课。加强自律，推进科技社团的自治，强化学会和科学共同体在科研诚信建设中的重要作用。积极倡导学风道德建设，形成为满足学术好奇心而工作、为探寻新的科学发现而工作的文化氛围，营造鼓励创新、宽容失败的优良学术环境。出台权威的、普适的惩处科研失信行为的制度规范，确立科研诚信建设、监督、惩戒的专门机构，完善部门间的协调联动机制。建立科研诚信数据系统，让严重失信行为涉事者在学术领域内受到相应的惩罚，让“零容忍”落到实处。强化监督惩处机制，明确学术单位的教育、监督、惩戒主体责任，倒逼主体责任落实，切实履行科研诚信教育和监督职责，层层强化科研诚信的教育监督。

（四）建立健全科技伦理治理体制机制，提升治理能力

认真贯彻落实中共中央办公厅、国务院办公厅印发的《关于加强科技伦理治理的意见》，建立科技伦理共识，加强科研诚信、科技伦理方向的学科建设。促进科技工作者伦理意识的提升。跟踪国外科技伦理和科研诚信研究进展与创新实践，针对科技伦理和科研诚信相关问题进行与时俱进的研究和教育。加强科技伦理研究方向建设和通识教育，提高学生和科技工作者，特别是未来科学家的伦理判断力和意志力，确保科技创新在伦理规范之内发挥有效活力。完善科技伦理政策法规制度体系，从法律法规、部门规章、机构制度、行业准则、标准、规范等多方面，建立健全相关制度规

范。明确科研机构在科技伦理建设中的主体责任，加强高校、科研单位、出版机构，以及资助机构、管理机构之间协同联动，实现针对科技活动所涉及伦理问题的有效治理。[①]

城市是创新的策源地、根据地和发散地，是国家战略科技力量的聚集地，完全可以说城市就是创新的中心。接下来，广州需要考虑以全域创新方略推动城市创新发展，也即是在城市区域内，以全面创新、协同创新为基础，通过对区域内创新资源和创新要素进行全方位整合、系统化配置的创新驱动新战略。全域创新的基本特征是开放、协同、共享和泛在，是全链条、全区域、全要素、全社会的系统创新，是全行业、各部门、各种所有制企业集体参与的全面创新。作为创新驱动发展的新形态、新理念、新模型，全域创新是区域创新发展的战略制高点，将整体城市置于创新之中，城市的各部门、各层级、各行业、各个群体均学习创新、支持鼓励创新，投身创新活动，造就全域支持创新、参与创新，创新无处不在、无人不晓的宏大局面，人人均可创新。长远看，广州必须举全域之力进行创新，着力形成激励创新、宽容失败的城市创新文化。让创新成为一种习惯和自觉，创新成为城市文化行为，创新基因植入城市体内、融进城市血液之中，最终成为城市的禀赋和特质、成为城市基因。

① 《广州市科技创新“十四五”规划》（2022年1月），《广州市人民政府公报》2022年第7期。

结 语

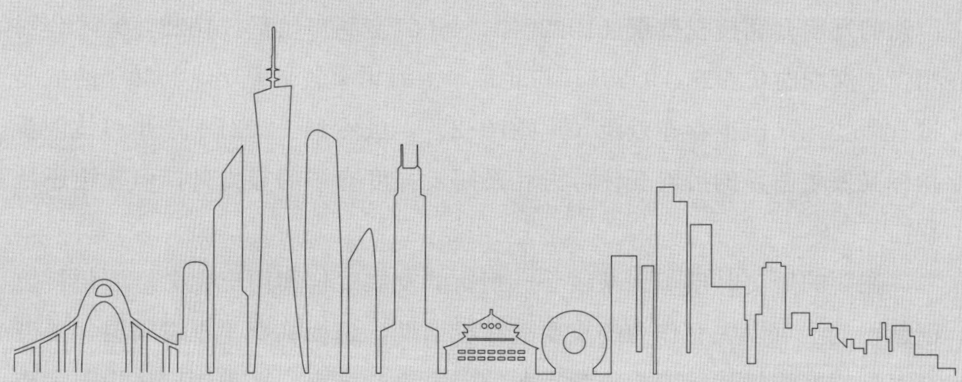

十年来，广州在习近平新时代中国特色社会主义思想指引下，认真贯彻落实习近平总书记关于科技创新重要论述精神，大力实施创新驱动发展战略。坚持把创新摆在现代化建设全局核心地位。坚持“四个面向”，以共建大湾区国际科技创新中心、综合性国家科学中心和高水平人才高地，努力打造科技创新策源地为目标，充分发挥广州科创资源集聚优势，锚住科学发现、技术发明、产业发展、人才支撑、生态优化全链条创新发展路径，加强基础与应用基础研究，加强原创性引领性科技攻关，促进创新链与产业链、人才链、资金链深度融合，构建以“一区三城”为核心节点的科技创新轴，强化区域协同创新，激发出强大的创新创业创造活力，成效显著。科技创新的广州模式弥足珍贵。

当然，广州科技创新还存在一些明显的不足，如支撑广州高质量发展的基础还不牢固，创新链与产业链对接不足，创新型头部企业和领军人才不多，新产业新业态等新的增长点不够凸显，在全球产业链供应链创新链中的地位和影响力与城市能级不相匹配等。作为粤港澳大湾区国际科技创新中心的重要核心，广州科技创新投入强度不足，创新人才储备优势和原始创新实力没有发挥，科研成果转化效率低，产学研合作提升空间还很大。广州的研发投入在北上广深四个一线城市中是最弱的，全市社会研发投入强度刚超过3.1%，低于北京的6.44%、上海的4.17%、深圳的5.46%（见图10-1），也低于西安、苏州、杭州、武汉等“第二梯队”城市。2019年广州的发明专利授权数量（12222件）与PCT专利申请量（1622件），分别相当于深圳的46.92%、9.29%，与北京、上海也有较大差距。2020年的情况虽有所变化，但也存在差距（见图10-2）。虽然到了2021年广州科技创新指标又发生明显的可喜变化，尤其是研发强度有了明显提升，但差距还是存在。

在新的历史时期，国家赋予广州新的发展定位和历史使命。广州科技创新正处于可以大有作为的重要战略机遇期，也面临着“不进则退、慢进亦退”的严峻挑战。广州作为重要的国家中心城市，必须深刻认识国际错综复杂的形势变化和国内城市竞争发展带来的新矛盾新挑战，在危机中育

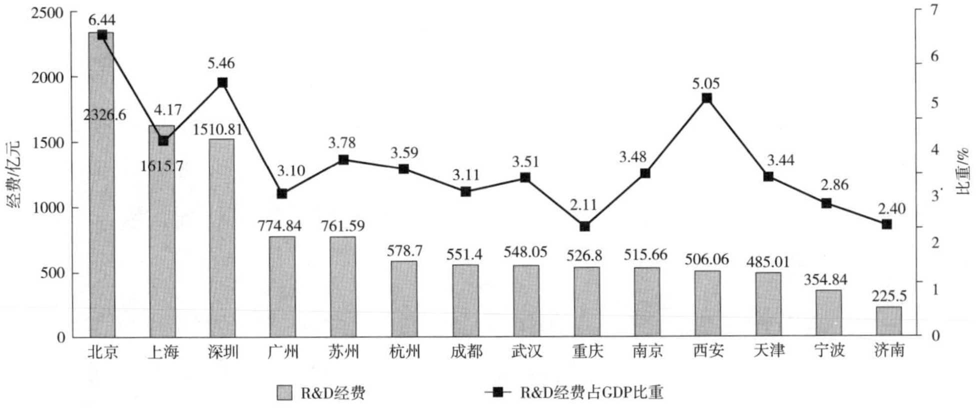

图10-1 2020年国内主要城市R&D经费及R&D经费占地区生产总值比重①

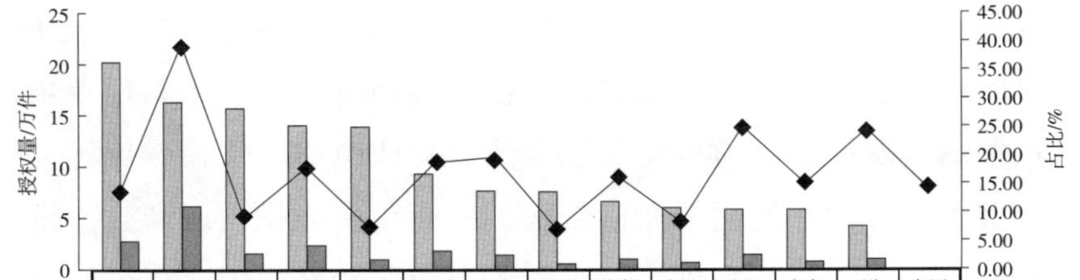

	深圳	北京	广州	上海	苏州	杭州	南京	天津	成都	宁波	武汉	青岛	西安	全国
专利授权量/万件	20.22	16.30	15.58	13.98	13.89	9.24	7.63	7.54	6.55	6.06	5.89	5.78	4.14	—
发明专利授权量/万件	2.73	6.30	1.51	2.42	1.00	1.73	1.49	0.53	1.09	0.53	1.47	0.86	1.01	—
发明专利授权量占比/%	13.50	38.65	9.69	17.31	7.20	18.72	19.53	7.03	16.64	8.75	24.96	14.88	24.40	14.56

图10-2 2020年国内主要城市专利申请情况对比②

先机，于变局中开新局，必须着力增强创新实力和竞争力，着力建设国家创新中心城市，着力打造国际科技创新枢纽，着力提升在国家科技创新体系中的战略地位和国际创新新格局中的影响力。必须充分发挥国家中心城市和省会城市的辐射带动作用，服务全省创新驱动发展的大局，

① 数据来源于广州市统计局、各市国民经济与社会发展统计公报、政府工作报告及城市数据交流。见广州市科技局、广州市科技发展研究中心《广州市2020科技创新发展数据汇编》（2021年12月）。

② 数据来源：国家知识产权局；广州市科技局、广州市科技发展研究中心：《广州市2020科技创新发展数据汇编》（2021年12月）。

担当引领全省创新驱动发展的排头兵。必须以科技创新赋能经济发展，将科技创新与产业变革融为一体，努力构建现代产业体系。必须着力推进以科技创新为主导的全面创新改革试验，为全国、全省创造新经验。必须担当重任，抓住机遇、应对挑战、坚定信心、奋勇前进，才能在科技创新上实现新的突破，在建设科技强国的道路上走在前列，为全国全省发展大局作出更大贡献。

一是强化科技创新策源能力。加快建设“2+2+*N*”科技创新平台体系，全力支持广州实验室、鹏城实验室广州基地开展重大前沿问题研究，完善粤港澳大湾区国家技术创新中心组织架构，促进国家新型显示技术创新中心分平台组建。加快人类细胞谱系、冷泉生态系统等重大科技基础设施建设。推进琶洲、生物岛等4家省实验室重大科研平台和航空轮胎动力学大科学中心建设。积极承接国家、省重大科技专项，实施重点领域研发计划，力争在人工智能、集成电路、生命健康等关键领域取得重大突破。开展制造业创新成果产业化中心试点，新建一批国家、省制造业创新中心。推进环五山创新策源区和环中大、环大学城科技成果转化基地建设。

二是强化企业创新主体地位。支持建设创新联合体，努力增设更多的高水平企业研究院。落实研发费用加计扣除等税收优惠政策，支持企业实施“揭榜挂帅”机制。建立健全以科技金融为主线的创新支撑体系，在更大范围实施“以投代评”“以赛代评”“以赛促评”机制。扩大科技信贷风险补偿资金池覆盖面，实施上市挂牌“科创领头羊”行动，支持企业到多层次资本市场融资发展。

三是打造创新开放合作平台。全面落实《广州南沙深化面向世界的粤港澳全面合作总体方案》，加快南沙科技创新产业合作基地建设，强化粤港澳科技联合创新，打造重大科技创新平台，培育发展高新技术产业，推动国际化高端人才集聚。支持中新广州知识城打造具有全球影响力的国家知识中心，高起点建设中新国际科技创新合作示范区，筹建创新型大学，促进中新广州知识城与周边地区协同发展。打造国家临空经济示范区、空铁融合经济示范区，加快建设空港中央商务区一期、机场综合保税区三期等项目。做强做优三大国家级开发区。优化提升天河智慧城、白鹅潭商务区、万博长隆片区、国际生物岛、白云新城、广州东部交通枢纽商务区等重点平台。

四是激发人才创新创业活力。深入实施“广聚英才计划”，优化整合人才政策，加大政策支持力度，健全“成建制、机构化”全球引才模式。建立以信任为前提的战略科学家负责制，赋予更大科研自主权。加大项目倾斜力度，支持青年博士人才开展基础与应用基础研究。实施科技创新人才减负赋能行动。支持高校、科研院所自主决定科技成果转化收益分配办法。实施人才分类分层评价，创建认定、遴选、择优并重的人才选拔模式。与此同时，也要欢迎“走进来”，招收来自世界各地的国际生，并且在制度上统一管理，让不同文化、不同背景、不同年级、不同专业的学生互相交流，共同生活，让世界了解中国的文化与发展，促进不同文化之间的交流与融合。

五是努力构建现代产业体系。坚持产业第一、制造业立市，做强新一代信息技术、智能与新能源汽车、生物医药与健康三大新兴支柱产业，壮大智能装备与机器人、轨道交通、新能源与节能环保、新材料与精细化工、数字创意五大新兴优势产业，前瞻布局量子科技、区块链、太赫兹、纳米科技、天然气水合物等未来产业。加快汽车、电子、石化等传统优势制造业智能化、高端化、绿色化发展。支持纺织服装、美妆日化、皮具箱包、珠宝首饰、家居建材等优势传统产业数字化改造。增强国家级和省级工业园区产业承载力综合竞争力，打造自主可控、具有国际竞争力的高端高质产业集群。

六是强化数字经济发展。实施数字经济促进条例，推进人工智能与数字经济试验区建设，加快建设国家新一代人工智能创新发展试验区、人工智能创新应用先导区。培育重大创新平台和创新头部企业，打造一批人工智能与数字经济产业链群。促进国家数字服务出口基地建设。引导企业集群式“登云上平台”，打造100家数字化转型标杆企业。建设全国服务型制造试点示范城市。

最根本的是，要造就一支规模宏大的创新人才队伍。科技创新必须以人才为核心。广州要花大力气打造一支包括研发人才、产业技术人才、科技中介服务人才、科技企业家等在内的规模宏大、素质精良创新人才队伍，着力培养引进高端人才，重点引进海内外高层次留学人员。同时要重视储备年轻人才，尤其需要制定大力吸引青年创新人才在广州创新创业的特殊政策，增强广州对年轻创新人才的吸引力。要改变制定政策“见物不见人”的僵化思维定式，以人才为中心制定创新政策，落实已出台的人才政策，保持政策实施的连续性。配置全球创新人才，从构建全球人才网络的视角来谋划发展，从“集聚全球人才”向“配置全球人才”的战略转变，实现从建设国际人才高地向建设全球人才枢纽的战略跃升，着力集聚全球顶尖科学家，产生能够引领世界科技发展方向的原始创新成果。建设国际人才市场，以积极的姿态和气魄参与世界人才竞争。建立适应国际化的人才管理制度，形成科学、客观、公正的人才价值评价体系，着力从人才服务环境以及营商环境、城市环境、政策环境等多方面提高城市环境国际化水平。加大引进海外高层次人才力度，完善海外人才引进体制机制，落实好现有政策，为海外高层次人才在穗工作生活提供优惠待遇。建设更多高档次的人才公寓，重点解决引进人才的住房问题，形成国际化高端人才社区。采取人才公寓或购房补贴做法，增强毕业大学生来穗创业创新吸引力。

还要完善激励创新的体制机制。良好的制度能起到事半功倍之效。要强化企业家的创新意识，激励科技人员尤其是体制内人才创新积极性。完善协同创新制度，建立科学有效的科研组织管理体制，实现由企业主导创新过程。修订出台科技创新奖励制度、科研业绩评价制度、科技成果转化制度、科技项目认定制度等重要政策，激发人才创新积极性。有效发挥高校、科研机构在基础研究和共性技术研发等方面的作用。

我们期望，作为千年商都的广州，在充分发挥“老城市”优势、发展为国际商贸中心配置全球要素的同时，努力推进高水平科技自立自强，以科技创新赋能激发“新活力”，成为国家战略科技力量重要组成部分，打造原始创新策源地，打造粤港澳大湾区高水平人才高地。着力于推动基础研究和应用基础研究多出原创性成果、在攻克关键核心技术上有所作为、在世界级科技发明发现上拥有一席之地，在粤港澳大湾区国际科技创新中心建设中体现广州的责任担当，早日迈入全球有影响力的国际科技创新中心城市行列。①

① 此处综合中共广东省第十三次党代会、广州市第十二次党代会提出的目标、工作要求和《广州市国民经济和社会发展第十四个五年规划和2035年远景目标纲要》《广州市科技创新“十四五”规划》等内容而成。

附　录

附表　近十年来广州市科技创新法规和政策出台情况

<table>
<tr><th>类别</th><th>文件名称与编号</th><th>发文单位</th><th>文件公布时间及有效期</th></tr>
<tr><td rowspan="4">地方性法规</td><td>《广州市科技创新促进条例》</td><td>广州市人大常委会</td><td rowspan="3">统一修订为《广州市科技创新条例》，于2021年7月1日施行</td></tr>
<tr><td>《广州市科学技术经费投入与管理条例》</td><td>广州市人大常委会</td></tr>
<tr><td>《广州市促进科技成果转化条例》</td><td>广州市人大常委会</td></tr>
<tr><td>《广州市科学技术普及条例》</td><td>广州市人大常委会</td><td>2016年3月1日起施行</td></tr>
<tr><td>原“1+9”政策体系纲领性文件</td><td>《关于加快实施创新驱动发展战略的决定》（穗字〔2015〕4号）</td><td>中共广州市委、广州市人民政府</td><td>该文件于2015年6月印发</td></tr>
<tr><td rowspan="4">原“1+9”政策体系配套政策文件</td><td>《关于促进科技企业孵化器发展的实施意见》（穗府办〔2014〕61号）</td><td>广州市人民政府办公厅</td><td>该文件于2014年10月起施行，有效期5年</td></tr>
<tr><td>《广州市企业研发经费投入后补助实施方案》（穗科信〔2014〕2号）</td><td>广州市科技与信息化局</td><td>该文件于2015年1月起施行，2019年3月修订，于2020年5月废止</td></tr>
<tr><td>《关于加快科技创新的若干政策意见》（穗府〔2015〕10号）</td><td>广州市人民政府</td><td>该文件于2015年5月印发，有效期5年。2019年7月，广州市印发《广州市人民政府关于印发进一步加快促进科技创新政策措施的通知》（穗府规〔2019〕5号）</td></tr>
<tr><td>《关于促进科技、金融与产业融合发展的实施意见》（穗府办〔2015〕26号）</td><td>广州市人民政府办公厅</td><td>该文件于2015年5月起施行，有效期5年，已失效。另制定出台《关于新时期进一步促进科技金融与产业融合发展的若干意见》（穗府办规〔2021〕12号）</td></tr>
</table>

续表

类别	文件名称与编号	发文单位	文件公布时间及有效期
原“1+9”政策体系配套政策文件	《促进新型研发机构建设发展的意见》（穗府办〔2015〕27号）	广州市人民政府办公厅	该文件于2015年5月起施行，有效期5年
	《关于对市属企业增加研发经费投入进行补助的实施办法》（穗国资〔2015〕8号）	广州市人民政府国有资产监督管理委员会等	该文件于2015年5月起施行，有效期3年
	《关于落实创新驱动重点工作责任的实施方案》（穗科创字〔2015〕113号）	广州市科技创新委员会	该文件于2015年5月起施行，涉及的有关内容到2017年止
	《〈广州市促进科技成果转化实施办法〉的通知》（穗府办〔2015〕57号）	广州市人民政府办公厅	该文件自2016年2月起施行，有效期5年，已失效。已修订公布
	《关于加快集聚产业领军人才的意见》（穗字〔2016〕1号）	中共广州市委、广州市人民政府	
	《广州市科技创新小巨人企业及高新技术企业培育行动方案》（穗府办函〔2015〕127号）	广州市人民政府办公厅	该文件于2015年11月印发，有效期3年，已失效。2018年5月印发实施《广州市高新技术企业树标提质行动方案（2018—2020年）》（穗科创规字〔2018〕1号），已制定《广州市推动高新技术企业高质量发展行动方案（2021—2023年）》
原“1+9”政策体系其他配套落实措施	《广州市支持企业设立研究开发机构实施办法》（穗科创字〔2015〕12号）	广州市科技创新委员会	该文件于2015年9月印发，有效期5年，已失效。2020年11月印发实施《广州市推进高水平企业研究院建设行动方案（2020年—2022年）》（穗科规字〔2020〕7号）

续表

类别	文件名称与编号	发文单位	文件公布时间及有效期
原“1+9”政策体系其他配套落实措施	《广州市科技企业孵化器专项资金管理办法》（穗科创〔2015〕4号）	广州市科技创新委员会	均已失效。2018年9月印发实施《广州市科技企业孵化器和众创空间后补助试行办法》（穗科创规字〔2018〕5号）和《广州市科技企业孵化器和众创空间管理办法》（穗科创规字〔2018〕6号）
	《广州市支持众创空间建设发展的若干办法》（穗科创〔2015〕14号）	广州市科技创新委员会	
	《广州市科技企业孵化器管理办法》（穗科创字〔2016〕88号）	广州市科技创新委员会	
	《广州市科技型中小企业信贷风险补偿资金池管理办法》（穗科创〔2015〕11号）	广州市科技创新委员会	2019年修订印发《广州市科技型中小企业信贷风险损失补偿资金池管理办法》（穗科规字〔2019〕4号）
	《广州市科技创新券实施办法（试行）》（穗科创〔2015〕15号）	广州市科技创新委员会	该文件于2015年12月印发，有效期3年
	《广州市科技成果交易补助实施办法（试行）》（穗科创〔2015〕13号）	广州市科技创新委员会	该文件于2015年11月印发，有效期3年
	《广州市珠江科技新星专项管理办法》（穗科创〔2015〕10号）	广州市科技创新委员会	该文件于2015年9月印发，2018年6月修订印发《广州市珠江科技新星项目管理办法》（穗科创规字〔2018〕7号）
2016年以来制定或修订的其他政策文件	《关于印发广州市重点服务创新标杆百家企业实施办法的通知》（穗府办规〔2016〕10号）	广州市人民政府办公厅	该文件于2016年8月印发，有效期5年
	《羊城创新创业领军人才支持计划实施办法》（穗组字〔2016〕16号）	中共广州市委组织部	该文件于2016年2月印发，有效期至2021年底

续表

类别	文件名称与编号	发文单位	文件公布时间及有效期
2016年以来制定或修订的其他政策文件	《广州市科技创新领域简政放权改革方案》（穗科创字〔2016〕319号）	广州市科技创新委员会	该文件于2016年12月印发，未规定有效期
	《关于印发〈广州市科学技术普及基地认定管理办法〉的通知》（穗科创规字〔2017〕1号）	广州市科技创新委员会	该文件于2017年3月印发，有效期5年
	《关于加快促进科技中介服务机构发展的若干意见》（穗科创规字〔2017〕2号）	广州市科技创新委员会	该文件于2017年8月印发，有效期3年
	《广州市科技计划项目管理办法》（穗科创规字〔2017〕3号）	广州市科技创新委员会	该文件于2017年9月印发。2019年修订印发《广州市科技计划项目管理办法》（穗科规字〔2019〕3号）
	《广州市科技创新发展专项资金管理办法》（穗科创规字〔2017〕4号）	广州市科技创新委员会	该文件于2017年12月印发，有效期5年
	《广州市科技计划科技报告管理办法》（穗科创规字〔2017〕5号）	广州市科技创新委员会	该文件于2017年12月印发，2020年重新修订
	《关于促进我市文化与科技融合的实施意见》（穗府办函〔2017〕223号）	广州市人民政府办公厅	该文件于2017年9月印发
	《关于实施鼓励海外人才来穗创业"红棉计划"的意见》（穗府办规〔2017〕21号）	广州市人民政府办公厅	该文件于2017年12月印发，有效期5年
	《关于珠三角国家自主创新示范区（广州）先行先试的若干政策意见》（穗府〔2018〕8号）	广州市人民政府	该文件于2018年3月印发

续表

类别	文件名称与编号	发文单位	文件公布时间及有效期
2016年以来制定或修订的其他政策文件	《关于印发〈广州市鼓励创业投资促进创新创业发展若干政策规定〉的通知》（穗府办规〔2018〕18号）	广州市人民政府办公厅	该文件于2018年8月印发，有效期5年
	《广州市建设国际科技产业创新中心三年行动计划（2018—2020年）》（穗府函〔2018〕224号）	广州市人民政府	该文件于2018年11月印发
	《关于印发〈广州市高新技术企业树标提质行动方案（2018—2020年）〉的通知》（穗科创规字〔2018〕1号）	广州市科技创新委员会	该文件于2018年5月印发
	《关于印发〈广州市科技专家库管理办法〉的通知》（穗科创规字〔2018〕3号）	广州市科技创新委员会	该文件于2018年2月印发，有效期5年
	《广州市科技成果产业化引导基金管理办法》（穗科创规字〔2018〕4号）	广州市科技创新委员会	2020年6月修订印发《广州市科技成果产业化引导基金管理办法》（穗科规字〔2020〕5号）
	《关于印发〈广州市科技企业孵化器和众创空间后补助试行办法〉的通知》（穗科创规字〔2018〕5号）	广州市科技创新委员会	该文件于2018年9月印发，有效期3年
	《关于印发〈广州市科技企业孵化器和众创空间管理办法〉的通知》（穗科创规字〔2018〕6号）	广州市科技创新委员会	该文件于2018年9月印发，有效期3年
	《关于印发〈广州市珠江科技新星项目管理办法〉的通知》（穗科创规字〔2018〕7号）	广州市科技创新委员会	该文件于2018年6月印发，有效期5年

续表

类别	文件名称与编号	发文单位	文件公布时间及有效期
2016年以来制定或修订的其他政策文件	《广州市促进科技成果转移转化行动方案（2018—2020年）》（穗科创字〔2018〕41号）	广州市科技创新委员会	该文件于2018年2月印发
	《广州市生物医药产业创新发展行动方案（2018—2020年）》（穗科创字〔2018〕292号）	广州市科技创新委员会	该文件于2018年9月印发
	《广州市促进科技金融发展行动方案（2018—2020年）》（穗科创字〔2018〕381号）	广州市科技创新委员会	该文件于2018年12月印发
	《广州市科技创新发展专项项目全过程管理简政放权改革试点工作方案》（穗科创字〔2018〕102号）	广州市科技创新委员会	该文件于2018年5月印发
	《关于印发〈进一步加快促进科技创新政策措施〉的通知》（穗府规〔2019〕5号）	广州市人民政府	该文件于2019年7月印发，有效期5年
	《关于印发〈广州市建设科技创新强市三年行动计划（2019—2021年）〉的通知》（穗科字〔2019〕316号）	广州市科学技术局	该文件于2019年9月印发，有效期3年
	《关于印发〈广州市加强基础与应用基础研究实施方案〉的通知》（穗府〔2019〕6号）	广州市人民政府	该文件于2019年3月印发
	《关于印发广州市重点领域研发计划实施方案的通知》（穗府函〔2019〕43号）	广州市人民政府	该文件于2019年3月印发
	《关于实施"广聚英才计划"的意见》（穗字〔2019〕9号）	中共广州市委、广州市人民政府	

续表

类别	文件名称与编号	发文单位	文件公布时间及有效期
2016年以来制定或修订的其他政策文件	《关于印发〈广州市合作共建新型研发机构经费使用“负面清单”（2019年版）〉的通知》（穗科规字〔2019〕1号）	广州市科学技术局	该文件于2019年3月印发，有效期3年
	《关于修订〈广州市企业研发经费投入后补助实施方案〉的通知》（穗科规字〔2019〕2号）	广州市科学技术局、广州市财政局、广州市统计局、国家税务总局、广州市税务局	由于国家统计部门调整了统计方法和制度，该文件于2020年5月废止
	《关于印发〈广州市科技计划项目管理办法〉的通知》（穗科规字〔2019〕3号）	广州市科学技术局	该文件于2019年8月印发，有效期5年
	《关于印发〈广州市科技型中小企业信贷风险损失补偿资金池管理办法〉的通知》（穗科规字〔2019〕4号）	广州市科学技术局	该文件于2019年5月印发，有效期5年
	《关于市级财政科研项目资金绩效提升和管理监督办法》（穗财规字〔2019〕6号）	广州市财政局、广州市科学技术局、广州市审计局	该文件于2019年11月印发，有效期3年
	《关于印发〈广州市鼓励创业投资促进创新创业发展若干政策规定实施细则〉的通知》（穗科规字〔2020〕1号）	广州市科学技术局	该文件于2020年1月印发，有效期3年
	《关于印发〈广州市科技计划科技报告管理办法〉的通知》（穗科规字〔2020〕2号）	广州市科学技术局	—
	《关于印发〈广州市科技成果登记实施办法〉的通知》（穗科规字〔2020〕4号）	广州市科学技术局	该文件于2020年5月印发，有效期5年

续表

类别	文件名称与编号	发文单位	文件公布时间及有效期
2016年以来制定或修订的其他政策文件	《关于印发〈广州市科技成果产业化引导基金管理办法〉的通知》（穗科规字〔2020〕5号）	广州市科学技术局	该文件于2020年6月印发，有效期5年
	《关于印发〈广州市支持科技资源库发展办法〉的通知》（穗科规字〔2020〕6号）	广州市科学技术局	该文件于2020年7月印发
	《关于印发〈广州市推进高水平企业研究院建设行动方案（2020—2022年）〉的通知》（穗科规字〔2020〕7号）	广州市科学技术局	该文件于2020年11月印发，有效期3年
	《关于市级财政科研资金跨境港澳地区使用管理暂行办法》（穗财教〔2020〕2号）	广州市财政局、广州市科学技术局	该文件于2020年1月印发，有效期3年
	《广州市科技计划项目经费"包干制"改革试点工作方案》	广州市科学技术局	该文件于2020年7月印发，有效期3年
	《广州市科技创新条例》	广州市人大常委会	2020年12月30日广州市人大常委会通过，2021年3月18日广东省人大常委会批准
	《关于新时期进一步促进科技金融与产业融合发展的实施意见》（穗府办规〔2021〕12号）	广州市人民政府办公厅	该文件于2021年印发
	《持永久居留身份证外籍人员创办科技型企业试行办法》（穗科规字〔2021〕1号）	广州市科学技术局、广州市发展和改革委员会、广州市市场监督管理局	该文件于2021年印发

续表

类别	文件名称与编号	发文单位	文件公布时间及有效期
2016年以来制定或修订的其他政策文件	《广州科技创新母基金管理办法》（穗科规字〔2021〕3号）	广州市科学技术局	该文件于2021年印发
	《广州市推动高新技术企业高质量发展扶持办法》（穗科规字〔2021〕4号）	广州市科学技术局	该文件于2021年印发
	《广州市科技企业孵化载体管理办法》（穗科规字〔2021〕5号）	广州市科学技术局	该文件于2021年印发
	《广州市科技专家库管理办法》（穗科规字〔2021〕6号）	广州市科学技术局	该文件于2021年印发
	《广州市人工智能产业链高质量发展三年行动计划（2021—2023年）》	广州市科学技术局	该文件于2021年印发
	《广州市科技成果登记实施办法》（穗科规字〔2022〕1号）	广州市科学技术局	该文件于2022年印发
	《广州市促进科技成果转化实施办法》（穗科规字〔2022〕2号）	广州市科学技术局	该文件于2022年3月印发
	《进一步支持科技型中小企业高质量发展行动方案（2022—2026年）》（穗科字〔2022〕2号）	广州市科学技术局	该文件于2022年印发
	《强服务树标杆提升高新技术企业创新能力行动方案（2022—2026年）》	广州市科学技术局	该文件于2022年5月印发

资料来源：广州市科技局网站及广州市科技局政策法规处提供资料。

参考文献

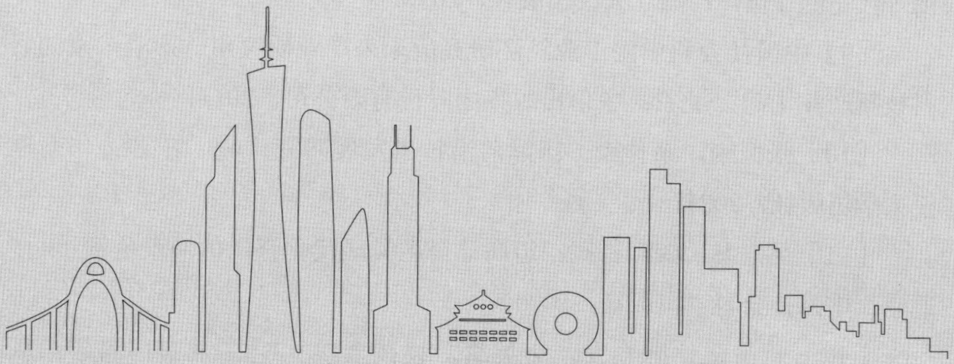

一、专著

[1] 中共中央文献研究室编. 习近平关于科技创新论述摘编 [M]. 北京：中央文献出版社，2016.

[2] 李钟文，威廉·米勒，玛格丽特·韩柯克，亨利·罗文. 硅谷优势——创新与创业精神的栖息地 [M]. 北京：人民出版社，2002.

[3] 阿伦·拉奥，皮埃罗·斯加鲁菲. 硅谷百年史：伟大的科技创新与创业历程：1900—2013 [M]. 闫景立，侯爱华，译. 北京：人民邮电出版社，2014.

[4] 玛格丽特·奥马拉. 硅谷密码：科技创新如何重塑美国 [M]. 谢旎劼，译. 北京：中信出版集团股份有限公司，2022.

[5] 莎伦·佐金. 创新之所：城市、科技和新经济 [M]. 钟晓华，周蜀秦，译. 上海：格致出版社，2021.

[6] 顾克文，丹尼尔·罗雅区，王辉耀. 以色列谷：科技之盾炼就创新的国度 [M]. 肖晓梦，译. 北京：机械工业出版社，2015.

[7] 亚力克·罗斯. 新一轮产业革命 [M]. 浮木译社，译. 北京：中信出版集团股份有限公司，2016.

[8] 黄亚生，王丹，张世伟. 创新的创新：社会创新模式如何引领众创时代 [M] . 杭州：浙江人民出版社，2016.

[9] 中国社会科学院工业经济研究所未来产业研究组. 影响未来的新科技新产业 [M]. 北京：中信出版集团股份有限公司，2017.

[10] 张振刚，余传鹏. 国际前沿技术发展研究 [M]. 广州：华南理工大学出版社，2021.

[11] 吴定海. 深圳密码：迈向社会主义现代化强国的城市范例 [M]. 北京：中国社会科学出版社，2020.

[12] 赵昌文，陈春发，唐英凯. 科技金融 [M]. 北京：科学出版社，2009.

［13］林瑶鹏，林柳琳．粤港澳大湾区科技金融中心的发展研究——以广州市为例［M］．北京：经济科学出版社，2021．

［14］于欣伟，陈爽，邓佑．中国广州科技创新发展报告（2018）［M］．北京：社会科学文献出版社，2018．

［15］许鹏，张赛飞．广州创新型城市发展报告（2020）［M］．北京：社会科学文献出版社，2020．

二、报告与规划文件

［1］广州市科学技术局（科信局、科创委）．广州科技创新发展报告（2012—2020）．

［2］广州市科学技术局、广州市科学技术发展研究中心．广州市2020科技创新发展数据汇编（2021-12）．

［3］广州市人民政府．广州市“十二五”科学技术发展规划（2011—2015年）（2011-12-7）．

［4］广州市人民政府．广州市“十三五”科技创新规划（2016—2020年）（2016-06-27）．

［5］广州市人民政府．广州市科技创新“十四五”规划（2021—2025年）（2022-03-10）．

［6］广州高新技术产业开发区管理委员会．广州高新技术产业开发区“十四五”发展规划（2021—2025年）（2021-10）．

［7］广州市人民政府．广州市战略性新兴产业发展“十四五”规划（2022-03）．

［8］广州市人民政府．广州市市场监督管理“十四五”规划（2022-04）．

三、期刊和学位论文

[1] 中共科学技术部党组，中共中央文献研究室．创新引领发展　科技赢得未来——学习《习近平关于科技创新论述摘编》[J]．中国科技奖励，2016（4）：14-18.

[2] 王志刚．矢志科技自立自强加快建设科技强国 [J]．求是，2021（6）：10-13.

[3] 李磊．习近平关于新时代科技创新的几个重要论断 [J]．党的文献，2020（2）：16-22.

[4] 张军成，吴健敏．习近平新时代科技创新重要论述的核心要义及时代价值 [J]．湖北经济学院学报（人文社会科学版），2021，18（1）：4-8.

[5] 郭鼎臣，何立强．习近平关于科技创新重要论述的五大维度 [J]．理论研究，2021（1）：33-38.

[6] 任福君．面向2035的中国创新文化与创新生态建设的几点思考 [J]．中国科技论坛，2020（5）：1-3.

[7] 薛艳艳，陈驰．习近平关于科技创新重要论述的三维解读 [J]．中共成都市委党校学报，2022（1）：44-53.

[8] 贺德方，周华东，陈涛．我国科技创新政策体系建设主要进展及对政策方向的思考 [J]．科研管理，2020，41（10）：81-88.

[9] 滕丽，滕小硕．纽约湾区科技创新发展经验对粤港澳大湾区的启示 [J]．时代金融，2020（21）：17-19.

[10] 盛垒，洪娜，黄亮，等．从资本驱动到创新驱动——纽约全球科创中心的崛起及对上海的启示 [J]．城市发展研究，2015，22（10）：92-101.

[11] 徐剑波，鲁佳铭．以色列国家创新竞争力发展的特点、成因及

其启示［J］．世界科技研究与发展，2019，41（4）：429-438.

［12］上海市人民政府发展研究中心课题组．上海建设具有全球影响力科技创新中心战略研究［J］．科学发展，2015（4）：63-81.

［13］杜金岷，吴非，杨贤宏．深圳科技创新的典型经验及对广州的启示［J］．城市观察，2020（3）：50-58.

［14］张赛飞，刘晓丽．国际科技创新枢纽内涵与广州功能定位［J］．科技管理研究，2018，38（8）：34-40.

［15］王炎，林珊莉．广州市应用基础研究的发展现状及对策研究［J］．科技与创新，2019（8）：1-3.

［16］广东中创产业研究院：2019年广州人工智能产业专题研究报告［J］．广东科技，2019，28（5）：42-52.

［17］孙波，张雅婷，王非凡．广州科技金融形式及其未来发展趋势［J］．科技创新发展战略研究，2020，4（1）：41-46.

［18］张鹏．科技金融在高校技术转移中的作用分析——以广东省为例［J］．科技经济导刊，2020（20）：2-3.

［19］安永景，陈刚，蔡沐阳，等．广州市科技创新对经济增长的贡献率分析［J］．科技管理研究，2021，41（15）：88-99.

［20］杨代友，秦瑞英，陈荣．广州市制造业高质量发展的现状分析及提升对策［J］．城市观察，2020（4）：66-76.

［21］杨诗炜，刘贻新，朱怀念，等．先进制造业与生产性服务业互融发展现状及其对策研究——以广州市为例［J］．广东工业大学学报，2018，35（5）：86-94.

［22］张雅婷．广州科技金融发展策略研究——基于广州科技金融企业案例分析［D/OL］．广州：广东外语外贸大学，2019：27［2022-04-25］．https://kns.cnki.net/kcms/detail/detail.aspx?dbcode=CMFD&dbname=CMFD202001&filename=1019661396.nh&uniplatform=NZKPT&v=-hYnc_xDXkEB5QZUpfQlKdJUWVzIYxwCbiVhpw-cV-rISP-OMqM_sKT-XUy1SsIn.

[23] 秦倩. 广州市科技金融发展调研报告 [D/OL]. 广州：广东财经大学，2018：35 [2022-04-27]. https://kns.cnki.net/kcms/detail/detail.aspx?dbcode=CMFD&dbname=CMFD202002&filename=1020700030.nh&uniplatform=NZKPT&v=eXFOwCuJcaZo6eLLvWygMnK6wpRYyPbVILtXS18Dl9nE8Kd8A8rbx7bOWZP5sGd3.

后 记

党的十八大以来，广州科技创新发展突飞猛进，成效显著，几乎可以说是实现一个量级的突破，尤其是重要指标如研发强度上了新的档次，而对科技创新重要性的认识各级上下达到空前的一致。犹忆2007年在中共广州市委政策研究室工作时曾参与《关于大力推进自主创新加快高新技术产业发展的决定》文件起草工作，市领导还为财政科技投入增加多少而发愁，最后市政府主要领导决定三年增加一亿五千万（年增加五千万），还安慰称“不要嫌少”。而其时“旁边的城市”深圳已经是飞速发展，终成全国高新技术产业发展的一面旗帜。现在，广州在2016年财政科技投入过百亿，到了2019年则超过了200亿元，而市、区领导们都不迟疑，还减少其他方面投入来力保科技创新，确实令人叹服也倍受鼓舞。编写本书的过程中，常常为我国、为广州科技创新取得的成就而欢欣鼓舞，为当下逐步完善之创新环境而倍感欣慰，为全市科技人员不断拼搏进取而振奋。我们正处于科技创新的好时代。当然，这也是一个因美国和西方敌对势力妄图阻断我国与国际科技交流等而充满挑战的时代。

本书的编写，得到了广州市政协副主席、广州市科技局局长王桂林同志悉心指导并指示市科技局同事帮助收集资料，林晓燕处长等热情提供有关资料和统计数据；中共广州市委党校常务副校长孟源北研究员，副校长黄丽华教授，科研处杨玉斌、曾佩菲、申东辉等同志关心支持，图书馆刘杰馆长、谢兴梅馆员等帮助资料搜集和处理；荔湾区高质量发展研究中心王云峰主任提供思路建议并帮助搜集资料。谨此一并致谢！

两年多来由于疫情影响，未能多到实地调研座谈，获取一手资料，体会感悟不深不透，心里犹有不甘。书中多处引用的有关资料数据，惜未能一一标明，谨此向所有原创作者致谢！作者学力有所不逮，对于以习近平总书记关于科技创新重要论述精神引领广州科技创新这一重大课题尚在学习之中，感到叙述还不够充分，恐难反映十年广州科技创新发展全貌，有些外国、外地相关数据因搜集困难显得滞后等，不足之处尚祈读者批评指正。

丁旭光

2022年夏于广州